헤세, 반항을 노래하다

「이 도서의 국립중앙도서관 출판예정도서목록(CIP)은 서지정보유통지원시스템 홈페이지(http://seoji. nl.go.kr)와 국가자료공동목록시스템(http://www.nl.go.kr/kolisnet)에서 이용하실 수 있습니다.(CIP 제어번호: CIP2017033851)」

헤세, 반항을 노래하다
ⓒ박홍규 2017

초판 1쇄   2017년 12월 27일

지 은 이   박홍규
펴 낸 이   이정원
편집책임   선우미정
편   집   이동하
디 자 인   김정호
마 케 팅   나다연·이광호
경영지원   김은주·박소희
제   작   송세언
관   리   구법모·엄철용

펴 낸 곳   도서출판 들녘
등록일자   1987년 12월 12일
등록번호   10-156
주   소   경기도 파주시 회동길 198번지
전   화   편집부 031-955-7385 마케팅 031-955-7378
팩시밀리   031-955-7393
홈페이지   www.ddd21.co.kr
페이스북   www.facebook.com/bluefield198
I S B N   ISBN 979-11-5925-301-0 (04080)

박홍규의
호모 ——
크리티쿠스

헤세, 반항을 노래하다

박홍규 지음

푸른들녘

모든 것에 저항하라!

2016년 말, 미국 가수 밥 딜런이 노벨문학상 수상자로 지명되었다. 그러나 정작 그는 상에 대해 아무 말도 하지 않아 시상측이 화를 내고 말았다. 내가 가장 좋아하는 그의 노래인 〈Blowin' In The Wind〉 중에 "Yes,'n how many times can a man turn his head / pretending he just doesn't see?(얼마나 여러 번 고개를 돌려 / 마치 못 본 듯 외면할 수 있을까)"라고 했는데 정말 못 본 듯 외면하는 것 같았다. 그것보다 못한 상을 받아도 울고불고 시끄럽기 짝이 없는 나라에 살다 보니 별 희한한 일도 다 있다고 생각될지 모르지만, 내가 아는 밥은 충분히 그럴 수 있는 사람이다. 2013년 백악관 연주 때도 그는 노래 한 곡을 마치고 무대에서 내려와 제일 앞 열에 앉아 있는 대통령과 악수하고 살짝 미소만 짓고서 그냥 가버렸다. 말 한마디도 없이.

70년 전인 1946년 말에도 비슷한 일이 있었다. 그해 노벨문학상 수상자인 헤르만 헤세가 시상식에 참석하지 않아 시상지인 스톡홀름에서 소동이 벌어졌다. 수상작은 1943년에 발표한 『유리알 유희』였는데, 그는 그 소설의 앞부분에서 "저서의 판을 거듭하고 노벨상을 받고 아름다운 별장을 가진 작가"를 그가 경멸한 잡문시대의 사라져야 할 대표적 존재로 비판했었다. 그런 그가 이제 노벨상을 받게 되었으니 스스로도 이상했을 것이다. 그 한 달 전쯤, 헤세는 자신이 노벨상 수상자가 되었다는 소식에 "이제 무슨 소용이겠느냐"라고 아내에게 투덜거렸다. 친구인 토마스 만은 1929년에 받지 않았는가, 라고 생각했을지도 모른다. 적어도 그와 같은 나이에 자기도 노벨문학상을 받을 자격이 있었다고 생각하면서 말이다. 게다가 제1, 2차 대전을 일으킨 독일에 호의적이었던 만보다도 독일에 비판적이었던 자신이 더 바람직한 삶을 살았고, 사람들에게 더 중요한 평화의 메시지를 던졌다고 자부했을지도 모른다. 톨스토이가 아나키스트라는 이유로 노벨상을 받지 못한 것이 부당했듯이 자신에게도 그 상이 늦어진 게 부당하다고 생각했을지도 모른다.

그러나 나에게는 "그가 연미복을 입고 스웨덴 국왕과 한 식탁에서 식사하는 모습을 상상할 수 없다"라고 했던 그의 친구들 말이 더 와 닿는다. 귀족적이었고 전쟁을 찬양했던 라이너 마리아 릴케라면 그런 장면에 어울렸겠지만, 릴케는 노벨상을 받지 못했다. 릴케는 모르지만 적어도 톨스토이 경우처럼 노벨상을 받고 안 받고 하는 것이 문학적 가치를 결정하지는 않는다. 노래의 가치는 더욱 그렇다. 아마도 밥은 그 상에 무심했을 것이다. 그래서 아예 바람처럼 무시했을지도 모른다. 헤세도 그렇게 무심했더라면 더 좋았을 것이다. 그 상금을 아내의 자가용을 사주는 비용으로 쓰지 않고 평화를 위해 썼으면 더 좋았을 것이다. 특히 전쟁에서 희생된 유대인들이나 집시들을 위해서 말이다.

그런 헤세는 우리에게 누군가? 언젠가 읽은 어느 유명한 군인 출신 정치인의 글이 떠오른다. 그는 "중고교 시절 가장 감명 깊게 읽고 인생의 전기(轉機)로 삼은 소설이 헤세의 『데미안』이었다"라고 썼다. 그 비슷한 이야기를 글뿐만 아니라 말로도 들은 적이 많으니 우리나라의 소위 '훌륭한' 분들에게 공통적으로 나타나는 현상인지도 모른다. 그래서 중고교 시절이나 대학시절 교양 필독서에 그 책이 꼭 들어가는 것일까? 그 정치인은 "『데미안』을 읽기 전에는 부모와 조국에 대한 사랑을 제대로 모르고 공부도 게을리 했는데 그 책에서 '새는 알을 깨고 나온다'는 구절을 읽고 별안간 대오 각성하여 열심히 공부해 육군사관학교에 가서 가장 빠른 나이에 장군까지 진급한 뒤 박정희 대통령을 받드는 정치인이 되었다"라고 말했다. 아, 『데미안』 덕분에 엄청나게 출세했다는 것이다! 한국에서 『데미안』을 읽는 이유, 헤세를 읽는 이유가 바로 그것인지 모른다. 대오 각성하여 자기를 발전시키는 것!

그런데 나도 중학생 때 『데미안』을 읽었지만 앞에서 말한 정치인과 같은 경험을 하지는 못했다. 도리어 그 반대로 헤세의 중학시절을 따라 그때까지 잘하던 공부를 게을리 하고, 세상에 대한 여러 가지 고민에 휩싸여 결국은 자살까지 시도했다. 그 뒤 그 책을 반세기 동안 읽고 또 읽었지만 나는 조금도 변하지 않았다. 그동안 나에게 더욱 분명해진 것은 다시 태어난다고 해도 육군사관학교커녕 군인이 되지는 않겠다는 것이고 더욱이 대통령이 누구든 간에 권력에 봉사하지는 않겠다는 것이다. 그래서 혹시 앞의 군인 정치인처럼 성공하기 위해 『데미안』을 읽으려는 사람이 있다면, 그에게는 내가 쓰는 이 책이 무용지물일 것이다. 반대로 "새는 알을 깨고 나온다"는 구절을 비롯해 헤세가 평생 노력한 바는 부모나 나라에 대한 전통적인 생각에서 깨어나 참된 자신과 세상을 찾고 만들어가려고 한 것이고, 그렇게 노력할 필요가 있다고 생각하는 사람에게는 헤세가 하나의 힌트를 줄지 모른다. 그런 생각에서 나는 이 책을 쓴다. 그러나 굳이 헤세의 말을 빌리지 않아도 참된 자신과 세상이란 적어도 출세나 돈이나 물질과는 무관하지 않을까?

노벨상과는 무관하게 나는 밥을 좋아했고 헤르만도 사랑했다. 그러나 10대 초 처음 만나 한눈에 반한 사랑은 그 뒤 반세기, 끝없이 흔들렸다. 고등학생이 되어 사회에 눈을 뜨자 헤세 소설은 너무나도 반사회적인 것처럼 보였다. 그 뒤에도 헤세를 좋아하다가 싫어하기를 되풀이했다. 무시하기도, 미워하기도, 경멸하기도, 불태우기도 했다. 그의 소설에 나오는 주인공들처럼 말이다. 그가 평생 고독하게 산 것을 좋아하다가도, 사람들을 싫어하고, 심지어 여인들을 사랑하다가도 버리고, 자식을 낳을 때마다 도망쳐 결국은 남에게 맡겨서 평생 원망을 들었던 지극히 이기적인 태도를 비롯하여, 지극히 관념적인 자아 찾기니 개성화라는 소설에 탐닉하다가도 그 천편일률적인 주제에 싫증을 느끼기도 했다. 그는 부르주아를 싫어하고 부르주아적 삶을 경멸했으면서도 주변의 그런 자들로부터 벗어나지 못하고 그 언저리를 맴돌았다. 전쟁을 반대한다고 하면서도 군대에 자원했고, 집단을 경멸하면서도 항상 그 주변에서 서성거렸다. 한마디로 그는 약한 사람이었다. 그래서 어려서부터 정신병원을 들락거렸고 50세가 되어서는 자살을 계획했다. 그의 작품은 그런 그의 삶을 반영한다.

그래서 한결같이 그를 사랑한다는 사람들을 보면 나는 화를 내기도 했다. 특히 그를 출세 도사, 대오 각성 도사, 하다못해 힐링 도사쯤으로 여기는 자들을 보면 너무나 화가 났다. 그의 책을 읽으면 모든 아픔, 슬픔, 고통 등이 사라진다고 하는 자들을 보면 정말 화가 났다. 나는 그런 헤세에게 가르침을 받지 못했다. 내가 이해하는 헤세는 그런 자기계발의 천재가 아니다. 헤세가 말하는 자아 찾기란 대중이라는 기계의 일부로 타락하지 말고 그 기계의 현실에 저항하라는 것이다. 헤세에게 출세나 힐링이란 그런 타락의 극치다. 그런 헤세를 왜 출세용 힐링 사용법의 엉터리 마술사로 타락시키는가? 게다가 칸트나 쇼펜하우어나 니체 같은 철학자들, 또는 프로이트니 융이니 하는 심리학자들의 이론까지 갖다 대면서 철학치료용이나 심리치료용으로 그의 소설을 제멋대로 오용하는 것에 나는 화가 났다. 기어이 심리학을 끌고 와야 한다면 나는 융이 아니라 프롬의 사회심리학을 헤세에 원용하겠지만 굳이 그럴 필요도 없다. 헤세를 사회가 아니라 개인, 그것도 개인의 내적 갈등을 다루었다고 설명하는 문학자나 심리학자들을 부정하는 데 프롬까지 들먹이지 않아도 충분하기 때문이다. 그저 헤세의 작품을 세세히 읽으면 그만이다.

세상의 어떤 작가도 개인의 내면에만 집착하지 않는 법이다. 그런데 우리나라에 나온 헤세 관련 책들은 하나같이 그렇게 말한다. 어떤 개인도 사회와 무관하지 않다. 밤의 노래 한마디도 그렇거늘 하물며 헤세의 소설에서는 개인이 사회를 떠날 수 없다. 나는 이 책에서 헤세를 사회와 개인의 관계를 다룬, 특히 사회라는 체제가 개인을 억압한 우리 상황을 가장 절실하게 보여준 작가로 본다. 바로 저 군인 정치가가 만든 체제악이다. 그 체제의 결과로 불거진 개인의 자살과 같은 비극을 내면 심리의 갈등이 아니라 사회의 부조리 때문에 생겨난 비극으로 보고, 그런 비극의 해결을 위해서는 인간 자신만이 아니라 사회를 혁명해야 한다고 헤세가 주장했음을 보여주고자 한다.

세계의 공기는 온통 독에 차고, 삶은 여전히 불안하므로 그 모든 독에서 벗어날 수 있는 정신적 공간을 만들어야 하고, 야만적 폭력에 맞서는 정신의 항거를 표현하여야 한다고 말한 것은 지금 우리에게 더욱 절실하다. 그는 평생 물질 만능, 지식 만능, 권력 만능의 현실을 비판하고 오로지 금욕과 무소유와 봉사만을 모토로 삼는 정신의 나라를 추구했다. 그의 눈에 지금 대한민국은 그야말로 타락의 극치로 보일 것이다. 그의 어린 주인공 한스 기벤라트를 자살하게 만드는 수레바퀴가 바로 그것이다. 지금 이 나라에서도 수많은 한스가 죽어가고 있다. 그들을 구제해야 한다. 그들이 물질과 지식과 권력의 만능주의에 허덕이는 현실을 바꾸어야 한다. 헤세는 그렇게 우리에게 읽혀져야 한다. 우리는 그렇게 헤세를 읽어야 한다.

그래서 이 책을 쓴다. 이 글은 10여 년 전, 그에 대한 사랑이 미움으로 바뀌었다가 다시 사랑으로 바뀔 무렵 쓰기 시작한 것을 최근 다시 손본 것이다. 헤세에 대한 사랑으로 흘러넘치는 천편일률적인 힐링용 책들이 홍수를 이루는 가운데 이 책이 연미복을 입고 화려한 온천장에서 힐링하며 힐링의 묘수를 전파하는 천재 소설가 헤세가 아니라, 노동자나 농부처럼 허름한 작업복을 입고 산속 포도밭에서 힘들게 일하며 소박한 수채화를 그리는 그의 참 모습을 보여주기를 희망한다.

헤세는 출세가 아니라 출가를 권했다. 헤세는 군대를 비롯한 인공의 조직이 아니라 순수한 자연으로 돌아가라고 했다. 헤세는 힐링이나 안주가 아니라 방랑을, 안정이 아니라 끝없이 고뇌하라고 말했다. 헤세는 복종이 아니라 반항을, 집단이 아니라 개인을, 집단성이 아니라 개성을 믿었다. 개성을 수호하고 개인을 신봉했다. 개성과 개인을 억압하는 모든 권력과 권위에 저항하라고 했다. 이 책을 읽는 사람들에게 말하고 싶은 것도 자신의 개성을 지키고 자신의 존재를 믿으라는 것뿐이다. 특히 청춘에게 말한다. 반항하라! 기존의 모든 것에 저항하라! 우리는 반항하기에 인간이다.

2017. 12.

박홍규

1장

헤세와 우리

저자 일러두기

1. 헤세의 작품은 해당 본문에 그 쪽수를 표기했다. 특별한 언급이 없는 한 ( ) 안의 숫자는 해당 작품의 쪽수이다.
- 『게르트루트』 - 이갑규 역, 청림사, 1974.
- 『꿈의 여행』 - 김서정 역, 현대소설사, 1992.
- 『나르치스와 골드문트』 - 임홍배 역, 민음사, 1997.
- 『나의 신앙』 「차라투스트라의 귀환」 「카라마조프의 형제들」 「도스토예프스키의 '백치'를 생각하며」 「자전 소묘」 - 최 혁순 역, 『사랑을 모르는 사람을 위하여』, 울지출판사, 1993.
- 『뉘른베르크 여행』 - 박병화 이경미, 예하, 1993.
- 『나무들』 - 송지연 역, 민음사, 2000
- 『데미안』 - 전영애 역, 민음사, 1997.
- 『동방순례』 - 이인웅 역, 이유, 2014.
- 『로스할데』, 『크눌프』 - 정서웅 역, 예하, 1993.
- 『방랑』 - 김현진 역, 을유문화사, 2009.
- 『수레바퀴 아래서』 - 김이섭 역, 민음사, 1997.
- 「시선」 - 전영애 역, 『헤르만 헤세 대표 시선』, 민음사, 2007
- 『싯다르타』 - 박병덕 역, 민음사, 1997.
- 『요양객』 - 원당희 · 이경미 역, 예하, 1993.
- 『유리알 유희』 - 이영임 역, 민음사, 2011.
- 「어린 아이의 영혼」 「클라인과 바그너」 - 이기식 역, 현대소설사, 1993.
- 『정원일의 즐거움』 - 두행숙 역, 이래, 2001. 이 책과 같은 역자가 같은 원저를 2013년에 낸 『정원에서 보내는 시간』이 있으나 많은 부분이 생략된 탓으로 2001년판을 인용함.
- 『클링조어의 마지막 여름』 - 황승환 역, 민음사, 2009.
- 『페터 카멘친트』, 『자정이 지난 한 시간』, 『헤르만 라우셔』 - 김주연 역, 현대소설사, 1992.
- 『화가 헤세』 - 박민수 역, 이래, 2005.
- 『환상동화집』 - 정서웅 역, 민음사, 2002.
- 『황야의 이리』 - 김누리 역, 민음사, 1997.

2. 참고한 헤세의 평전 및 연구서는 다음과 같다. 아래의 책에서 인용할 때는 저자의 이름과 쪽수를 표기했다.
- 김윤식 - 김윤식, 『독일문학과 동양사상』, 예림기획, 1998.
- 레츠 - 베르벨 레츠, 『헤르만 헤세의 사랑』, 자음과모음, 2014.
- 이인웅 - 이인웅, 『헤르만 헤세와 동양의 지혜』, 두래, 2000.
- 정여울 - 정여울, 『헤세로 가는 길』, 아르테, 2015.
- 조창현 - 조창현, 『한국인의 눈에 비친 헤르만 헤세』, 한국학술정보, 2003.
- 챌러 - 베른하르트 챌러, 박광자 역, 『헤르만 헤세』, 행림출판, 1989.
- 프린츠 - 알로이스 프린츠, 이한우 역, 『헤르만 헤세』, 더북, 2002.
- 홍성광 - 홍성광, 『독일명작기행』, 연암서가, 2015.
- 홍순길 - 홍순길, 『헤세 문학과 이상정치』, 목원대학교출판부, 1996.
- 황진 - 황진, 『헤르만 헤세 생애 작품 및 비평』, 계명대학교출판부, 1982.

편집자 일러두기

- 인명의 원어 및 생물연대, 지명의 원어는 특별한 경우를 제외하고 생략했다. 단, 독서의 흐름상 중요하다고 판단되는 경우에는 함께 표기했다.
- 작품의 원제는 단행본 기준으로 처음 나올 때에만 한국어 제목과 병기했다.
- 본문에 삽입된 사진은 〈위키미디어〉에서 제공하는 자유저작권 이미지다.

헤세는 왜 한국에서 베스트-스테디셀러 작가가 되었을까?

얼마나 먼 길을 걸어봐야 / 참된 인간이라고 할 수 있을까?

얼마나 많은 포탄이 날아가야 / 영원히 사용될 수 없을까?

얼마나 많은 세월이 흘러야 / 우리는 자유로울 수 있을까?

앞의 머리말에서 언급한 밥 딜런(Bob Dylan)*의 노랫말이자, 헤세의 삶
과 문학을 단적으로 요약해주는 표현이다. 그 헤세를, 군인이 되어 독재

■ * 미국의 싱어송라이터이자 화가이며 시인. 미국 포크, 록 음악의 거장으로 반전운동, 반문화
운동, 저항운동의 상징이었다. 2016년, 미국 가요 전통 안에서 참신하고 시적인 표현을 창조해
낸 공로로 가수로서 최초로 노벨문학상을 받았다.

자를 위해 일한 사람이 너무나 좋아했다는 이야기도 머리말에서 했다. 그런데 그 군인이 어린 시절 그렇게 좋아했다는 『데미안Demian』은 사실 일제강점기 말엽, 일본이 극단적인 군국주의 하에서 아시아 여러 나라를 침략할 때 일본에서 널리 읽힌 탓으로 조선에서까지 읽힌 것이다. 그런 암울한 시대에 『데미안』이 출세를 위한 대오 각성의 교과서로 읽힌 것과 마찬가지로 그 뒤 한국에서도 군사독재 시대라는 암울한 시대에 읽혔다. 그래서 반전이나 평화나 자유라는 헤세의 삶과 문학의 본질은 철저히 은폐되었다.

뿐만 아니다. 더욱 놀라운 것은 일제나 군사독재 시대에 주장된 반공이라는 이데올로기와도 헤세는 반대였다는 점이다. "나는 공산주의를 옳다고 여길 뿐만 아니라 (그 존립이) 자명하다고 믿습니다"라는 말을 헤세가

■ * 일제강점기에 일본에서 헤세의 『수레바퀴 아래서』를 비롯하여 여러 작품을 번역한 다카하시 겐지(高橋健二)라는 독문학자는 유명한 국수주의자이기도 했다. 그는 1940년에 쓴 『현대 독일문학과 배경』이라는 책에서 헤세를 히틀러 치하에서 독일문예원장을 지낸 한스 요스트(Hans Jost)와 같은 사람으로 평가하고, 나치스에 반대한 작가 하인리히 만과 가장 대조적인 독일적 작가로 평가했다. 이런 사실을 무시하고 일본에서는 다카하시를 히틀러 독일에 대해 철저히 부정적인 태도를 견지한 헤세 작품의 가장 대표적인 번역자로 평가하면서 헤세와 같은 사상의 소유자로 보는 견해가 일반적이지만 이는 일본문화의 치부이다. 여기서 우리는 헤세 문학에 쇼비니즘 요소가 있거나 적어도 반쇼비니즘적 요소는 없지 않는가, 라는 의문을 제기해볼 필요가 있다. 사실 1930년 독일의 베르너 마르홀츠(Werner Mahrholz)가 쓴 『현대 독일문학의 문제·사건·인물Deutsche Literatur der Gegenwart. Probleme·Ergebnisse·Gestalten』에서 헤세는 '민족성과 향토성'이라는 제목의 장에 포함되었는데 헤세와 같은 성향으로 분류된 에밀 슈트라우스와 같은 작가들은 대부분 히틀러 치하 독일에서 나치작가로 활약했다. 마르홀츠는 그런 작가들을 "대도시 인간이 아니라 각자의 향토에 애착을 가지고 각 지역민의 전통에 뿌리를 내리고, 각 향토 사람들과 함께 살면서 그들의 슬픔과 기쁨의 고지자"이자 "향토적 풍습과 방언문학과 민족재산의 새로운 적극적이고 창조적인 부활"이라고 주장했다.(Werner Mahrholz, Deutsche Literatur der Gegenwart. Probleme·Ergebnisse·Gestalten, Sieben-Stäbe, 1930, S.240.) 헤세를 검토하는 경우 이러한 측면이 존재한다는 것을 우리는 무시할 수 없다. 특히 한국에서는 이러한 측면이 전혀 논의되지 않기 때문에 나는 여기서 이를 헤세 문학의 문제점으로 제시한다.

헤르만 헤세(Hermann Hesse, 1877~1962)

했다고 하면 놀랄 사람이 많으리라. 게다가 그는 "우리가 모두 반대한다고 해도 공산주의는 도래할 것이며 승리할 것입니다. 오늘날 공산주의 편에 서는 사람은 미래를 긍정하는 사람입니다"라고도 했다. 이미 1931년에 헤세가 이런 말을 했음을 우리나라 정보계통 공무원들이 알았더라면 헤세가 지난 반세기 그렇게 자주 번역·소개되는 것을 허용했을까? 피카소가 프랑스 공산당원이었다는 이유만으로 피카소 크레파스라는 아이들 그림 도구도 불온시한 자들이 아닌가?(남한과 같은 반공 국가였던 일제도 그런 유치한 짓을 하지는 않았다) 물론 피카소와 달리 헤세는 공산당원으로 활동하지 않았지만, 우리나라 관료들이 과연 그런 차이를 중요하게 여길까?

여하튼 헤세의 예언은 빗나갔다. 공산주의의 승리를 믿는 사람들은 지금 북한 정도에 남아 있을 뿐이다. 그럼에도 북한에서는 헤세를 읽을 수 없다. 그를 공산주의자로 인정하지 않기 때문이다. 반면 공산주의를 옳다고 믿은 헤세는 남한에서 베스트-스테디셀러 작가다.

그러나 헤세는 스스로 공산주의자라고 생각하지 않았다. 그는 공산주의자만이 아니라 파시스트, 교회, 학교, 심지어 국가와도 갈등을 일으켰다. 그는 독일이 냉전 체제 하에서 공산주의에 대한 공포로 재무장을 했을 때, 그것이 불안감을 조성하고 전쟁을 선동하는 자들에 의해 부추겨지는 것을 비판하면서, 그런 히스테리의 압력에 굴복하지 말자고 말해 서독과 미국 등 자본주의권 사람들에게 공산주의자라는 욕을 먹었고, 반대로 동독과 소련 등 사회주의권 사람들에게는 공산주의자라는 찬양을 받았다. 그러나 정작 그는 어느 쪽도 아니었다. 그는 한반도에 대해 아무 말도 하지 않았고 특히 1945년 이후의 분단이나 1950년의 전쟁에 대해서도 언급한 적이 없지만, 분명히 전쟁에는 반대했을 것이다.

헤세는 제1차 세계대전 이전에 독일이 전쟁을 일으키는 것부터 반대하고 "국경선보다 더 증오스러운 것은 없고, 국경선보다 더 어리석은 것은 없다"라고 말해 평생 매국노라는 소리를 들었다. 나아가 "우리의 전 세계가 앓고 있는 암적 병폐는 바로 자기목표와 우상이 되어버린 국가, 그리고 자동적으로 늘 새로운 불필요한 형식과 관직을 없어서는 안 될 것으로 만들고, 그 수를 늘려온 그런 국가의 공무원 사회의 영양과다"라고 하면서 그런 비만한 국가와 행정에 부화뇌동하는 민중과 언론인, 지식인과 예술가 등이 합세하여 국가주의가 더욱 비대해졌다고 비판했다. 그러니 우리의 공무원은 더욱 흥분할지 모른다. 그들이 너무나 바빠 독서할 시간이 없었던 것은 다행이지만, 그 탓에 그들이 더욱 무식 용맹해진 것은 우리에게 불행이다. 여하튼 헤세의 이 말은 지금 세계적으로 옳다. 특히 남북한에서 옳다.

농담이 아니다. 가령 우리나라 독일문학계의 태두라고도 하는 이효상은 1960년 참의원 당선을 시작으로 1963년부터 1971년까지 박정희 정권의 공화당 국회의원을 지냈고, 1973년에도 국회의원에 당선되었으며, 국회의장과 여당인 공화당 총재 고문을 지냈다. 그가 헤세에 대해 얼마나 알았는지 모르지만 정치를 하기 전에 소위 일류대학에서 독문학과 교수도 지냈으니 한국에서 가장 인기 높은 헤세를 몰랐을 리 없다. 그러나 역시 그의 독서 수준도 정보원 수준이었을까? 그래서 헤세가 공산주의를 예찬한 것을 몰랐을까? 이효상보다 더 유명한 헤세 예찬의 정치가는 대통령이었던 노태우다. 이효상의 고교 후배였던 노태우는 고교시절 헤세 시집을 애독했다고 한다. 노태우보다 6년 선배였던 김종필도 헤세 시를 일본어로 줄줄 외웠다고 한다. 군사독재 시대의 정치인들이 헤세를 그렇게도 좋아했다니, 대한민국의 헤세는 참으로 기구하다.

물론 헤세 애독자는 그런 정치인뿐만이 아니었다. 젊은 시절 헤세를 읽지 않은 사람이 없었다고 할 정도로 그의 팬 층은 넓었다. 그래서 그의 작품들은 소위 영원한 베스트-스테디셀러가 되었다. 특히 『데미안』은 우리말로 70회 이상 무단으로 번역된 점으로도 유명하다. 그것을 세계 최대라 하며 대단한 자랑처럼 소개하는 독문학자의 대단한 학술논문이란 걸 본 적이 있지만, 저작권을 받아 1회만 번역함이 옳았다. 저작권에 매우 날카로웠던 헤세는 1962년 죽기 전까지 한국에서의 무단 홍수 번역을 알았더라면 대단히 분노했을 것임에 틀림없다. 그가 죽은 지 50년이 지난 2012년까지도 저작권이 살아 있었음에도 무단 번역은 끊이지 않았고, 저작권이 풀린 뒤로는 더욱더 많아져 지금은 100회까지도 되었을지도 모른다. 헤세는 무조건 장사가 되는 대단한 상품이다.

헤세는 대한민국에서는 정말 대단히 인기여서 『한국인의 눈에 비친 헤르만 헤세』라는 책이 나오고 외국 작가로는 유일무이하게 박물관까지 세워질 정도다.＊ 국내 작가의 박물관커녕 생가 보존도 제대로 안 된 형편

＊ 반면 독일에서는 반드시 그렇지 않은 듯하다. 가령 마르셀 라이히라나츠키(Marcel Reich-Ranicki)가 2001년부터 2003년까지 〈프랑크푸르터 알게마이네 차이퉁*Frankfurter Allgemeine Zeitung*〉에 연재한 글을 모은 『작가의 얼굴*Meine Bilder*』(김지선 옮김, 문학동네, 2013)에는 독일을 중심으로 한 약 40명의 작가가 논의되는데 그중에 헤세가 포함되어 있지 않다. 이러한 사실 때문에 헤세가 독일에서는 무시되고 있다고 할 수는 없지만, 그런 경향이 있는 것은 헤세 책의 편집자로 유명한 폴커 미켈스(Volker Michels)가 『정원 일의 즐거움』의 해설에서 "헤세는 세계 어디서보다도 자신의 조국 독일어권에서 가장 대우를 받지 못하고 있었던 것"(299)이라고 한 점에서도 알 수 있다.

에 한국과는 아무런 관련도 없는 헤세의 박물관을 세우다니! 그 박물관을 세우거나 무단으로 100번 이상 번역하는 이들에게 헤세는 어떤 작가일까? 오로지 청춘, 향수, 환상, 신비, 정신, 동양, 힐링 등의 이미지를 간직한 작가일까? 헤세에 꼭 붙어 다니는 그런 말들과 공산주의나 반국가주의는 어떤 관계가 있을까? 특히 동양과의 관계는 무엇일까? 가령 저 봉건적 국가주의 사상인 유교가 어떻게 헤세의 공산주의나 반국가주의와 어울리는 것일까? 우리나라에서 그렇게도 강조되는 헤세의 동양정신은 유교가 지배한 수천 년간의 봉건사회를 미화하는 것일까? 헤세는 극소수의 양반이 대다수 상놈을 차별하고 천대했던 동양의 봉건사회로 돌아가자고 한 것일까?

내가 읽은 헤세는 사회적인 작가다

『데미안』을 비롯한 헤세의 작품들을 나는 중학교 시절에 읽었다. 당시 인기를 끌었던 '천재' 전혜린에 대해서는 고등학교에 들어갈 무렵 이미 식상해졌지만, 1964년 그녀가 번역한 『데미안』 등 헤세 작품은 내 사춘기의 벗이었다. 전혜린이나 그 후배들이 『데미안』 등에 대해 흔히 말했던 내면적인 천재 예술가의 '껍질을 깨는 아픔' 따위 성장의 비밀과는 아무런 관련이 없었다. 그보다는 자신의 삶을 위협하는 모든 정치적, 사회적, 가정적, 도덕적 억압에서 벗어나 오로지 너 자신이 되고, 너 자신에게 진실하며 책임을 지라는 그 자유와 독립의 메시지가 나를 매료했다. 그것은 국가나 자본에 대한 거부를 의미했다. 철저한 개인으로서 자신의 양심에 따라 살고 책임을 지며, 남을 사랑하고 봉사하여 인류의 평화를 수호하라는 가르침이었다. 너무나도 당연한 이야기지만—헤세가 『데미안』 앞에서 말했듯이— 그것을 지키기란 참으로 얼마나 힘든 일인가?

하지만 고등학교 시절부터 사회정의니 민족주의를 운운하게 되면서 나는 헤세를 읽지 않았다. '반사회적' '비현실적' '내면적' '개인적' '동양적'이라며 찬양한 전혜린을 비롯한 사람들의 달콤한 소리에 취해 아예 거들떠보지도 않았다. 헤세보다는 브레히트가, 아니 고리키가 더욱 감동적이었다. 이러한 경험을 정당화기 위해 독일인들의 헤세 비판까지 들먹일 필요는 없지만, 독일에서도 1957년 데쉬너가 『문학적 논박서』에서 헤세를 삼류시인이라고 하면서 그의 소설, 특히 『나르치스와 골드문트 *Narziß und Goldmund*』를 저속하고 "겉만 번지르르한 사탕발림에 불과하다"는 것을 증명하려고 했으며, 1958년에는 〈슈피겔*Spiegel*〉에서 헤세를 "주관적인 영역에 사로잡혀" 세상일에 "무관심한" "사춘기의 정신적 고뇌"를 반복했을 뿐이라고 비난했다는 점에 주목할 필요가 있다.(프린츠, 344) 우리나라에 번역된 발저의 책에도 헤세는 아예 언급되지 않았다.

1970년대의 반항과 1980년대의 반체제 경험 이후 나는 40세가 다 되어 비로소 그 점이 오해였음을 알았다. 수많은 '진보적' '반체제적' '노동자 농민 문학작품'—지금은 결코 다시 읽지 않는—에 비해 헤세가 도리어 더욱더 진보적이고 반항적이며 반체제적이라는 생각이 든다. 사실 나이 사십이 훨씬 넘어서야 헤세는 나에게 제대로 울림을 주었고, 오십이 넘어 더욱 뜨겁게 다가왔다. 지금 개인의 자유와 독립을 거부하고 집단의 억압과 강요 속에서 오로지 로봇처럼 사는 마마아이, 마마어른들을 너무나도 많이 보고 있기 때문이다. 그동안 민주화를 했다고 하지만 사실은 자본화, 화폐화, 상업화, 물질화를 중심으로 한 집단화, 획일화, 원자화, 권력화, 폭력화, 이기(利己)화가 아니었는지 오늘의 한국을 바라보는 내 마음은 괴롭기만 하다. 헤세는 그런 모든 문제를 가장 깊이 고민한 작가였다.

나는 노동법을 전공하며 30여 년을 노동자를 위한답시고 살아왔다. 그러나 이제는 끝없는 월급 올리기 노동운동 대신 헤세를 읽고, 베토벤을 듣고, 반 고흐를 보고 감동하는 노동자의 아름다운 세상을 꿈꾸고 있다. 김민기의 〈공장의 불빛〉에 나오는 자가용 타는 부자 노동자의 꿈 대신, 자전거 타는 가난한 노동자가 헤세를 읽기를 꿈꾼다. 골프를 너무 좋아해 결국 그것 때문에 망한 '진보' 총리가 아니라 차라리 '보수'라고 해도 골프와 무관한 총리를 기대한다. '보수'보다 더 돈을 밝히고, 더 끼리끼리 노는 '진보'는 더욱 싫다. 요컨대 진보적인 인간보다 헤세가 말하는, 썩은 현실에 반항적인 인간이 나에게는 더욱 소중해졌다.

물론 지금 내가 헤세를 완전히 긍정하는 것은 아니다. 특히 한국에서 독문학자들이 합창하듯이 노래하는 '동양적' 헤세라고 하는 점에 대해 나는 여전히 의문을 가지고 있다. 그가 그렇게도 찬양했다는 인도나 중국 등 동양의 고전이나 종교 자체에 대해서도 나는 믿음이 없다. 그가 살았던 시절 인도는 영국의 식민지였고, 중국은 유럽과 일본 제국주의의 위협을 받았으며, 당대의 그곳 지식인들은 동양고전이 초래한 오랜 봉건사회와 식민사회에 반항했다. 물론 간디와 같은 예외도 있지만 루쉰 같은 중국 지식인들은 물론 상당수의 인도 지식인들도 자신들의 정신적 토대였던 사상과 종교를 부정했다. 비단 그런 문제만이 아니라 나는 여전히 많은 점에서 헤세를 회의(懷疑)한다.

그런 헤세에 대한 동감과 회의에서 나는 이 책을 쓴다. 이 책은 헤세의 삶과 글을 여섯 가지 반항의 주제, 즉 죽음, 방랑, 양심, 사랑, 봉사로 나누어 살펴본다. 이는 헤세에 대한 청춘, 향수, 환상, 신비, 정신, 동양 등의 종래 이미지에 반드시 대응되는 것은 아니지만 이 책에서 나는 그런 종래 이미지보다 더욱더 적극적인 반항의 이미지를 심고자 한다. 특히 흔히 헤세가 말했다고 주장하는 추상적인 마음이나 자아를 구체적인 사회적 의미로 담아보고자 노력했다. 내가 읽은 헤세는 대단히 사회적인 작가임에도 독문학자들을 비롯하여 남들이 말하는 헤세는 대단히 반사회적인 음양사(陰陽師)나 점쟁이 도사 같아서 화가 나 이 책을 쓴다. 왜 헤세가 이렇게 천박한 모양으로 오해되고 오도되는가?

반(反)자본주의적 삶을 위해 투쟁한 헤세

1장의 첫 구절을 읽고, 아직까지도 서슬이 시퍼런 국가보안법 적용을 용감하게 서두를 '멍청이'(헤세가 히틀러를 부른 말이기도 하다)들이 있을까 걱정되어 좀 더 설명하고자 한다. 그는 그 글을 쓴 1931년 독일에 있었던 공산당에 가입하거나 공산당 측에 서서 작품을 쓴 사람은 물론 아니었지만, 이는 그가 유독 공산당을 싫어해서가 아니라 모든 조직을 거부했기 때문이다. 그러나 그의 작품을 하나라도 읽은 사람이라면 그가 자본주의라는 것을 끔찍이 싫어했음을 쉽게 알 것이다. 그럼에도 우리나라에서 헤세를 공개적으로 말하는 사람 중에 그런 말을 하는 것을 들어본 적이 없다. 우선 헤세의 말을 좀 더 들어보자.

나의 오성이 공산주의의 프로그램에 수긍하는 긍정 외에도 내가 살아오는 동안 내 안의 한 목소리가 고통당하는 자들을 두둔하고 있습니다. 나는 억압하는 사람들에게 등을 돌리고 억압당하는 사람들 편이었으며, 재판관에 맞서서 피고들 편에, 배부르게 처먹는 자들에 맞서서 굶주린 사람들의 편에 섰습니다. 단지 이 모든 자연스럽게 보이는 감정을 결코 공산주의적이라고 부르기보다는 기독교적이라고 불러왔을 따름입니다.(홍순길, 341, 재인용)

헤세의 위 말에 대해 우리의 반공주의 기독교신자들은 뭐라고 반박할까? 그냥 헤세 나름의 기독교 이해라고 생각해주면 좋겠다. 여하튼 헤세는 공산주의를 완벽하고 객관적이며 절대적인 것이라고 믿지 않았다. 특히 마르크스가 예술을 인류의 도구로 인식하지 않고 '이념적 상부구조'의 하나로 여긴 것을 비판했고, 공산주의와 관련된 작가들을 비난하면서 그들이 선전 작가밖에 되지 않으리라고 예언했다. 이러한 예언이 적중했음을 우리는 역사에서 충분히 알고 있다. 물론 공산주의 자체는 헤세가 예언한 것과 달리 결국 승리하지 못하고 실패했지만 말이다.

그런데 헤세가 공산주의적이라고 하든, 기독교적이라고 하든, 달리 뭐라고 하든, 그가 고통당하고 억압당하며 굶주린 자들 편에 섰다는 것을 적어도 그의 작품 이해를 통하여 굳이 강조하지 않으려는 독문학자나 예술가가 우리나라에는 너무나 많다. 그들이 반공주의자든 예술지상주의자든 공산주의자든 모두 그렇다. 한국의 소위 보수적인 사람들은 물론이고 진보적인 사회주의자들도 헤세를 그렇게 인정하지 않는다. 아니 헤세를 소개하거나 그 작품을 번역하는 사람들 중에는 진보적이라고 할 만한 사람을 거의 보기 힘들다. 반면 진보적이라고 하는 사람들은 아예 헤세를 소개도, 번역도 하지 않는 듯하다.

한국에서는 흔히들 헤세를 청춘시절에 반드시 읽어야 하는 통과의례적인 작가라고 말한다. 무엇보다 자신감을 갖게 해주는 인격의 완성을 다루는 작품을 쓴 작가인 만큼 그의 작품을 꼭 읽어야 한다고 강조한다. 헤세를 읽고 인격의 완성을 이루었다거나 특히 사회주의자가 되었다는 사람을 나는 아직 만나보지 못했지만, 적어도 나의 경우를 돌이켜보면 적어도 자본주의에 대한 반대 인식에는 헤세가 중요한 역할을 했음을 부정할 수 없다. 물론 그것 역시 헤세에 대한 오해를 거쳐 우여곡절 끝에 나온 것이기는 하지만 말이다. 이는 이 책의 본론에서 헤세의 수많은 작품 분석을 통해 계속 확인할 터이나 우리나라의 일반적인 헤세 해석과는 반드시 일치하지 않는 것임을 주의할 필요가 있다.

그렇다고 해서 내가 이 책에서 헤세를 공산주의자나 사회주의자로 규정한다거나 그의 작품을 그런 각도에서 해석하겠다는 것은 아니다. 사실 그렇게 규정하거나 해석하는 견해는 국내외에서 전혀 볼 수 없는 만큼 있을 수도 없다. 그러나 그가 평생 투쟁한 시민적 삶이란 것은 바로 자본주의적 삶에 다름 아니고, 그것에 맞서 그가 추구한 예술가적 삶이란 것은 바로 반(反)자본주의적 삶에 다름 아님은 분명하다.

물론 위의 인용에서 보듯이 헤세가 "고통당하고 억압당하고 굶주린" 사람들 편에 서서 그들을 위해 싸웠다는 것을 그의 삶이나 작품이 웅변적으로 보여주지는 않는다. 그러나 그는 부당한 권력에 맞서 저항했고 양심과 책임으로 그런 고통과 억압에 시달리는 사람들에게 봉사하는 삶을 자신의 생애에서나 작품에서 언제나 추구했다. 그것이 바로 헤세가 평생 썩은 시대에 반항하여 자신의 참된 삶을 추구했던 접점이었다. 이를 무시하고 "껍질을 깨는 아픔" 운운하며 헤세를 인격 완성이나 자기계발의 안내자처럼 신비화하는 짓은 이제 그만두어야 한다. 더욱이 힐링 운운하는 짓은 정말 그만두어야 한다.

나의 헤세 경험을 솔직히 말하면 헤세에게 배운 것은 자본주의 사회에서의 인격 완성은커녕 인격 파탄이고, 자신감을 갖고 자본주의 시민사회에서 출세하기는커녕 그 출세를 거부하고 자발적 왕따로서 시민적 자본주의 사회에서 철저히 벗어나 그것에 반항하는 것이다. 헤세는 자본주의에 익숙한 성년이 되기는커녕 그것과 등을 돌린 어린이로 영원히 머물라고 말한다.

헤세와 조국

헤세는 1877년 독일에서 태어나 1962년 스위스에서 죽었다. 그를 보통 독일 작가라고 하나 태어날 때는 러시아 국적*이었다가 4세부터 9세까지도

■　　*　헤세 조부의 고향이 러시아였고 그는 러시아 황제의 추밀원고문을 지냈고, 헤세 아버지도 독일계 러시아인이었다가 스위스 국적, 이어 독일 국적을 취득했다.

스위스에서 살며 6세에 스위스 국적을 가졌다. 그 후 9세에 독일로 돌아와 주 정부 시험을 치기 위해 독일 국적을 얻고 독일에서 살았다. 그러나 22세인 1899년부터 죽을 때까지 스위스에 살았고, 1923년, 즉 46세부터 스위스 국적을 가지고 스위스에서 40년간 살다가 죽었다. 따라서 독일에서 산 것은 10대 10여 년에 불과하다. 굳이 말하자면 스위스 작가인 셈이다. 그는 1923년에 스위스 국적을 신청하면서 그 전의 독일 국적이란 "일종의 강요된 것"이고, 1914~18년 사이의 제1차 대전과 그 후 몇 년간은 "조국을 도주하듯 떠날 수 없었기 때문에" 역시 어쩔 수 없이 독일 국적을 유지했다고 했다. 그리고 독일 국적을 포기함은 독일과 무관하게 되고 싶기 때문이라고 밝혔다. 국수주의자들이 헤세를 독일작가라고 하지 않거나 독일작가사전에 그의 이름이 없는 것도 당연한 일이다.

그러나 더욱 엄격히 말하면 헤세는 무국적의 세계인이다. 그는 『도보여행』에서 "국경선보다 더 증오스러운 것은 없고, 국경선보다 더 어리석은 것은 없다"라고 말했다.(홍순길, 57, 재인용) 그가 처음부터 그러했음을 다음과 같은 초기 시 「마을의 저녁」에서 읽을 수 있다.

> 양치기들이 양들과 함께
> 고요한 골목으로 들어선다,
> 집들은 자려고
> 벌써 졸음에 겨워 꾸벅꾸벅
> 졸고 있다.

나는 이 성벽 안에서

이 시작에 유일하게 낯선 사람이다,

내 가슴은 상실의 슬픔 있어,

그리움의 잔을 바닥까지 마신다.

길이 나를 이끌어가는 곳,

어디에서나 아궁이 불은 이미 다 타고 없었다.

나만 한 번도 느껴보지 못했다,

고향이 무엇인지 또 고국이 무엇인지.(시선, 15)

　물론 헤세는 독일'적' 작가였다. 비록 10대 10여 년만 독일에서 살았지만 그 시절이야말로 그가 독일에서 독일문화와 독일어를 배운 시기였고, 그 후로 그는 끝없이 독일문제에 관심을 가지며 독일과 독일인에 대해 썼기 때문이다. 사실 그가 스위스나 스위스인에 대해 쓴 글은 거의 없다. 그러나 그는 독일작가들에게 나타나는 국가주의적인 경향과는 거리가 멀었다. 헤세는 평생 국가, 국민, 조국이라는 개념은 물론 정당이나 이념과도 동떨어진 존재였고, 특히 국가주의에서 나오는 전쟁과 관료주의를 혐오했다. 그래서 이미 1차 대전이 터진 1914년에 그는 국가주의에 반대한 탓으로 일부 독일인들에 의해 '매국노'라는 비난을 들어야 했다**. 이

■　*　헤세는 당시 체제를 비판한 게 아니라 단순히 평화를 호소했는데, 이러한 미지근한 태도를 비난한 자들은 쇼비니즘에 기운 일부 주전론자뿐이었다.
　　**　헤세는 제1차 대전이 터지자마자 자발적으로 군대에 지원했다. 당시 그가 쓴 편지에는 자신들이 완전하게 독일적인 지조를 갖는다고 하고 짐승 무리 같은 인간의 보편적인 삶이라는

에 대해서는 뒤에서 다시 상세히 살펴본다.

특히 헤세는 반유대주의에 저항했다. 그래서 1934년에는 반(半)유대인이라는 낙인이 찍혔고* 1935년에는 '유대인 용병'이라는 소리까지 들어야 했다. 이에는 개인적인 사정도 작용했다. 그의 세 번째 부인 니논은 유대인이었고, 그의 출판업자인 피셔도 유대인이었으며, 그가 존경한 부르크하르트도 유대인이었다. 이러한 사정으로 그는 제2차 대전 때 침묵하지 않을 수 없었으나 당시 독일의 그 누구보다도 그는 유대인을 위해 봉사했다.**

나는 헤세를 평생 국가주의에 반항한 작가로 본다. 국가주의란 어쩌면 독일의 오랜 사회철학이었고 또한 그것을 모방한 일본과 한국의 사회철학이었다. 아니 일본과 한국도 국가주의의 나라였기에 근대에 와서 독일의 국가주의를 쉽게 받아들였다고 봄이 옳다. 나는 헤세를 그런 국가주의에 대한 반항자로 즐겨 읽었다. 헤세의 자연도, 개인도, 자아도, 내면도 그런 국가주의에 대한 반항으로 나타난 것이기에 나는 헤세를 사랑했고 지금도 사랑한다. 반국가주의의 아나키스트이기에 헤세가 좋다.

것은 전쟁보다 바람직하지 않다는 구절이 나온다.
* 이미 1931년에 헤세는 베를린 예술 아카데미의 문학 부문에서 탈퇴했는데, 이러한 태도는 당시 아카데미 내에서 민주적 세력을 강화하고자 노력한 토마스 만과 하인리히 만의 노력에 반하는 것이었고, 게다가 헤세의 그런 태도는 파시즘적 작가들이 민주적 세력을 비난하는 것에 이용당하기도 하여 헤세가 쇼비니즘을 편들었다는 비난을 초래했다.
** 그러나 당시 헤세는 나치스와 망명자의 생사를 건 싸움을 서로의 말다툼이니 자신과 같은 중립적 입장에 대한 쌍방의 사격이니 하여 처세에 능하다는 느낌도 주었다. 실제로 그는 1936년까지도 프랑크푸르트 신문에 계속 글을 쓴 탓으로 나치스 선전원이라는 비난을 듣기도 했다. 흔히 알려진 것과 달리 헤세의 일부 작품은 1944년까지 나치스에 의해 출판이 허용되었고, 그 뒤에 출판이 정지된 것은 정치적 이유가 아니라 종이의 부족 때문이었다.

헤세는 아나키스트다

나는 헤세가 지배나 권위 자체를 부정하고 개인의 존재를 중요시한 아나키스트라는 점을 강조하고 싶다. 헤세 작품의 주인공들은 어떤 제도나 관습이나 제도나 지도자를 거부하는 자유인이다. 따라서 헤세는 조직이나 정당이나 권력을 거부한다. 공산당은 물론 심지어 '펜클럽'을 비롯한 국내외의 문학인이나 예술가 조직조차 그는 철저히 거부한다.

헤세의 주인공들은 남의 도움을 받아 자아를 성숙시키지만 그 성숙이란 사회에 적응하거나 성공하는 것이 아니다. 헤세 자신이 그러했던 것처럼 천한 위치에서 남을 도와 자아를 성숙시켜주며 살아가는 존재다. 이때의 '남'은 동성의 우정일 수도 있고 이성의 애정일 수도 있다. 가령 『데미안』의 데미안이나 에바 부인이다. 따라서 어느 『데미안』 번역자가 해설에서 다음과 같이 말한 것은 잘못이다.

> 헤세의 작품에 나타나는 주인공들의 특색은 외부세계와 대결하는 법이 드물고 타인과의 접촉을 피하고 있다. 경험세계와는 멀리 떨어져 자신의 내면의 소리만을 듣고 있는 주인공은 다른 사람을 도와줄 줄도 모를 뿐만 아니라 다른 사람으로부터도 도움을 기대하지도 않는다. 다시 말해서 자신의 내면세계를 형성하는 데 파트너를 필요로 하지 않는다.(404)

위의 해설은 잘못되었다. 『데미안』에서만이 아니라 헤세 소설 어디에

■　＊　이기식, 『데미안』, 현대소설사, 1993.

나 파트너가 등장하기 때문이다. 가령 『페터 카멘친트*Peter Camenzind*』의 리하르트, 『수레바퀴 아래서*Unterm Rad*』의 하일러, 『게르트루트*Gertrud*』의 무오트, 『로스할데*Roshalde*』의 부르크하르트, 『클링조어의 마지막 여름*Klingsors letzter Sommer*』의 마술사를 비롯한 친구들, 『싯다르타*Siddhartha*』의 고빈다와 바주데바, 『나르치스와 골드문트*Narziß und Goldmund*』의 나르치스, 『황야의 이리*Der Steppenwolf*』의 헤르미나와 파블로 등이다. 헤세 작품엔 언제나 주인공의 파트너가 등장한다.

헤세 자신의 삶에도 늘 파트너가 있었다. 가령 니체, 부르크하르트, 괴테는 물론 노자나 부처나 예수는 헤세가 평생 사숙한 스승들이었고, 우리나라에는 거의 알려지지 않은 그레저도 1905년 이후 헤세에게 지대한 영향을 끼쳤으며, 로맹 롤랑이나 토마스 만(Thomas Mann, 1875~1955)ˈ도 그의 중요한 친구였다. 헤세는 평생 세 번 결혼했고 그밖에도 많은 여인들을 사랑했지만 그들이 헤세의 정신적인 파트너였는지에 대해서는 의문이 있다. 그는 오히려 수많은 뛰어난 남성 지성들을 정신적인 파트너로 삼았다.

그런데 헤세의 주인공이나 그를 이끄는 스승이나 친구들은 어떤 의미에서도 헤세에게는 절대적인 존경의 대상이 아니었다. 그는 그들을 나름

■　＊ 토마스 만은 독일의 소설가로 1929년 노벨 문학상을 비롯, 괴테 상 등 많은 상을 받았다. 헤세는 출판업자 사무엘 피셔(Samuel Fisher)의 소개로 토마스 만과 1904년부터 알고 지냈으나, 처음에는 서로에게 매력을 느끼지 못해 거리를 유지했다. 그 이유 중 하나가 제1차 세계대전 동안 토마스 만이 독일 황제의 보수주의를 지지하고 진보주의를 공격했다는 점이었다. 그러나 1930년 토마스 만이 베를린에서 '이성에의 호소'라는 연설로 강력하게 나치 중심 사회주의를 비난하고 운동권들에 의한 반대를 격려하고, 1933년 나치스 독일 피해 망명한 이후부터 친밀하게 지냈다.

으로 이해하면서도 언제나 그들을 뛰어넘으려고 노력했다. 특히 헤세에게 그들은 결코 지도자나 개혁가나 혁명가나 예언자가 아니었다. 도리어 그들은 권력이나 폭력을 악으로 생각했다는 점에서 반(反)권력적이고 반(反)권위적이라는 공통점을 보여주었다.

권력이나 폭력을 악으로 생각한 헤세가 소크라테스나 예수나 간디처럼 비폭력적 무저항주의의 평화주의에 쏠린 것은 당연하다. 물론 그는 간디와 달리 현실 정치인이 아니었으므로 이상적 정치프로그램의 구상에 대해서는 무관심했다. 이러한 아나키스트적인 성향은 그의 기독교적 혈통이나 동양종교 등에 대한 관심, 그리고 제1차 대전부터 제2차 대전 사이에 경험한 자아 성찰에서 비롯된다.

앞에서 말한 공산주의, 즉 자본주의에 대한 반대와 국가주의나 반유대주의에 대한 반대를 포함하는 서양 현대문명 전반, 특히 물질주의적이고 기계주의적인 문명에 대해 헤세는 비판적이고 부정적인 입장을 여러 작품에서 드러냈다. 문명 비판적인 후기 작품만이 아니라 초기의 자연주의적인 작품도 그렇게 이해해야 한다. 그는 서양문명은 멸망할 수밖에 없고 당연히 멸망해야 한다고 주장했다.

우리는 이를 마치 서양문명에 반대된다는 의미에서의 동양문명이 서양문명을 대체해야 한다는 식으로 받아들이는데, 이런 주장을 정당화할 근거는 없다. 나는 헤세가 20세기 후반이나 21세기의 동양, 특히 한국에 살았다면 마찬가지로 동양문명이나 한국문명은 당연히 멸망할 수밖에 없고 당연히 멸망해야 한다고 주장했으리라고 생각한다. 왜냐하면 지금 한국은 헤세 시대의 독일보다 더 천박한 자본주의와 국가주의 및 물질주의 기계주의의 나라이기 때문이다. 우리가 헤세를 읽어야 할 이유가 있다면 바로 그러한 점이다. 그럼에도 이 점은 우리나라에서 제대로 이해되지 못하고 있다.

한국인은 헤세를 오해했다

헤세 작품은 6·25전쟁이 끝난 1954년부터 우리나라에 본격적으로 소개되었다. 1955년과 1958년에 『데미안』이 두 번 번역되었고, 1955년과 1961년에 『나르치스와 골드문트』도 두 번 번역되었다. 후자는 『지성과 사랑』이라는 제목으로 소개되었는데, 이는 그 후에도 계속 번역된 같은 작품의 이름으로 사용되었다. 이어 『싯다르타』가 1957년, 『페터 카멘친트』가 1958년부터 번역되었는데 후자는 『향토』라고 제목이 바뀌기도 했다. 1958년에는 『로스할데』, 1959년에는 『유리알 유희 *Das Glasperlenspiel*』*, 1960년에는 『황야의 이리』도 번역되었다. 그 밖에도 여러 작품이 계속 번역되었다. 『데미안』 70여 회를 비롯, 『싯다르타』와 『청춘은 아름다워라 *Schön ist die Jugend*』가 각각 30회 이상, 『페터 카멘친트』와 『수레바퀴 아래서』가 각각 20회 이상, 『황야의 이리』와 『유리알 유희』도 각각 10회 가량 번역되었다.

어느 번역가는 헤세 작품의 인기 원인이 다음과 같은 점에 있다고 말한다. "서정성의 향수, 소년시절의 동경, 청춘시절의 꿈과 방황, 넘실거리

■   * 나는 이 작품을 왜 '유리알놀이'가 아니라 '유리알 유희'라고 번역하는지 이해할 수 없다.

는 구름을 바라보며 도시에의 환멸, 문명사회를 달래어 자연으로 돌아가는 방랑아 페터의 낭만 같은 것"이라는 것이다. 물론 이러한 해설은 당시의 일반적인 경향이었다. 헤세의 비정치성을 강조하는 견해와 표리일체를 이룬다."

『한국인의 눈에 비친 헤르만 헤세』라는 책은 한국에서 헤세가 애독되는 첫째 요인으로 "그의 문학이 추구하는 것이 한국 또는 중국의 전통적인 정신문화와 유사성을 갖고 있다는 데" 있다고 하고, "한국의 정신문화사는 노자의 도의 사상을 인격적 형성의 한 바탕으로 하고 있음을 알려준다"라고 하며, 『데미안』을 예로 들어 헤세가 도를 찾는 인간을 주인공으로 삼았고, 헤세 주인공들이 노자의 도에서처럼 일체와 조화를 이루는 인간형성을 추구했으며, 한국에서 최초로 소개된 작품이 『싯다르타』인 것도 이를 반증한다고 말한다.(조창현, 9-10)

이러한 주장이 과연 옳을까? 젊은 시절은 물론 지금도 나는 헤세를 노자와 관련시켜 읽은 적이 없다. 의식적으로는 물론 무의식적으로도 노자를 의식한 적이 없다. 한국의 정신문화사가 노자를 바탕으로 한다는

■   * 김정진 역, 『데미안』, 예지사, 1968, 344쪽.
   ** 헤세의 초기 작품이 산업화를 부정하고 남독일의 풍토와 자연, 그리고 독일의 민족 전통에서 정신적 피난을 구한 점에서 1960~80년대 한국인의 정서와 맞았다고 할 수 있다. 그런데 이러한 초기작품은 헤세 외에도 20세기 초엽 에밀 슈트라우스(Emil Strauss)를 비롯한 독일의 많은 향토작가들의 작품에 공통된 것이었고, 헤세의 작품도 그런 향토작가들의 작품에서 큰 영향을 받았고, 헤세는 그들과 친교를 맺어 함께 민요집을 내기도 했다. 그런데 그 상당수의 작가들은 나치에 부역했음을 주목할 필요가 있다. 이는 나치의 문학이 그런 향토문학을 적극적으로 수용한 탓이다. 한국의 독문학자들, 특히 헤세를 연구하는 자들은 이러한 문제점에 비판적인 관심을 가져야 했으나 그런 점을 언급한 논저는 한국에 하나도 없다. 일제강점기인 1941년, 《독일문학》이라는 학술지에서 슈트라우스와 헤세가 나치스 향토문학(Landschaftsdichtung)의 대표작가라고 언급되었고, 그런 평가와 함께 헤세의 작품들이 당시 상당수 번역되었음을 적어도 한국의 초기 독문학도들은 알았을 것이다.

주장도 과연 옳을까? 한국에서 최초로 소개된 작품이 『싯다르타』인 것도 그 소개 잡지가 《불교》(1926)였고, 그 소개자가 승려였기 때문이 아닐까? 게다가 불교와 노자는 다르지 않은가?

이와 달리 당위론적인 주장도 있다. 이인웅은 『헤르만 헤세와 동양의 지혜』에서 "우리는 헤르만 헤세만큼이나 우리의 뿌리를 알고 있는가?"라고 질문을 던지면서 "동양의 지혜를 알고, 이를 근본으로 하여 서양문학을 연구하는 것이 우리에게 어울리고 더 합리적일 것"이라고 말한다. 이는 우리가 동양인이라는 이유 때문이리라.(31) 그러나 모든 서양문학이 그렇게 동양 지혜로 연구될 수는 없다. 헤세도 마찬가지다. 특히 앞에서 보았듯이 헤세는 국가주의를 부정한다. 동양주의나 서양주의도 부정한다.

이인웅은 헤세 문학과 동양지혜에 귀를 기울이면 "이제까지 상상하지도 못했던 새로운 삶이, 새로운 세계가 전개"된다고 하면서 "몰락해가는 서양의 현대문명으로부터 탈출하고자" 히피와 비틀스를 예로 들어 그들이 참된 자아발견과 자아해방을 부르짖었다고 한다.(33) 그러나 이인웅은 히피와 비틀스가 그런 탈출 방법으로 마약을 상용하고 나체로 살기를 희망했음을 알까 모를까? 헤세 역시 마찬가지였음을 그는 알까 모를까? 헤세를 전공한 학자이기에 분명히 알겠지만 그 점을 강조하지는 않는다.

이인웅은 『헤르만 헤세의 인도여행』을 번역했는데, 나는 이 여행기에서 당시의 참담한 식민지 현실을 헤세가 전혀 인식하지 못하고 대부분의 오리엔탈리스트 서양 지식인처럼 오로지 고대 인도에만 관심을 기울였음을 대단히 유감스럽게 생각한다. 그가 만일 조선을 방문했다고 해도 필시 고대 조선에만 관심을 가졌을 것이다.

이는 거꾸로 헤세가 지금 한국인에게 헤세 당시의 독일 현실을 파악하는 작가로 인식되지 못하고 마치 시공을 초월한 존재로 인식되는 것과 조금도 다르지 않다. 특히 헤세의 소설이나 시가 당대 시민적 삶에 대한 비판과 부정 위에 성립하는 것을 전적으로 무시하는 한국 독문학자나 예술가들의 태도와 다름없다. 헤세의 인도 및 중국에 대한 고전 읽기도 그러한 헤세 당대 유럽의 시민적 삶을 부정하고 그것과 다른 새로운 세계를 추구하는 정신적 편력으로 읽어야 한다. 따라서 무엇보다도 중요한 것은 헤세의 시민적 삶에 대한 반항정신일 터다. 또한 헤세가 부정한 그러한 시민적 삶이 21세기 한국에서 이상적인 것인 양 받들어진다는 점에서 지금 우리에게도 의미가 있는 게 아닐까?

한국에서는 일반적으로 헤세가 현실에 반항한 게 아니라 현실과의 조화를 추구했다고 본다. 가령 헤세 주인공은 언제나 "자신의 내부에 자리 잡고 있는 참다운 자아를 발견하고 모순덩어리인 현실과 조화를 이루어 나가느냐 하는 데 고민하고 있다"고 한다. 헤세는 현실과의 조화를 추구했는가? 도리어 현실에 끝없이 반항한 것이 아닐까?

헤세와 동양의 지혜

헤세는 『나의 신앙』에서 "나는 종교 없이 산 적이 없다. 종교 없이는 하루도 살아갈 수 없었다"라고 말한다.(257) 그러나 이어 "교회는 없어도 잘

■   * 윤순호, 「H. Hesse의 Siddharta에 나타난 생의 양상」, 《성균관대논문집》, 제11권, 1966, 105쪽.

살아왔다. 종파별로, 또 정치적으로 나뉘어져 있는 분리된 교회란 언제
나, 그리고 세계대전 중에는 특히 국가주의의 풍자화처럼 생각되었다"라
고 말했다. 신교의 분리란 독일인들이 통일 실현의 능력이 없음을 보여주
는 탄핵적 상징처럼 생각되어 가톨릭을 존경했지만 가톨릭도 "모든 인간
의 형성물이 그렇듯이 유혈과 폭력, 정치와 비열의 냄새가 풍"기고 "독선
과 아집, 그리고 싸움질과 조잡한 권력의지가 작용"한다고 본 것이다.(257)

헤세가 어릴 적부터 믿은 신교란 그에게 "종파적이고 분파적인 형식"
으로서 거부되어(254) 자신은 교회로부터 어떤 "종교적 체험도 경험하지
못했다"고 한다.(255) 반면 신비주의적이고 단일성을 지향하는 인도와 중
국의 종교와 문학세계는 어려서부터 그를 매혹했다는 것이다. 그러나 여기
서 주의할 점이 있다. 그가 말하는 인도와 중국의 종교는 그것이 현실에서
카스트나 봉건제도를 정당화하는 것으로 인식되지 않는다는 점이다. 여기
서도 우리는 헤세의 오리엔탈리즘적인 동양에 대한 신비화를 볼 수 있다.

이인웅은 『헤르만 헤세와 동양의 지혜』 마지막에서 "어린 시절부터 긍
정적이며 양극적으로 전일적인 정신 속에서 자라고 교육받은 동양인들
은 헤세에게서 저절로 머리가 끄덕여지는 아주 친숙한 인생태도를 접하
게 된다"(314)면서 이 점이 그를 한국을 비롯한 동양에서 가장 많이 읽히
는 독일작가로서의 위상을 정립하게 만든 요인이라고 주장한다. 또는 『수
레바퀴 아래서』에서는 외적 좌절을 동양적 체념 속에서 해소하여 내적
확신으로 극복한다고 보는 견해도 있다.* 그러나 이러한 해석은 너무나도

■   * 이병찬, 「H. Hesse론」, 《월간문학》, 1969, 188쪽.

안일하다. 동양인들에게 헤세의 세계가 너무나도 친숙한 것이라면 굳이 읽을 필요가 있을까, 라고 의문을 던져봄이 옳지 않을까?

헤세는 가령 『싯다르타』 제1부에서 주인공이 인도의 사상과 불교를 공부하기까지의 이야기를 쓴 뒤 소설 집필을 중단하는데, 이는 모든 질서에 맞서 분노한 뒤에만 자신의 고유한 자아를 체험할 수 있음을 깨달았기 때문이다. 대중과 타인의 의견에 좌우되어 자아를 상실한 경우 어떤 자아의 체험도 있을 수 없다는 것이다. 그래서 싯다르타는 부처마저 떠났고, 세상에 맞서기 위한 반항 체험의 이야기를 제2부에서 끌어간다. 따라서 그것은 어떤 의미에서도 세상과 타협하자는 이야기가 아니다. 그러므로 이 책을 "이 세계와의 조화를 얻게 하는 평화로운 책"이라고 보거나 인도나 중국의 지혜가 서구적인 경험과 부딪히고 결합되어 동서양의 조화를 이뤘다는 견해에는 찬성할 수 없다.

이인웅의 『헤르만 헤세와 동양의 지혜』를 비롯한 독문학자들의 글은, 음양을 말하는 『역경』을 비롯한 동양고전에는 단일성의 사상이 존재하고, 그것을 어려서부터 익힌 동양인은 단일성 체질을 갖기 때문에, 그런 동양고전을 읽은 헤세가 모든 작품에서 단일성을 표현하는 것에 동양인은 당연히 감동하게 마련이고, 헤세 연구도 그런 동양인이라면 마땅히 동양고전과 관련시켜 작업해야 한다고 주장한다.

나는 동양의 독자들이 어려서부터 단일성 체질인지 아닌지에 대해서는 알지도 못하고 흥미도 없다. 나아가 동양독자들이 왜 헤세를 읽는지

■ * 강두식, 「내면으로의 길-헤르만 헷세론」, 《현대문학》, 제74권, 1961. 247쪽.

에 대해서도 알 수 없다. 문제는 동양독자들만이 아니라 세계의 독자들이 헤세를 읽는다는 사실이다. 그런 세계 독자들의 헤세 독서에 대해서는 동양의 고전을 중심으로 해명하는 견해가 설득력을 갖추기 어렵다. 분명한 점은 헤세가 단일성을 추구했지만 그의 소설에 그것만 묘사된 것은 아니라는 점이다. 가령 이인웅은 『페터 카멘친트』 등에 나오는 자연 묘사에서 자연과 인간과 신의 단일성, 즉 합일을 볼 수 있다고 한다. 그러나 이러한 합일의 감정은 이미 독일 낭만주의에서 일반적으로 표현된 것이었고, 굳이 동양이 아니어도 서양의 문학이나 사상에서 얼마든지 볼 수 있다.

헤세 르네상스의 문제점

헤세는 한국만이 아니라 외국에서도 인기다. 일본의 경우 한국보다 더 인기가 높아 이미 1970년대까지 무려 600만 부가 팔렸고, 사회주의권을 비롯한 다른 나라에서도 엄청난 인기를 끌었다. 영어권에서는 그다지 인기가 높지 않다가 1973년까지 미국에서 800만 부가 팔렸는데, 그중 『싯다르타』가 약 300만 부, 『황야의 이리』가 약 200만 부를 차지했다.

재미있는 점은 한국이나 일본에서는 헤세의 『데미안』까지의 전기 작품이 인기인 반면, 서양에서는 『황야의 이리』 이후의 후기 작품이 인기라는 대조적인 사실이다. 이를 전기 작품이 개인의 운명을 다루는 반면, 후기 작품은 개인과 사회의 관계를 규명하는 차이에서 비롯된다고 보는 견해가 있다. 이러한 단순 구분에는 문제가 있다. 도리어 전기 작품은 낭만적 자연 묘사가 뛰어나고, 후기 작품은 내면 묘사에 더 치중했다는 점에서 동서양 인기도의 차이를 찾을 수 있을지도 모른다.

위 견해가 내세우는 공통점이 있다면 헤세의 작품이 동서양 모두 청소년에게 인기를 끌었다는 점이다. 이를 헤세 문학의 강점이자 약점이라고 하면서 그 이유를 문학 외적 요소에서 찾는다. 그리고 그 첫째 요소를 동양적 요소와 인간학적 요소라고 하고, 이 점이 서양 청소년에게는 "생소한 이국정서나 또는 아주 상이한 문화권에 대한 그들의 호기심을 자극하고, 아시아의 청소년들에게는 그것이 그들을 길러낸 정신적 토양이라는 점에서 아주 친근한 느낌을 줄 수 있다"고 한다.** 그러나 이러한 동일한 동양적 요소가 그것을 모르는 서양인에게는 호기심, 그것을 잘 아는 동양인에게는 친숙감을 준다는 식의 설명은 납득하기 어렵다.

따라서 다른 요소를 찾아야 한다. 즉 제2차 대전을 경험한 독일과 일본, 베트남전쟁을 경험한 미국의 청소년들에게 전쟁의 무의미함을 묘사한 헤세 작품이 어필했고, 산업사회에서 소외감을 느끼고 교육제도에 절망하고 자신의 길을 추구하는 청소년들에게 헤세 작품이 어필했다는 점이다. 차라리 이쪽이 설득력 있다. 물론 헤세 작품이 평이하다는 점도 인기의 비결일 수 있다.

반면 위 견해는 "청소년들은 사물에 대한 파악이 감각적이고 즉흥적,

---

* 김석도, 「'헤세' 르네상스의 실상과 그 문제점」, 『독일문학과 인문학적 상상력』, 삼지원, 2002, 229쪽.
** 위 글, 230쪽.

단정적이기 때문에, 그리고 그들의 사고도 아직은 얕고 피상적이기 때문에 "헤세를 동양적인 작가라고 간단히 단정하고 더 나아가서는 헤세의 세계관이 불교나 중국사상에 의해서만 형성되어 있다고 자의적으로 속단하는 경향"을 헤세 르네상스의 문제점이라고 한다. 그러나 이러한 경향은 청소년만이 아니라 우리나라 독문학자들에게도 일반적으로 나타나는 것이 아닐까? 그렇다면 문제는 그 원인이 청소년들만의 사고미숙에 있는 것이 아니라 우리나라 독문학자들도 그 사고가 미숙한 탓에 있다고 해야 하지 않을까? 여하튼 문제는 청소년들의 사고가 과연 미숙하기만 하냐는 것이다.

위 견해는 헤세가 동양의 영향도 받았지만 그 토대는 서구 기독교문화라고 하고, 따라서 그가 추구한 '새로운 낙원'은 동양이 아니라 서양에서만 가능하다고 했다고 한다." 이는 헤세가 『인도기행』에서 한 말에 나오는 것인데, 인도에서 서양인은 이방인에 불과하므로 당연히 그렇게 말한 것에 불과하다고 봄이 옳은 것이지, 동양에서는 '새로운 낙원'이 불가능하고 서양에서만 가능하다고 본 것이 아니라는 점에 주의해야 한다.

또한 위 견해는 동양독자들은 고독, 향수, 방황, 우수, 체념 등을 헤세문학의 특징이라고 하는 것이 "지엽적이고 표피적인 것에 불과"하고 "센티멘탈리즘에 영합되는 아주 작은 나무 몇 그루를 보고는 그것을 헤세라는 큰 숲이라고 단정해버리는 것과 같은 오류를 범하고 있다"고 질타

■　*　위 글, 231쪽.
　　**　위 글, 232쪽.

하고,* 마찬가지로 미국에서도 『황야의 이리』를 환각제 사용으로만 읽는 것을 "헤세에 대한 오해의 차원을 넘어 그에 대한 중대한 모독"이며** "그런 퇴폐적인 자아도취, 자기망각"이 아니라 헤세는 "자기비판과 자기심판"을 보여준다고 비판한다.*** 그러면서도 미국의 젊은이, 특히 히피들이 『황야의 이리』를 제대로 파악했다고도 함으로써**** 위 견해는 모순을 드러낸다.

또한 위 견해는 이러한 경향 때문에 헤세 비판자들은 "헤세의 수사법은 독일의 젊은 나치스 친위대의 수사법과 같다"는 비평도 나왔다고 한다.***** 그러나 헤세의 수사법을 그렇게 비판한 것은 헤세 작품에 대한 비평으로 충분히 가능한 것이지 반드시 미국에서의 부정적인 경향 때문이라고는 볼 수 없을지도 모른다.

1960년대 말 히피들이 헤세의 작품을 성경처럼 여긴 이유

『페터 카멘친트』 등을 비롯한 헤세 작품을 흔히 성장소설이니 교양소설이라고 말한다. 자아의 완성이니 내면의 성숙이니 하면서. 이는 헤세를 둘러싼 독일소설의 전통으로서 소년이 성장하며 겪는 우정과 애정을 둘러싼 내면의 고뇌를 극복하고 훌륭한 교양적 시민이 된다는 뼈대를 기본

■　*　위 글, 232쪽.
　　**　위 글, 236쪽.
　　***　위 글, 237쪽.
　　****　위 글, 243쪽.
　　*****　위 글, 238쪽.

으로 한다.

헤세 소설의 도식적인 이해 방법은 자아형성의 단계를 적용하는 것이다. 가령 『데미안』에서 싱클레어는 탈선과 방황을 시작하면서 고민과 고뇌에 빠지고, 이어 베아트리체와의 사랑을 통해, 그리고 오르간 연주자 피시토리우스, 에바 부인과의 만남을 통해 자아 발견의 단계까지 도달하여 마침내 "자신감을 가진 완성의 상태"(조창현, 244)에 이른다는 것이다.

> 어떠한 어려움이 자신에게 닥쳐온다 할지라도 자기 자신 스스로가 그 해결책을 능히 찾아낼 수 있다는 자신감을 가진 인간으로, 즉 이마에 표시를 가진 완전한 독자적인 인간으로, 다시 태어난 것이다.

과연 그러한가? 도리어 소설 마지막에서 싱클레어는 전쟁으로 인해 부상을 당한다. 이는 자신감을 가지고 모든 어려움에 능란하게 대처하는 능력을 키운 인간으로의 성장이 아니라 자신의 길을 운명으로 받아들이는 태도, 즉 자율적인 존재로서 자기 행동에 책임을 지는 존재가 됨을 말한다.

헤세의 작품에 나오는 모든 주인공들은 고뇌를 극복한다기보다 그 고뇌 때문에 죽는다. 대부분 교양적 시민이 아니라 비교양적인 본능에 충실한 반(反)시민적 인간상을 지향한다. 그리고 고뇌도 어린 시절에 가정과 학교에서 배운 도덕을 비롯한 시민적 가치관 때문에 생기는 것이어서

■ * 유경훈, 『Hermann Hesse의 소설 Demian과 청소년 교육의 문제』, 서강대학교 대학원, 1996, 48쪽.

헤세 작품을 제대로 읽는다면 반시민적, 반가정적, 반교육적, 반교양적 인간이 되라고 하는 것 같다. 그의 작품이 1960년대 말 서양에서 생긴 히피의 성경처럼 여겨진 것도 바로 그 때문이다. 따라서 헤세 작품은 모범적인 기성인이 보기에 대단히 위험하다. 헤세는 스스로 히피처럼 살기도 했다.

반면 한국에서는 내면세계의 형성과 자아실현이 헤세 문학의 본질이라고들 말한다. 가령 전혜린은 "헤세 작품에 통틀어 나타나는 주제는 자아로부터의 해방이었고 참된 자아로 가는 길이었으며 이 모토에 그는 끝까지 충실했다"고 한다. 도대체 "자아로부터 해방"되는 자아는 무엇이고, 다시 "참된 자아"란 무엇인가?

나는 그런 난해한 자아론보다 독일의 현실에 저항하는 개인의 자아, 즉 개성이라는 것이 강조될 수밖에 없는 억압적인 현실 이해가 훨씬 더 중요하다고 본다. 사실 성장소설이라고 하는 독일문학의 전통도 개성의 성장에 방해가 되는 억압적 현실을 극복하고 개인의 개성을 확립하고자 하는 노력이었지 않은가? 뒤에서 보듯이 이는 루터 이후 독일의 지적 전통이었고, 그러한 지적 전통은 언제나 현실의 억압을 극복하는 데 모아졌다. 그러나 현실의 극복이 실제로는 불가능하기에 무제한적인 자아도취적 경향이 생겼을 테고, 그것이 방해되는 곳에서 당연히 비판이 제기되고, 신비주의적인 경향으로 나타나거나 아니면 최후로 극단적인 폭발로서의 낭만적 혁명이 나타난 것 아닐까?

■ * 전혜린, 「H. Hesse론, 현실에서의 도피」, 《성균》16, 1962, 172쪽.

헤세가 독일적이라는 것은 이러한 관념 내지 형이상학적 분위기의 강조에서도 나타난다. 우리나라 헤세 해설가들이 언제나 강조하는 헤세의 인격완성이나 동양적 친근성이라는 것도 바로 그런 관념적인 것과 크게 다르지 않다. 가령 민음사 판 『황야의 이리』 번역자는 해설에서 헤세가 범세계적이자 초시대적으로 읽히는 이유를 "시대와 공간의 제약을 뛰어넘는 보편성이 내재해 있기 때문"이라고 하며 그의 문학세계의 주요 인자를 "물질문명의 발전이 초래한 인간성 상실과 소외, 인간실존의 고독과 방황, 자아의 정체성을 회복하려는 의지"이고, 그 작품은 "잃어버린 자아를 찾아가는 도정이고, 참된 인간성을 그리워하는 동경"이며, 그가 탐구하는 세계는 "사회나 역사나 정치의 세계"가 아니라 "내면의 세계"라고 말한다.(310-311)

그러나 이러한 단순 구분에는 문제가 있다. 즉 "사회나 역사나 정치의 세계"가 "내면의 세계"에 위기를 초래했다고 봄이 옳다. 따라서 제1차 세계대전을 맞아 그의 작풍이 그 전의 "서정적이고 낭만적인 정조"에서 "집요한 자아성찰과 냉철한 문명비판이 주조를 이루게" 되었다는(312) 종래의 견해에는 문제가 있다. 처음부터 그에게는 개인의 옹호가 문제였고, 제1차 세계대전 이후에는 개인의 정신적 위기가 더욱 심각해졌다는 변화에 대응되어 체제와 문명에 대한 비판이 보다 강화된 것에 불과하다.

여하튼 이러한 개인의 옹호를 한국에서 '자아실현' '자아완성' '인간형성' 등의 추상적인 개념으로 이해하는 것에 나는 반대한다. 그 자아란 사회나 역사나 정치에 의해 파괴된 자아이지 추상적인 형이상학적 자아가 아니다. 그리고 자아의 새로운 실현이나 완성이나 형성은 그러한 사회나 역사나 정치에 대한 반항을 전제로 해야 가능하다는 것을 헤세는 분명히 밝히기 때문이다.

헤세와 정치

1996년 『헤세 문학과 이상정치』라는 책이 나왔다. 이 책은 최근 독일에서의 헤세 연구 중에 정치적인 관점이 나왔다는 소개부터 시작하는데 나는 그런 정치적 관점이 지극히 당연한 것이라고 생각한다. 그러나 그런 정치적 관점이란 것이, 헤세 문학이 정치적이게 된 것을 제1차 대전 이후로 보고 그것이 더는 그 전의 "세상 쓴 맛 모르는 천진난만한 소년작가"(16), 즉 낭만주의 작가나 내면성을 추구하는 은둔주의자나 내적 신비주의자로 놔두지 않아 서정적이고 목가적인 작가에서 "문제의식을 가진 자로서 그리고 이방인"으로 새롭게 태어나게 했다(15)고 보는 점에는 찬동할 수 없다. 이러한 관점은 마치 제1차 대전이 없었다면 그가 정치성을 띨 수 없었을 것으로 보는 것과 매한가지다. 그러나 제1차 대전은 우발적인 사건이 아니다. 그 전 시대의 연장이다. 즉 그 전 시대를 전쟁을 낳을 수 없었던 평화시대였다고 보는 역사관이 문제라는 것이다.

헤세 자신 독일인은 자유보다도 복종에 익숙해 히틀러 시대는 물론 비스마르크부터 아데나워까지 독재에 대해 무방비했다고 비판했다. 특히 히틀러 시대의 독일인들은 그 본질인 이기주의적 감상성에 의해, 이상보다는 빵, 고고한 정신보다는 실업의 불안에서 해방되기를 바랐다고 헤세는 보았다. 그러나 이러한 비판은 히틀러 시대에 와서 내린 것이 아니라 그 전 시대의 초기 작품에도 나타난다는 점에 주의해야 한다.

가령 아래서 보는 『수레바퀴 아래서』에 나오는 주인공의 아버지는 "황금을 숭배하는"(7) 평범한 소시민 상인이자 흔해빠진 속물이고 "낡고, 우악스럽기만 한 가족의식과 자기 아들에 대한 자부심"(8)만을 가지며, 교장은 "교육은 병영에서의 주도면밀한 군기를 통하여 극도의 완성을 이루게 된다"(72)고 생각한다. 어린 주인공은 그런 아버지와 교장이라는 수레바퀴에 짓눌려 죽는다.

또한 우리에게 『향수』라고 소개된 『페터 카멘친트』는 차라리 '고독'이나 '왕따'라고 번역했어야 할 만큼 스스로 가정이나 학교에서 벗어난 청소년 시절과 성년 시절을 보여준다. 출판 당시 독일 청소년 계를 풍미한 도보여행이니 단체 활동이니 캠프파이어니 기타 연주회니 밤샘 토론회니 따위로부터 스스로 떨어져 나온 한 왕따에 대한 이야기인 탓이다.

페터 카멘친트는 그 집단 자체를 거부한다. 그는 단체, 동료, 조직, 다수, 단결, 협조, 협동, 적응, 조화 등 개인적이 아닌 모든 집단 자체를 거부한다. 오로지 자신만의 길을 고집한다. 그는 집단적인 삶이 아니라 자신이 만든 꿈의 세계에 사는 외로운 왕이다. 아니 왕따다. 헤세는 우리에게 그런 왕따가 되라고 말한다. 그러나 그 왕따가 병약한 은둔자는 아니다.

실제로 태어나 죽을 때까지 왕따 신세였던 헤세는 평생 단 한 번도 시대 문제로부터 피하거나 벗어난 적이 없다. 상아탑 속에 산 적도 없고 환상 속에서 허우적대지도 않았다. 그의 관심과 주장은 언제나 규격에 맞추어지지 않는 자연아-개인이었으나, 그것은 동시에 국가와 사회에 대한 비판이었다.

『페터 카멘친트』를 비롯한 헤세의 모든 작품은, 그리고 도시를 벗어나 평생 시골에서 살았던 헤세의 생애 자체는 자연 속의 자연아 그것이었다. 그 점에서 그는 톨스토이와 모리스를 따랐다. 자연 속에서 많은 음악가와 미술가들을 사귀면서 자신도 그림을 그렸다. 그러나 그는 어떤 의미에서도 그들과 무리 지어 집단을 형성하지는 않았다. 아니, 이런 일을 거부했다. 그런 의미에서 그는 자기에게는 친구가 없다고 말했다. 스스로 선택한 외로운 왕따였던 셈이다.

앞에서 언급한 『데미안』은 절대적인 정직을 통한 자아의 규명과 자기 길의 발견, 그리고 자율적인 존재로서의 자기 행동에 대한 책임을 주장한 새로운 왕따다. 같은 시기에 쓴 『차라투스트라의 귀환』에서는 니체를, 차라투스트라를 그런 왕따로 받아들였다. "자네들은 모두가 자신임을 배워야 해. 자네들은 타인이 되거나 전혀 아무것도 되지 못해서는 안 되며 남의 목소리를 흉내 내거나 다른 사람의 얼굴을 자신의 얼굴로 착각해서도 안 되지."(147, 번역은 수정됨)

헤세를 흔히 서양 작가 중에서 가장 동양적인 작가라 말한다. 우리 조상을 대하는 것 같다고도 한다. 그러나 대표작인 『싯다르타』는 부모를 떠나고 어떤 스승도 따르지 않는 왕따일 뿐이다. 『황야의 이리』도 배부르고 자만하는 소시민 사회이자 기계만능의 합리주의 사회인 황야에서 우짖는 이리의 모습으로 더욱더 새로운 왕따를 보여준다. 이제 그 왕따는 전쟁과 과학, 금전 도취, 국수주의 등에 대한 절망을 거쳐 자아와 만나기 위해 지옥을 여행한다. 열정, 부도덕, 방황, 허무주의, 자살에 이르는 구토감을 경험한다. 그리고 그 길의 끝에서 헤세는 『유리알 유희』를 통해 집단이 아닌 왕따 개인을 중시하는 새로운 유토피아를 보여준다.

1954년 77세의 헤세는 말했다.『페터 카멘친트』에서『황야의 이리』,『유리알 유희』에 이르는 작품은 모두 개성의, 또는 개인의 옹호 또는 절규라고 볼 수 있다고 말이다. 나는 그것을 자발적 왕따의 정신적 모험이라고 바꾸어 이해한다. 여하튼 개인의 옹호는 문학만이 아니라 그의 삶의 기본이었다. 개인의 옹호를 통해 그는 개인적이고 정신적인 삶의 불멸성을 보여주었다. 따라서 그에게는 집단을 전제로 하는 정치란 존재할 여지가 없다.

반면『헤세 문학과 이상정치』라는 책에서 인용된 어떤 사람은『유리알 유희』가 플라톤의 이상국가를 모델로 하는 카스탈리엔이라는 이상세계를 그려 궁극적인 문제 해결의 전망을 모색했다고 한다.(홍순길, 23, 재인용) 그러나 헤세에게는 처음부터 그런 이상정치라는 것이 문제되지 않았다. 즉 그는 정치라는 게 어떤 식으로든 이상적인 것이 될 수 있다고 생각하지 않았다. 문제를 정치로 풀려고 하는 태도 자체를 부정했다.

헤세 생애의 간단한 스케치

헤세의 삶에서 가장 중요한 것은 작품에서 끊임없이 반복되는 어린 시절이다. 13세 헤세가 시인이 되려 하자 부모와 교사는 그를 신부나 학자로 키우고자 수도원 학교에 강제로 입학시킨다. 그곳에서 도망친 그는 보호시설과 정신병원을 거쳐 다시 새로운 학교에 들어가나 역시 도망친다. 이어 서점이나 공장에서 훈련을 받지만 역시 중단한다. 그래서 구제불능,

실패자, 부모의 치욕이라는 소리까지 듣는다. 그런 헤세가 학교나 교사, 부모를 좋아했을 리 없다. 그는 학교를 다닌 8년간 스스로 감사하게 느꼈던 교사가 단 한 사람뿐이라고 했다. 학교란 언제나 맞서 싸워야 하는 절대 권력이라고도 했다. 독재 절대 권력이 요구하는 굴종에 대한 반항은 학교시절부터 싹터서 그의 평생을 지배했다.

그의 제도권 교육은 우리 식으로 중 2 중퇴 정도로 끝났고 그 후에는 철저히 독학을 한다. 아니 학교에 다녔던 8년간에도 별로 배운 게 없이 독학했으니 그는 평생 독학한 셈이다. 헤세는 대학교육도 경멸한다. 그의 삶이나 문학의 원리는 스스로 노력한다는 것이다. 진실한 것과 고귀한 것을 찾아 스스로 읽고 생각하며 쓴다는 것이다. 그게 그의 고독이다. 그것은 천재 전혜린의 까닭 모를 외로움이나 알프스를 향한 향수가 아니라, 모든 권력이나 권위나 전통으로부터의 고독이다. 특히 역사나 국가, 민족이나 대중(민중이라고 해도 좋다)으로부터의 고독이다. 그런 의미에서 그는 반사회적이다. 현 사회를 부정하고 비판한다는 의미에서다. 그러나 헤세만큼 유토피아적 공동체나 아름다운 자연 속의 삶을 강력하게 표현한 작가도 없다. 이 점에서 그는 누구보다도 사회적이다.

독일이 야기한 제1, 2차 대전이 터지기 전은 물론 그 후에도 독일 사람들은 모두 전쟁에 미쳐 있었다. 일반인들만이 아니라 예술가들도 모두 전쟁에 미쳤다. 그때 유일하게 미치지 않고 전쟁에 반대한 사람이 헤세였다. 당연히 배신자니 변절자라는 비난을 들었다. 징집 기피자, 조국 없는 놈, 품속에 기르고 있는 뱀 같은 놈 등등 별의별 비난이 다 쏟아졌다. 나중엔 유대인 용병이라는 욕설까지 들었다.

1926년의 헤세

그러나 그는 제1차 대전 때에는 전쟁에 반대하면서도 국민으로서의 의무를 다한다는 이유에서 군대에 자원했다. 하지만 고도 근시라는 이유로 징집이 거부되었다. 그럼에도 불구하고 그는 포로 복지 사업에 헌신했다. 37세에서 42세까지 5년간의 일이다. 대단하지 않은가? 이를 평화주의와 모순이라고 보는 견해도 있었지만, 지금 한국의 나로서도 그렇게 할 수밖에 없다고 생각한다. 또 나치가 권력을 잡은 동안 그는 아무도 논평하지 않은 유대인이나 가톨릭 교인들의 작품과 정부에 맞서 활동하는 사람들의 작품을 논평해 당연히 배신자니 변절자라는 비난을 들었다. 1930년대 중반부터 그의 서평은 발표조차 되지 못했다.

이처럼 헤세는 미친 시대에 유일하게 미치지 않은 사람이었다. 내가 헤세를 다시 읽는 이유는 우리 시대도 미쳤다고 생각하기 때문이다. 헤세라도 읽어보면 미치지 않을 수 있을까 해서다. 헤세는 외로웠다. 미친 시대에 미치지 않고 살려니 외로울 수밖에 없었을 터다. 우리도 외로워야 한다. 이 글을 읽는 독자들도 아마 미치지 않으려고 노력하기에 외로울 수밖에 없는 분들이리라. 헤세가 이 분들의 외로움을 조금이라도 달래줄 수 있으면 얼마나 좋을까!

지금 우리는 무엇보다도 돈에 미치고, 힘에 미치며, 경쟁에 미치고 있다. 세상에서 유일하게 성행하고 있다는 교회나 절간에서 열심히 사랑을 말하지만 그 교회도 돈과 힘, 그리고 경쟁에 미쳤다. 보수주의자도, 자유주의자도, 사회주의자도 모두 돈과 힘, 그리고 경쟁에 미쳤다. 그런 점에서 어떤 구별도 없다. 좌우도 없다. 여야도 없다. 모두 미쳤다. 지난 시절, 지난 역사를 생각해도 그렇다.

독일을 갈 때마다, 독일에 대해 읽거나 생각할 때마다 나는 그 나라가 우리와 많이 닮았다고 생각한다. 경건주의의 나라, 권위주의의 나라, 전체주의의 나라, 관념주의의 나라, 그리고 집단광기의 나라라고 생각되는 탓이다. 단 한 사람의 예외가 바로 헤세다. 라니츠키가 그를 "독일문학의 가장 우직한 반항아"라고 평한 것은 정곡을 찌른 말이다. 아니 헤세 앞에 니체가 있었다. 내가 보기에 헤세는 니체의 유일한 제자다.

헤세의 반항에는 전쟁이라는 집단적 광기에 대한 반항만이 아니라, 허영과 가식, 명리추구와 사리사욕, 상업주의와 자본주의에 대한 반감도 포함된다. 그는 노벨문학상 수상식은 물론 모든 집단, 모임, 심지어 자신의 생일잔치에도 전혀 참석하지 않은 것으로 유명하다. 그의 집 앞에는 언제나 방문 사절의 표시판이 붙어 있었다. 그는 세계 방방곡곡에서 사인회를 하는 우리 식의 명사가 아니었다. 철저한 아웃사이더, 국외자, 고독인, 반항인, 유랑인, 방랑자, 자연인이었다. 그에게 집단이란 천성적으로 맞지 않았다. 무엇보다도 그는 자연인이었다. 그는 평생 시골에서 시골 사람으로 살았다. 시골에 주말 별장을 가진 서울 예술가의 사치가 아니라 도시를 거부하고 시골에서 농사를 지으며 살았다.

헤세 문학의 간단한 스케치

흔히들 문학을 순수문학이니 참여문학이니 하며 구분한다. 헤세는 당연히 순수문학에 속한다고 말한다. 나는 그렇게 보지 않는다. 헤세 작품이 문학사, 특히 20세기 문학에서는 거의 보기 어려운 자기고백, 자화상, 자아분석, 자신과의 부단한 토론인 것은 사실이다. 그는 역사소설이든 시대소설이든 환상소설이든 그 어떤 '픽션'도 쓰지 않았다는 점에서, 소설=픽션이라는 정의에서 보면 아예 소설가로 보기 힘들지도 모른다. 그렇다고 논픽션을 쓴 것도 아니다.

소위 〈세계문학전집〉이라고 하는 것이 세계문학에 대한 가장 정확한 평가에 근거한다고 할 수는 없다. 특히 대부분 서양문학에 치중되어 있어서 차라리 〈서양문학전집〉이라고 함이 옳다고 생각되는 경우도 많다. 우리나라에서 가장 최근에 발간되고 있는 민음사의 〈세계문학전집〉도 마찬가지다. 그런데 그중에 헤세 작품이 다음 여덟 권이나 포함되어 있어서 놀랍다. 괄호 안의 숫자는 원서의 출판 연도이다.

- 제44권 데미안(1919)
- 제50권 수레바퀴 아래서(1906)
- 제58권 싯다르타(1922)
- 제66권 나르치스와 골드문트(1930)
- 제67권 황야의 이리(1927)
- 제111권 크눌프(1915)
- 제230권 클링조어의 마지막 여름(1920)
- 제273·274권 유리알 유희(1943)

이 글을 쓰는 2016년 10월까지 나온 344권 중 여덟 권인데 한 작가의 작품 치고는 가장 많다. 괴테는 『파우스트』(21, 22), 『빌헬름 마이스터의 수업시대』(23, 24), 『젊은 베르테르의 슬픔』(25), 『이탈리아 기행』(105, 106) 네 권이고, 셰익스피어는 『햄릿』(3), 『오셀로』(953), 『멕베스』(99), 『리어왕』(127), 『로미오와 줄리엣』(173), 『베니스의 상인』(262) 여섯 권뿐인데 말이다. 이 수치를 근거로 헤세가 세계문학사에서 가장 위대한 작가라고 말할 수는 없겠지만 적어도 우리 독자에게는 가장 사랑받는 작가임에 틀림없다.

우리 독자에게 어느 작품이 가장 사랑 받는지는 알 수 없지만 『데미안』이 70회 이상 번역된 것을 보면 그것이 가장 사랑받는 것 같다. 한편 1960년대 말부터 미국에서는 『싯다르타』와 『황야의 이리』, 그중에서도 『싯다르타』가 가장 많이 팔렸고 '히피의 성경'이라는 말도 들었다. 반면 1939년부터 1945년 사이 독일에서는 『수레바퀴 아래서』, 『황야의 이리』, 『관찰』, 『나르치스와 골드문트』의 출판이 금지되었다. 이는 그 작품들이 반드시 인기가 높아서는 아니고 나치가 불온서라고 판단했기 때문이다. 그러나 이 작품들이 헤세 작품 중에서 인기가 높은 것들이었음도 부정할 수 없다.

위의 민음사 〈세계문학전집〉에 헤세의 작품이 과도하게 들어갔다는 이유에서 앞으로는 그의 작품이 더 들어가지 못할지 모르지만 『페터 카멘친트』(1904)가 『수레바퀴 아래서』보다 더 중요하고, 그 밖에도 『차라투스트라의 귀환』(1919)이나 『동방순례』(1931)도 위대한 작품이라고 보는 나 같은 사람도 있으리라. 또는 괴테의 『이탈리아 기행』처럼 『인도에서. 인도여행의 기록』(1913)도 포함되어야 한다고 주장할 사람도 있으리라.

2장

죽음으로
반항하라

비스마르크 시대

헤세의 삶과 문학을 정밀하게 이해하려면 먼저 그가 살았던 시대를 정확하게 알아야 할 것이다. 흔히 헤세의 소년기와 청년기를 20세기를 전후로 하여 그 전의 정신적인 독일과 반정신적인 독일로 나누는 경향이 있기 때문이다.(홍순길, 43이하) 그러나 사실 독일은 헤세가 태어날 무렵부터 반정신적인 나라로 타락하고 있었다. 하지만 그보다 더 중요한 것이 있다. 바로, 독일 사회가 전통적으로 억압적이고 권위적인 사회구조를 지녔다는 것인데, 이 점은 근대 초부터 이미 나타났다.

우선 헤세가 태어나기 전의 상황을 보자. 그의 출생 7년 전인 1870년부터 1871년까지 벌어진 프랑스와의 전쟁에서 승리한 이후 독일은 빌헬름 1세가 지배하는 제2제국(1871)이 되었으나 그 실질적 창립자는 비스마르크였다. 그 이름이 한국인에게 주는 어감상의 묘한 이미지와는 달리 그는 대단히 비대한 자로서, 야만적이고 이기적이고 권위적이고 부권적이고 남성적이고 반동적이고 군사적이며, 동시에 반이상주의적이고 반이데올로기적이고 반자유주의적이고 반계몽주의적이고 반민주주의적인 군인이었다. 비스마르크는 지극히 단순한 자로서 전통과 규율 외에는 아무것도 몰랐다.

그러나 그는 1870년대 독일을 세계 최강국으로 만들었다. 사실 당시 독일에는 군사비가 영국이나 프랑스나 러시아에 비해 반도 되지 않았으나 군인 수만은 압도적이어서 승리할 수 있었다. 1875년에 독일의 병력은 280만으로 러시아의 336만 명에 이어 둘째였고, 프랑스는 41만 2천, 영국은 11만 4천 명에 불과했다. 독일이 무식하고 야만적이며 정치적 이기주의자인 비스마르크**에 의해 갑자기 강대하고 풍요한 나라가 되었던 배경이다. 그는 독일만이 아니라 유럽, 아니 세계의 방향을 결정했다. 그 방향은 산업화, 자본주의화, 군국주의화, 제국주의화였다.

1872년 프랑스와 일본에 징병제가 도입되었고, 1874년에는 러시아에서도 이를 도입했다. 영국과 프랑스는 제국주의적 영토병합에 더욱 적극적으로 나섰다. 특히 1877년 빅토리아여왕은 인도의 여황제로 취임했고,

---

■ * 비스마르크(Otto von Bismarck, 1815~1898)는 근세 독일의 정치가다. 1862년에 프로이센의 수상으로 임명된 후, 강력한 부국강병책을 써서 프로이센·오스트리아, 프로이센·프랑스 전쟁에서 승리하고 1871년에 독일 통일을 완성한 후, 신제국의 재상이 되었다. 밖으로는 유럽 외교의 주도권을 장악하고, 안으로는 가톨릭교도, 사회주의 운동을 탄압하여 '철혈 재상'이라고 불린다.
** 한국 현대사에서 비스마르크에 비견될 만한 자는 박정희다.

이산들와나의 전투에서 패한 영국군

1879년에는 아프리카에서 줄루 전쟁*을 벌였다. 1882년에는 영국과 프랑스가 이집트를 공동으로 지배하기 시작했고, 1885년에는 독일도 제국주의 경쟁에 뛰어들었다. 식민지의 반항도 거세어졌다. 가령 1882년 아일랜드에서는 2천5백 건 농민소동이 터졌고 1만 세대가 쫓겨났다.

독일은 1890년부터 1910년 사이에 농업국에서 공업국으로 전환했다. 사실 당시 인구는 독일이 가장 많았다. 1871년 독일 인구는 4천1백만 명이었으나 미국이 3천9백만, 프랑스는 3천6백만, 일본은 3천3백만, 영국은 2천6백만 명이었다. 다른 나라도 그러했지만 특히 독일의 인구는 급격히 팽창하여 1890년에는 4천9백만 명, 1910년에는 6천5백만 명으로 늘어났다. 그리고 1871년에 도시인구는 전체의 4.8%였으나, 1910년에는 21.3%로 늘어났다. 반면 농촌인구는 1871년에 63.9%였으나, 1910년에는 40%로 줄어들었다. 그 결과 농촌 출신들이 도시로 대거 몰려들었다. 가령 1907년 베를린 시민 가운데 그곳 태생은 40.7%에 불과했다. 도시는 더욱 거대해졌다. 1881년 기준으로 런던은 330만, 파리는 220만, 뉴욕은 120만, 베를린은 110만, 빈이 1백만, 페테르부르크가 60만 명이었다.

그러나 영국의 공업생산은 독일, 프랑스, 미국에 의해 추월되었다. 그래서 1888년에는 미국이 전 세계 총 생산량의 38.8%를 차지했다. 영국은 17.8%, 독일은 13.8%, 프랑스는 10.7%, 러시아는 8.1%, 오스트리아는 5.6%, 이탈리아는 2.7%였다. 이 시기, 현대기술도 거의 완성되었다. 가령

■ * 영국-줄루 전쟁(Anglo-Zulu War)이라고도 한다. 1879년 대영 제국과 줄루 왕국 간에 일어난 전쟁이다. 영국군은 초기에 이산들와나 전투의 패배로 서구 제국주의 군대가 아프리카 군대에 최초로 패배하는 충격을 맛보았으나 결국 줄루 군에 최종적으로 승리하여 줄루 왕국의 독립을 침탈했다.

전화와 축음기는 1876년에 만들어졌고, 1882년 최초의 화력발전소가 위스콘신에 건설되었으며, 1883년에는 시카고에 최초의 고층빌딩이 세워졌다. 1884년에는 기관총이 발명되었고, 1885년에는 내연기관이 발명되었다. 1890년에는 템즈강 밑에 최초의 지하철이 건설되었고, 1895년에는 X선이 발견되었다.

동시에 사회주의운동이 시작되었으나 비스마르크 암살기도가 이어지는 가운데 1878년 독일에서 사회주의자의 집회와 출판을 금지하는 법률이 제정되었다. 동시에 1883년 비스마르크는 세계 최초의 의료보험제도를 도입했고, 1884년에는 영국에서 페이비언협회가 결성되었다. 1886년 시카고 헤이마켓 광장에서 아나키스트들에 의한 폭동이 터졌고, 1889년에는 영국의 항만 파업이 이어졌다. 1890년 영국에서 노동자계급을 위한 주택관리법이 제정되었고, 미국에서는 독점을 규제하는 셔먼법이 제정되었다. 1893년 케어 하디가 영국독립노동당을 결성했다.

또한 1870년대에 독일에서는 유대인의 세력이 증대되는 것에 대한 항의운동이 생겨났다. 1895년 프랑스에서 유대인을 차별한 드레퓌스사건이 터졌고 빈 시장으로 반유태주의자가 선출되었다. 영국에서는 오스카 와일드가 동성애로 유죄판결을 받았다. 1898년엔 졸라가 드레퓌스사건에 대한 공개질문을 해 투옥되었다.

이와 동시에 교양 부르주아 중산계급 속에 자연과 향토를 그리워하는 급진적인 반근대주의, 반자본주의의 풍조가 싹트기 시작했다. 그런 풍조는 이전부터 있었지만 그것이 조직적으로 행해진 것은 1900년 이후였다. 또한 비스마르크의 공업화에 수반된 공해문제는 일찍이 1870년대부터 논의되었으나, 1877년 쾰른에 세워진 '하천, 토지, 대기오염에 반대하는 국제협회'처럼 어디까지나 과학적인 것이었지 '민족'과 '향토'와 '전원'를 앞세운 낭만적인 것은 아니었다.

그들은 아스팔트 대신 흙을 찬양하고, 대도시 대신 농촌을 예찬하며, 조잡한 대량생산 공산품 대신 농촌의 수공업 제품을 선호했다. 도시나 시골에 그러한 반문화 지대가 생기기 시작했다. 1890년 베를린의 프리드리히스하겐 지역에 보헤미안 마을이 생겼고, 베를린을 벗어난 사람들은 1893년 오라니엔부르크 부근에 '채식주의 과수원재배 에덴(Vegetarische Obstbaukolonie Eden GmbH)'을 만들었다. 당시 10대였던 헤세가 그런 운동에 참여한 것은 아니었지만, 그런 시대적 분위기에서 10대를 보낸 것은 분명하다.

칼프와 바젤에서 어린 시절을 보내다

독일 남서부에 있는 칼프(Calw)라는 마을은 헤세가 태어나지 않았다면 전혀 알려지지 않았을 만큼 작은 도시다. 인구도 고작 2만 명 정도다. 얼마 전까지는 일본인들이 득실거렸는데 최근에는 한국인으로 돈벌이가 된다는 이야기가 있을 정도로 일본인과 한국인에게 특히 유명하다. 그곳에 최근 헤세 동상이 세워진 것도 헤세 관광 붐 탓일 것이다. 무슨 성지순례처럼 그곳을 찾아 며칠씩 머물며 열심히 사진을 찍어대는 사람들도 있다.

칼프는 독일 남서부의 슈바벤(Schwaben)에 속한다. 슈바벤은 전혜린의

헤세의 고향 칼프

헤세의 생가

글을 통해 우리나라에 알려진 곳인데, 헤세는 슈바벤이 시인의 땅이라고 했다. 한국에서 독일로 가는 비행기가 가장 많이 내리는 프랑크푸르트의 괴테를 비롯하여 그와 쌍벽을 이루는 실러, 가장 독일적인 시인이라는 휠덜린 등이 태어난 곳이니 그렇게 부를 만도 하다.

헤세는 그런 슈바벤과 대조적으로 프로이센은 군인의 땅이라고 했다. 프로이센은 독일 북부지역을 말한다. 오토 폰 비스마르크 같은 자들이 태어난 곳이다. 니체도 프로이센 태생이지만 헤세는 예외적이라고 할지 모른다. 그러나 나처럼 니체를 시인이라기보다도 군인에 가깝다고 보는 경우 헤세의 말이 맞을 것이다. 그러나 사실 그 말 자체는 틀렸다. 특정한 지역이 어떻게 특정한 직업군을 만들어낼 수 있는가?

칼프는 두 차례의 세계대전 동안에도 기적처럼 전혀 파괴되지 않아 옛 모습을 그대로 보존하고 있다. 도시 중앙의 마르크트 광장 시청사 맞은편에 있는 헤세의 생가도 옛 모습 그대로 남아 있지만 지금은 다른 사람들이 살고 있다. 4층으로 된 독일 전통의 목조주택 입구에 헤세 가족이 1874년부터 1881년까지 살았다는 현판이 붙어 있다. 그러나 그곳에서 산 기간은 그리 길지 않았고 가족은 칼프 시내를 여러 번 이사했다.

헤세는 어디선가 고향 마을 거리를 자신이 아는 가장 아름다운 거리라고 쓴 적이 있지만, 그곳이 특별히 아름다웠다는 느낌을 나는 받지 못했다. 물론 헤세에게는 어린 시절의 추억이 밴 곳이니 당연히 세상에서 가장 아름다웠으리라. 그러나 마지막까지 그는 고향에 돌아가지 않았다. 그곳이 싫어서가 아니라 독일이 싫어서였을 것이다.

헤세가 스무 살 무렵에 쓴 최초의 단편소설 「고도에서 꿈을 꾸듯」은 "아름다움과 예술의 불빛"이 묻힌 더러움과 "소음으로 가득 찬 도시들"을 떠나 바닷가에서 지내는 이야기인데 그는 "그곳에서 얼마나 자주 나는 그 비겁한 불빛을 불안한 마음으로 바라보았으며 그와 함께 떨고 그와 함께 슬퍼했던가!"(178)라고 외친다. 헤세가 말한 도시의 하나가 칼프였는지 아닌지는 알 수 없으나, 만년의 그가 칼프를 아름답게 묘사한 반면 청년 시절의 그는 그곳을 그리 아름답게 체험하지 못한 것 같다.

흔히 향수나 자연의 작가라고 하는 헤세가 태어난 칼프는 시골이 아니라 수공업자들이 사는 소도시였다. 헤세가 태어날 무렵 칼프는 4,500명 정도가 살았던 작은 마을이었지만 17~18세기에 그곳은 슈바벤 지역의 섬유산업 중심지로서 뷔르템부르크 주에서 가장 부유한 도시의 하나였다. 그러나 물방앗간으로 상징되는 전통적인 수공업을 밀치는 새로운 기술이 발전하면서 칼프도 쇠락했다. 그래서 비스마르크 시대의 경제 발전도 칼프를 비켜갔다. 헤세는 칼프에서 태어나 네 살까지 살다가 가족이 바젤로 이사를 가서 그곳에서 아홉 살까지 살았다. 그리고 다시 칼프로 돌아와 열세 살까지 살았다. 칼프에 대한 추억은 아마도 이 무렵에 형성되었으리라. 헤세가 그 뒤 칼프에 살았던 것은 열일곱 살부터 1년 정도에 불과했다. 헤세는 어린 시절 최초의 기억을 세 살 때 부모와 함께 산에 갔을 때 느낀 무서움이라고 「나의 어린 시절」**에서 회상한 바 있

■   * 『자정이 지난 후의 한 시간』(김주연 역, 현대소설사, 1992)의 처음에 실려 있다.
    ** 「나의 어린 시절」은 헤세가 1896년에 쓴 최초의 소설로 『헤르만 라우셔Hermann Lauscher』에 수록되어 있다.

다.(242) 그 무렵 칼프에 대한 회상은 더는 없다. 시로 칼프를 노래한 것은 그곳의 오래된 수도원이 있는 전원 지역을 스무 살쯤에 노래한 다음 시 「히르자우에 대하여」다.

전나무 밑에서 쉬며
옛 시절을 생각한다,
소년이었던 나의 첫 고뇌 속으로
지금과 꼭 같은 숲 향기들 흘러들던 때를.

이곳에서—나는 이끼 속에 누워
수줍은, 또 소년답게 격렬한 꿈을 꾸었다
금발의, 날씬한 소녀의 모습을
내 화환의 첫 번째 장미를.

시간이 흘러갔고, 그 꿈은 낡아
나를 떠났다, 다른 꿈 하나가 왔다—
그 꿈 또한 이별한 지 얼마나 오래인가!

애써 떠올려본다, 저 첫 꿈이 누구를 향한 것이었던지.
그래, 누구였지? 알 수 있는 건 이것뿐. 그녀
참으로 사랑스럽고, 날씬하고, 금빛 머리칼을 가졌던 것뿐.

칼프를 둘러싼 검은 숲이라는 뜻의 슈바르츠발트(Schwarzwald)에서 헤세가 태어났다고 하면서 자연 속의 탄생을 강조하는 사람들도 있지만, 어린 시절 그 흑림에서의 자연 경험이 어느 정도로 깊었다고 보아야 할지는 의문이다. 여하튼 헤세는 젊은 시절에 「슈바르츠발트」라는 제목의 다음 시를 썼다.

기이하게 아름다운 첩첩 언덕,
어두운 산들, 환한 풀밭들,
전나무 그림자 드리워진,
붉은 바위, 갈색 계곡!

그 위로 탑의
경건한 종소리 전나무 파도의
설렁임과 섞일 때,
나는 오랜 시간 귀 기울일 수 있다.

그러면 밤에 벽난로 앞에서 읽었던
전설처럼,
여기가 집 같았던
날들의 기억이 나를 사로잡는다.

먼 것들이 더 귀하고, 더 부드럽던 그때,

전나무 숲으로 화환 쓴

산들이 더 복되고 더 부유하게

소년의 눈에 반짝였던 그때.(시선, 38)

게다가 그곳은 우리의 시골을 연상시키는 농촌도 아니다. 지금도 4층 높이(우리의 4층보다 훨씬 높다)의 목조건물들이 즐비한 꽤 큰 규모의 도시다. 이에 비해 독일에서 시골이라고 하는 곳은 우리 시골보다 훨씬 넓은 농지에 농가는 몇 백 미터 사이에 하나씩 있는 풍경이 펼쳐지는 곳으로 역시 우리의 농촌이나 농가와는 다르다.

칼프보다 헤세에게 더 정확한 최초의 유년기 기억은 네 살부터 아홉 살까지 살았던 스위스의 대도시인 바젤일지 모른다. 그곳은 그에게 제2의 고향 같은 곳이다. 게다가 그는 22세부터 26세까지 그곳 서점에서 일하며 다시 살았다. 너덧 살 무렵의 헤세는 그 시절 초원을 뛰노는 말썽꾸러기 개구쟁이였으나, 일곱 살 때 기숙사가 딸린 초등학교에 들어간 뒤로는 얌전해졌다. 그러나 정신적 고뇌는 더욱 커졌다.

반항의 싹이 튼 유년 시절

헤세 소설에 자주 등장하는 유년 시절의 토끼 키우기를 비롯하여 어린 시절 이야기는 다시 칼프에 온 뒤부터 시작되었다. 칼프에 새로 이사한 외할아버지 집의 거대한 도서관은 아홉 살 헤세에게 새로운 호기심의 대상으로 그의 지성과 감성을 형성해주었다. 인도에서 선교사를 지낸 저

칼프에 있는 니콜라우스 돌다리

다리 한가운데 세워진 헤세 동상

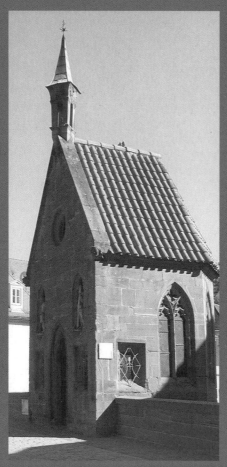

니콜라우스 돌다리 위에 있는 예배당

명한 인도학자인 외할아버지는 일찍부터 헤세에게 영향을 끼쳐 그에게 인도를 비롯한 세계문화에 대한 코즈모폴리턴적인 시각을 심어주었다. 공원에 있는 시립도서관도 헤세에게 책 읽을 기회를 많이 제공했다. 아직도 남아 있는 붉은 건물의 도서관은 1871년 시민교육을 위해 독지가가 세운 곳이었다.

이제 우리도 아홉 살의 헤세와 함께 그곳을 걸어보자. 칼프에 들어서려면 나골드(Nagold) 강에 걸린 네 개의 다리 중 하나를 건너야 한다. 그중 가장 오래된 니콜라우스 돌다리(Nicholausbrücke) 가운데엔 15세기에 세워진 니콜라우스 예배당이 있다. 작은 예배당이지만 안쪽은 섬세하고 아름다운 스테인드글라스로 햇빛이 가득하다. 헤세도 그 다리 위에서 낚시를 하고 다리 밑에서 수영도 했다. 지금 그는 다리 한가운데에 동상으로 서 있다. 그 뒤쪽 다리 난간에 새겨진 그의 시를 읽어보자.

만약 내가 지금 다시금 칼프에 간다면
난 다리 위에 오래도록 서 있을 거야.
그곳은 이 작은 마을에서 내가 제일 좋아하는 곳이지.

그러나 어린 시절 그에게 그 다리는 마냥 좋은 곳이 아니었다. 칼프는 헤세의 대표작인 『수레바퀴 아래서』의 주인공인 한스의 마을로 묘사된다. 한스를 따라가보자.

그는 천천히 시장터를 가로 질러 낡은 시청을 지나고, 시장 골목을 거쳐 대장간을 지나서 오래된 다리에 이르렀다. 거기에서 한동안 이리저리 돌아다니다가, 마침내 넓은 다리 난간에 걸터앉았다. 그는 여러 달에 걸쳐 매일 네 번씩이나 여기를 지나다녔었다. 그런데도 다리 위에 있는 자그마한 고딕식의 예배당을 제대로 쳐다본 적이 없었다. 뿐만 아니라 강물이나 수문, 둑이나 방앗간 등을 전혀 눈여겨보지도 않았었다. 수영터인 초원이나 수양버들이 늘어진 강변도 그냥 지나쳤었다. 그 강변에는 제혁 공장이 들어서 있었다. 강물은 호수처럼 깊고 푸르고, 그리고 잔잔하게 흐르고 있었다. 끝이 뾰쪽한 버드나무 가지들은 휘어진 채 강물에 닿을 정도로 깊이 드리워져 있었다.(16)

헤세 소설에 나오는 베로탑 시계제작소는 다리에서 보이는 하얀 집이다. 다리를 건너면 작은 헤세 광장이 있고, 그 주위로 목조 건물들이 무대처럼 펼쳐지고 카페의 의자들이 널려 있는가 하면, 중앙에는 헤세의 얼굴을 새긴 청동 브론즈가 박힌 분수가 있다.

칼프를 걷노라면 『수레바퀴 아래서』의 한스와 함께 걷고 있다는 착각이 든다. 그가 두통으로 머리를 싸안으며 걷는 골목이나 광장이 눈앞에 보이기 때문이다. 근면하고 솔직하고 엄격한 전형적인 독일인인 아버지를 피해, 그 마을을 오가는 여러 직종의 직인들을 만나 놀았던 추억의 숲속도 찾아가게 된다. 헤세 시절에 살았던 직인들의 집은 지금 은행이나 보험회사로 다 바뀌었다. 헤세가 하이네 시집을 주문했던 서점도 은행으로 바뀌었다.

광장에서 북쪽으로 걸어가면 헤세의 생가가 나오고 그 맞은편 시청사 뒤에 그가 다닌 라틴어학교 흔적이 남아 있다. 다시 찾은 칼프가 헤세에게 더 이상 낙원이 아니었던 이유는 그곳 때문이다. 칼프에서 헤세는 엄격한 라틴어학교[*]에 다녔다. 그 강압적인 분위기를 싫어해 반항적으로 되었고 따라서 성적은 그리 좋지 않았다. "무엇보다 엄한 선생님이 매를 때리거나 걸핏하면 붙잡아놓는 것은 딱 질색이었"(256)던 학교생활은 "하나의 강요된 속박의 기구"(261)였다. 헤세 소설에 자주 나오는 낚시와 수영은 이 무렵 그런 속박을 피할 수 있는 놀이였는데, 그보다 더 중요한 탈출구이자 마음의 고향이 되어준 것은 음악이었다.

어린 시절에 대한 회상은 『꿈의 여행*Traumfährte. Neue Erzählungen und Märchen*』에 포함된 「짤막한 자서전」에도 나온다. 세계사 시간에 교사는 위인이란 관습을 깨트리는 사람이라고 가르치지만, 학생들이 관습을 깨트리면 존경받기커녕 처벌을 받기 때문에 세계사 과목이 허위라고 비판하는 것이다.(190)

열세 살 헤세는 작가나 시인을 꿈꾸었다.(192) 그러나 작가나 시인이 되기 위해 갈 학교는 없었다. 게다가 사람들은 시인을 존경하면서도 누군가가 시인이 되고자 하면 웃음거리로 삼았다. "교사들은 마치 유명하고 자유스러운 사람들의 성장과, 위대하고 훌륭한 업적의 성취를 방해하기 위하여 고용되고 양성된 것 같았다."(192)

시인의 길을 포기한 헤세는 주 시험에 합격하기 위해 괴핑겐(Göppingen)

■   * 라틴어학교는 대다수 중소도시에 설치된 남자학교로 주로 기독교사상을 라틴어 교과서로 가르치는 대학 진학 및 직업(주로 성직)을 위한 준비교육 기관이었다. 뒤에 김나지움의 모태가 되었다. 학교의 자금 조달 및 유지는 약간의 국가 보조 외에 대부분 교회와 도시의 도움으로 이루어졌다. 수업 감독과 교사 임명은 주의 종무국(宗務局)이 담당했다.

의 예비학교에 입학했다. 아버지나 할아버지처럼 목사가 되기 위해서였다. 괴핑겐은 칼프에 비해 '무미건조한 공장도시'였다. 이듬해 그는 주 시험에 합격했다. 시험 전후의 불안한 심정은 아래서 보는 『수레바퀴 아래서』 제1장에 묘사되었는데, 그 뒤에 신학교 생활도 상세히 나온다. 그러나 칼프의 교회에서 경험한 고통, 즉 교회의 엄숙한 의식에서 받은 정신적 고통은 더욱 커졌다. 13세기 문서에 처음 등장하는 그 유서 깊은 교회는 헤세의 여러 소설에 등장한다.

신학교에서 '다른 세계'에 대한 동경을 키우다

1891년 9월, 14세의 헤세는 마울브론(Maulbronn)의 신학교에 입학한다. 『수레바퀴 아래서』는 그곳을 다음과 같이 묘사했다.

> 주의 북서쪽 숲이 우거진 언덕과 적막이 감도는 자그마한 호수 사이에 시토(Citeaux) 교단의 마울브론 수도원이 자리 잡고 있었다. 아름답고 견고하게 지어진 이 커다란 건축물은 오랫동안 잘 보존되어 왔다. 이 수도원은 건물의 내부와 외부를 막론하고 그 웅장함과 화려함이 남달랐기 때문에 누구라도 거기서 한 번쯤 살고 싶어 할 만큼 매력적인 거주공간이었다. 수도원은 수백 년에 걸쳐 주변의 푸른 자연환경과 함께 어우러져 고상하고 친밀한 분위기를 자아내며 오늘날에 이르렀다.(82)

마울브론은 칼프와 마찬가지로 바덴뷔르템베르크 주에 있다. 주도인

마울브론 수도원 전경

슈투트가르트에서 남서쪽으로 칼프가 있고, 북서쪽으로 마울브론이 있다. 그곳 수도원은 시토교단이 1147년에 세운 것인데, 그 교단은 본래 프랑스에서 엄격함과 소박함을 강조하여 설립되었다. 당시에는 속세와 떨어진 곳이었다. 헤세가 그곳에 간 19세기 말에는 여러 채의 민가와 함께 성벽에 둘러싸인 마을을 이루고 있었지만 속세와 단절되기는 마찬가지였다. 성벽은 14세기에 세워진 것으로 약 1킬로미터에 이른 것이 지금도 남아 있다. 수도원 광장의 분수를 중심으로 한 민가들은 르네상스로부터 바로크에 이르는 다양한 건축 양식을 보여준다. 반면 여러 세기에 걸쳐 지어진 수도원은 로마네스크 양식이다. 이 수도원은 1556년 신교로 개종하여 뷔르템베르크 주에 사는 14~18세 소년들에게 장학금을 주어 튀빙겐 대학의 신학부에 진학시키고자 신학교를 개설했는데, 그곳 출신으로 케플러와 횔덜린 등 유명인이 많았다.

마울브론은 『수레바퀴 아래서』만이 아니라 『나르치스와 골드문트』에도 상세히 나오는데, 두 소설에서 보듯이 헤세는 엄격한 학교생활을 너무나 힘들어 했다. 물론 처음부터 그러했던 것은 아니다. 신학교 입학 직후 집에 보낸 편지를 보면, 일주일에 세 번 음료수를 주문할 수 있고 그중 한 번은 맥주 반 리터를 주문해 마셨다는 사연이 나온다. 독일인들이 맥주를 물처럼 마신다고 하지만 신학교에 다니는 14세 소년도 한 병 정도를 마신다니 우리로서는 이해하기 쉽지 않다. 커피를 자주 마실 수 없어 서운하다는 이야기도 마찬가지다.

그러나 그곳 생활은 점점 힘들어졌다. 오직 음악, 미술, 문학을 통한 자유와 사랑과 열정의 다른 세계에 대한 동경만이 헤세를 구원했다. 신학교의 독서는 엄격히 제한되었으나 그는 호메로스, 오비디우스, 리비우스, 실러, 괴테, 빌란트, 횔덜린, 디킨스의 작품들을 열심히 읽었고 글짓기에도 뛰어난 능력을 보였다. 하지만 히브리어나 프랑스어, 수학과 체육을 싫어했다. 심지어 바이올린 연주시간도 고통이었다.

결국 7개월 뒤인 1892년 3월, 헤세는 신학교에서 도망친다. 그는 당시의 심정을 『수레바퀴 아래서』에서 "적어도 지긋지긋한 수도원에서 도망쳐 나온 것이며 자신의 의지가 그 어떤 지시나 금지령보다 강하다는 사실을 교장선생에게 보여준 것이다"(167)라고 표현했다. 소설에서처럼 헤세는 벌판의 짚더미에서 하룻밤을 보낸 뒤 경찰에 잡혀 돌아온다. 학교 측은 그 도망이 계획된 것이 아니라 우발적이라 보고 8시간의 감금을 명했지만, 사실 헤세는 학교를 그만두고 싶어 했다. 뒤에서 보듯이 『수레바퀴 아래서』에 나오는 모범생 기벤라트와 도망치는 하일너*는 당시 헤세의 양면을 보여준다. 헤세의 다른 작품에도 억압적인 학교 분위기는 끝없이 묘사된다.**

헤세의 부모는 학교 측에 사정하여 헤세가 신학교에 계속 다니도록 선처를 부탁했지만 며칠 뒤 그는 집으로 돌아가야 했다. 집에서도 그는 여전히 반항적이었다. 4주 후 다시 신학교에 돌아갔으나 급우들은 그를 정신병자로 간주했다. 5월, 헤세는 결국 신학교를 떠나 요양원에 들어가 두 달을 지내며 도스토옙스키와 벨라미의 책들을 읽었다. 당시 부모에게 쓴

■　*　그의 이름은 Hermann Heilner로 이니셜이 H. H.인데 이는 헤르만 헤세의 이니셜과 일치한다는 점에서 헤세의 분신이라는 견해가 있다.(홍성광394)
　　**　따라서 헤세가 교육문제를 다루지 않았다고 보는 황진(101)의 견해는 잘못이다.

편지에서 헤세는 인간과 자연이 다시 소통하고, 특권과 계급, 직위와 선입견, 규범과 사회가 중단되지 않는 한 자신은 죽겠다고 말했을 정도로 현실에 절망해 자살 미수 소동을 벌이기도 했다.

요양원에서 지내는 가운데 의붓형에게 갔다가 7세 연상의 소녀 엘리제(Elise)를 짝사랑하게 된다. 1892년, 열다섯 나이의 첫사랑이었다. 뒤에 그는 그녀를 다음과 같이 묘사했다.

> 사랑스럽고 부드러운 어린 아이의 입술,
> 화관을 둘러쓴 듯한 금발의 곱슬머리,
> 하얀 드레스, 하얀 두 손,
> 온화하면서도 진지하고 명료한 눈빛,
> 그 모습을 둘러싼 이른 아침의 여명,
> 가벼운 들장미 다발,
> 나의 첫사랑은 그렇게 남아 있다.
> 내 가슴속에 살포시 쓰여 있다.(레츠, 83, 재인용)

그러나 사랑을 거절당한 헤세는 권총자살을 기도했고, 6월부터 두 달간 정신병원에 갇혔다. 10년 뒤 헤세가 『페터 카멘친트』에서 자신의 분신인 주인공으로 하여금 산에 핀 들장미를 꺾어 사랑하는 여인의 문 앞에 놓아두지만 사랑을 고백하지는 않게 한 것은 그런 경험 때문이다.

8월에 다시 집에 왔으나 곧 슈테텐의 정신병원으로 다시 끌려갔다. 그는 부모를 저주하며 집을 떠났고 마침내 신을 저주하는 허무주의자가 되었다. 10월에야 그는 정신병원에서 나와 바젤로 간다. 그곳에서 그는 자신이 감옥에 갇힌 죄수와 같다고 느꼈다. 그래서 부모에게 "제가 미쳤다고 말하는 바로 그자가 미친 것입니다"라면서 칸슈타트의 김나지움에 입학시켜 달라고 편지를 썼다.

학교를 중퇴한 탓에 3년간의 군대생활을 해야 할 처지에 놓이자 헤세는 이를 피하기 위해 1892년 11월 칸슈타트의 김나지움에 입학한다. 정신을 차린 헤세는 열심히 공부했으나 학교에 적응하기란 여전히 힘들었다. 어학과 역사는 잘했지만 수학이 힘들었고, 연상의 친구와 사귀며 술집을 드나들었다. 이듬해 초 그는 책을 팔아 권총을 샀지만 자살을 하지는 않았다. 1893년 7월에 헤세는 군대시험에 합격해 1년간의 군복무자격증을 받았다. 그러나 몇 달 뒤 김나지움을 자퇴한다. 10월에 헤세는 서적 견습공이 되었으나 며칠 뒤 도망쳐 다시 집으로 돌아왔다. 그러고는 이듬해 여름까지 집에서 이방인처럼 지내며 책만 읽다가 시계 견습공이 되었다. 당시 그는 특히 니체에 심취했는데, 그 사실을 50여 년 뒤에 쓴 『꿈의 여행』에서 이렇게 말한다.

내가 좋아하던 지붕 밑 다락방에서 차라투스트라를 읽을 때 나는 그 밤의 시가 적혀 있는 페이지를 보게 되었습니다. 그 후 육십 년간 나는, 처음으로 이 말을 읽었던 그 시간을 결코 잊은 적이 없었습니다. "지금은 밤이다. 이제 모든 솟아오르는 원천이 더 큰 소리로 이야기한다!"-바로 그 시간이 내 삶이 의미를 얻은 때이고, 내가 오늘날까지 매달려 있는 그 작업이 시작된 때이고, 바로 그 시간이 형언할 수 없는 말의 마술, 언어의 기적이 헤세는 함께 지내는 노동자의 세계가 마음에 들었다. 사회주의에 심취했고, 문학책을 읽기도 했다. 주로 괴테, 하이네, 노발리스, 브렌타노, 장 파울, 월터 스콧, 발자크, 위고, 도스토옙스키, 투르게네프 등의 작품들이었다. 아버지는 당시 위험인물로 지목된 하이네의 책을 그의 방에서 찾아 압수했으나, 헤세는 하이네를 특히 좋아했다.

이처럼 17세까지의 헤세는 전형적인 불량 문학 소년의 모습인데, 이는 헤세만 그랬던 것이 아니라 독일작가 일반의 특징임에 주의해야 한다. 헤세와 동년배로 비슷한 소년시절을 경험한 토마스 만은 프랑스의 작가들이 대부분 모범생 출신인데 비해 독일작가들은 대부분 그 반대인 이유가 학교의 구조와 수준, 교사들의 억압적인 태도, 문학인에 대한 사회적 인식도 등의 차이에서 비롯된다고 논의한 바 있다. 특히 독일의 개혁성이라는 것이 국가라는 틀 안에서 논의를 위한 논의로만 행해져 실제적인 개혁을 이루지 못하고 있다고 비판했다.

괴테 이래 독일 작가들이 공통적으로 추구한 고독한 자아성장이라는 주제는 이러한 독일사회, 특히 교육제도에 대한 고뇌로부터 비롯되었다. 따라서 그 주인공들은 대부분 독학생이다. 굳이 독학생이 아니어도 독일의 지적 전통이 억압적인 교육제도로부터 떨어져 자신만의 길을 추구한다는 것이었음을 루터로부터 피히테, 칸트, 괴테, 실러, 헤르더 등에서 볼 수 있다. 헤세의 작품에 끝없이 등장하는 가정과 학교와 종교에 대한 비판도 17세 이전의 어려웠던 소년시절의 경험에서 비롯되었고, 이는 역사적으로는 16세기 이후의 전통에 선 것이라고 할 수 있다. 헤세도 그런 전통을 독서를 통해 17세 이전에 충분히 알았고 현실에 대한 반항이 옳은 길임을 스스로 익혔을 것이다.

서적상 견습생이 되다

1895년 9월, 18세의 헤세는 1년간의 시계 견습공 생활을 마치고 글을 쓰기 위한 밥벌이로 튀빙겐 소재 헤켄하우어 서점에서 서적상 도제생활을 시작했다. 하루 10시간에서 12시간까지 서서 일하는 중노동이 밤늦게까지 이어졌다. 책을 포장하고 반출하며, 잡지에 광고를 발송하는 일이 주업무였다. 지금도 영업을 계속하고 있는 서점 입구에는 헤세가 1895년부터 1899년까지 근무했다는 동판이 붙어 있다.

남서 독일의 유서 깊은 대학도시인 튀빙겐은 횔덜린, 헤겔, 셸링, 케플러 등이 공부한 곳이기도 하다. 헤세 역시 신학교를 마쳤다면 그곳 대학의 신학부에 다녔을 것이다. 그러나 대학은커녕 악필인 그는 펜글씨 학원부터 다녀야 했다. 헤세는 그곳에서 최초로 가진 자기 방 벽에 하웁트만(Gerhard Hauptmann, 1862~1946)*과 니체의 초상을 걸었고, 서랍장 위에는 쇼팽, 베토벤, 모차르트, 슈만, 베버의 초상을 두었다. 그는 여전히 괴테

■　　* 독일의 희곡 작가로 1912년에 노벨 문학상을 수상했다. 독일 자연주의 연극의 형성과 발전에 기여했다. 최고 걸작이자 최대 성공작은 『직조공들Die Weber』(1892)로서 실레지아 지방에서 직조공들이 1844년에 일으킨 폭동을 묘사한 자연주의 연극이다. 처음에는 정치적 이유로 상연이 금지되었다. 하웁트만과 헤세는 문학적 이념이 달랐다고 볼 수 있지만 그럼에도 헤세가 1895년 자기 방에 그의 초상을 걸었다는 것은 그가 노벨상을 받은 저명한 작가였기 때문인 것으로 추측된다.

헤세가 일했던 헤켄하우어 서점. 헤세는 이곳에서 1895년부터 1899년까지 서적상 도제생활을 했다.

를 존경했지만 노발리스 같은 낭만주의자에게 더욱 끌렸다. 1897년 9월, 그는 최초로 시를 발표한다.

1898년 9월 말 3년간의 견습생활이 끝나고 그는 서점의 서적분류 조수가 되었다. 그리고 10월 자비로 시집 『낭만적 노래*Romantische Lieder*』를 간행했다. 그러나 600부의 책 가운데 첫해에는 겨우 54부만 팔렸다. 시집의 처음에는 그가 애송한 노발리스(Novalis, 1772~1801)*의 다음 시가 나온다.

여러분 보십시오! 여기 여러분들과 같은 땅에서 왔으나,

그러나 스스로를 추방된 사람으로

느끼고 있는 낯선 사람이 있는데

그에게 슬픔의 때가 닥쳐왔다.

즐거운 날은 그에게 일찍이 사라진 것이다.

노발리스가 말한 즐거운 날의 사라짐은 이어지는 헤세의 첫 시 「미에 바친다」에서도 개탄된다.

나의 어린 시절 위로

너의 날개를 활짝 펼쳤구나.

■ * 노발리스는 헤세가 평생 사랑한 시인이었다. 노발리스는 독일 초기 낭만주의의 가장 중요한 시인으로 그의 병약한 삶과 이른 죽음과 사랑의 숭배는 낭만주의를 대표하는 이미지를 형성했다. 노발리스는 자연과학, 법학, 철학, 정치, 경제 등 문학 외의 분야에도 폭넓은 이해를 가지고 있었으며 이를 작품 활동과 접목시켰다. 서정시와 소설 외에도, 역사, 정치, 철학, 종교, 미학, 자연과학에 대한 방대한 양의 저작을 남겼다.

초록 이웃! 금빛 먼 곳!
저 막다른 하늘 해변에
너는 내 향수의 나라를 세웠네.

나의 젊은 시절 위로
너의 손이 놓여져
곱슬머리 귀부인들,
무모한 춤과 위험,
낮과 죽음 위에 사색가의 밤
그리고 하늘 해변에
매일 밤 내 향수의 나라는 붉게 타며 빛나네.

춤과 위험은
시간의 어두운 강에 가라앉고
이웃 없이, 제한 없이
나의 고독은 휘돌아
초록, 금빛, 하늘은 사라지고
나의 병은 영혼의 해변에
내 향수의 나라는 놓여 있네.

나의 손은 해변으로 향해 펼쳐지네.
동경은

생사 위로 내 시선을 넓히고
기다리면서 나의 노래는 무릎을 꿇네.
너는 다시 오는가?
기다리면서 나의 운명은 무릎을 꿇네.

내 향수 나라의 신전은 축제 준비가
된 채 서 있고, 나는 첨탑을 볼 수 있네,
그곳에서 향기를 느낄 수 있네.
만약 내 눈이 다시 볼 수 없으면
여주인이여, 알 수 없는 사공이
나를 집으로 데려다줄까?

　초기 시편에서 벌써 젊음이 사라져간다며 안타까워하는 헤세의 모습은 다음 시 「젊음의 도주」에서도 볼 수 있다. 스물 전후의 나이인데도 그는 죽음을 예감할 정도로 지쳐 있다.

지친 여름이 고개를 숙이고
호수에 어린 자신의 모습을 본다.
나는 지쳐서 먼지투성이가 되어 걷는다
가로수 길의 그늘 속을.

포플러 속으로 조심스러운 바람이 지나가고,

등 뒤의 하늘은 붉다,

앞에는 저녁의 불안들

—그리고 어스름— 그리고 죽음이 있다.

나는 지쳐서 먼지투성이가 되어 걷는다,

등 뒤에서 주춤하며 젊음이

멈춰 선다, 그 아름다운 머리를 숙인다

더는 나와 함께 가지 않겠단다.(시선, 16)

『자정이 지난 뒤의 한 시간』

1899년 7월, 헤세는 단편집 『자정이 지난 뒤의 한 시간*Eine Stunde hinter Mitternacht*』을 출간한다. 릴케가 그 작품을 높이 평했으나 역시 실패작이었다. 헤세 최초의 단편소설집인 『자정이 지난 뒤의 한 시간』은 그가 20세부터 22세 사이에 쓴 9편의 단편을 모은 책이다. 이 책의 머리에는 노발리스의 다음 시가 실려 있다.

영원한 봄은 거기 조용한 초원 위에

다채로운 삶을 뿌려놓지 않았나요?

평화는 거기서 단단한 직물을 짜지 않았나요? 언젠가

다 자란 그것은 영원한 꽃을 피우지 않았나요?(173)

마지막에 나오는 다음 시는 삶에 시달리는 시인의 고뇌를 노래한다.

> 모든 벽에서 화려함이 사라지고,
> 가혹한 삶이 찢어지게 소리치며 들려오는데,
> 그리고 나는 그 힘에 억눌려 노예가 되어야 하고
> 겁나고 의기소침해져, 굴종에 빠져 모진 쓰라림을 보게 되니
> 오 자정이여, 나는 너를 얼마나 기다리는가!

여기서 자정이란 시간의 흐름이 정지된 것을 뜻한다. 찌든 삶이 들어오지 못하는 영원한 시간이다. 처음의 단편 「고도에서 꿈을 꾸듯」에서도 그런 갈등이 나타난다. 주인공은 "지혜·절제·정의·용기"가 아름다움에 봉사하고 희생을 요구한다는(185) 고도에서 여왕을 만난다. 그에게 여왕은 "피곤한 여행자여, 나는 당신을 잘 알아요. 나는 당신의 삶에 함께 있었지요. 푸른 산에 대한 당신의 어린애다운 그리움, 신들에 대한 당신의 소년다운 경건함을 이야기해주었죠"(181)라고 말한다. 그는 "산다는 게 역겨워져" "도시의 악취가 코를 찌르고 떠들썩한 사원이 시끄"러워 그곳에 왔다고 대꾸한다.(182)

사랑하는 여인을 위한 「엘리제를 위한 소곡집」과 「열병을 앓는 뮤즈」에 이어 「새로운 상을 세운다」는 그동안 헤세가 겪은 정신적 고뇌를 잘 드러낸다.

> 나에겐 친근한 아무것도, 사랑스러운 아무것도 없었고, 다정한 이웃도 없

었다. 내 삶은 그저 구역질처럼 치밀어오를 뿐이었다. … 순수한 빛은 어두워져갔고, 아름다움에 대한 모든 예감은 찌들어갔으며, 그저 도보로 걷기만 할 수밖에 없는 고달픈 삶이었다. 그리워할 아무것도, 기여한 아무것도 내게는 없었다.(201-202)

그리고 동화풍의 「임금님의 축제」, 「벙어리와의 대화」, 「게르트 부인에게」, 「야상곡」에 이어 마지막 작품인 「이삭 깔린 들판의 꿈」에서 헤세는 그 들판을 "내 자유로운 영혼의 초상"이라고 노래한다.(236) 처절한 유미주의적인 환상은 공교롭게도 19세기로 끝나고 20세기의 시점에서 자신을 둘러싼 현실 세계로 돌아간다.

1901년 헤세는 '튀빙겐 추억'이라는 부제가 붙은 「11월의 밤」에서 튀빙겐에 대한 글을 썼다. 젊은이들의 술잔치 끝에 엘렌데를레의 자살로 끝나는 이 작품은 시험에 고통 받는 젊은이들을 묘사한다. 위 글이 실린 『헤르만 라우셔의 유작과 시*Hinterlassene Schriften und Gedichte von Hermann Lauscher*』에 나오는 다음 시 「룰루」도 튀빙겐에서 헤세가 사랑한 여인에 대한 회상이다. 키르히하임에 있는 술집 주인의 조카딸인 그녀의 이름은 율리 헬만이었다. 헤세는 튀빙겐의 친구들과 함께 1899년 여행을 했던 그녀에게 많은 편지를 썼고 그녀를 위한 시도 썼다.

고지의 풀밭 위에 한 조각 구름의
수줍은 그림자가 스치듯 얼핏
네 아름다움의 고요한 가까움은

가벼운 아픔으로 내게 와 닿는다.

삶은 때때로 나를 꿈과 꿈 사이로
허겁지겁 오가게 한다,
얼마나 황금빛으로 빛나고 얼마나 명랑하게 유혹하는지,
그리고는 꺼진다─나는 계속 꿈꾸고.

순간들에 대한 꿈들
깨어남의 순간들에 대한─운명에 대한 꿈들,
그 그림자가 내 위를 스친다,
내 두 눈이 잠을 자는 동안.

환상에서 깨어나다

1899년 9월, 헤세는 바젤로 다시 떠났다. 앞에서 보았듯이 헤세는 그곳에서 이미 4세부터 9세까지 살았다. 그가 살았던 집 뒤로는 끝없는 초원이 펼쳐졌고 봄이면 갖가지 꽃들이 피었다. 다시 돌아온 것이지만 이번에는 세기말의 서점이었다. 그의 짐 속에는 바젤에서 살았던 니체의 전집과 역시 그곳에서 살았던 뵈클린의 『죽은 자들의 섬』이 있었다. 또 바젤은 헤세가 평생 좋아한 니체와 부르크하르트가 그곳 대학에서 가르치며 살았던 곳이기도 했다. 헤세가 동경한 이탈리아와도 가까운 그곳은 스위스에서도 가장 오래된 국경 도시로 프랑스 알자스 지방과도 접한 그야말로 국제도시였다.

라이히서점의 일은 튀빙겐에서의 일과 다르지 않았고 수입도 나쁘지 않았다. 게다가 서평으로 부수입도 생겼다. 어린 시절의 친구였던 엘리자베트와도 재회했으나 무용과 음악으로 이미 이름을 떨친 그녀는 그가 가까이하기엔 너무 먼 존재였다. 그녀는 그의 작품 속에서만 영원한 여성으로 나타났다.

제1장 마지막에서 말했듯이 바젤에 온 헤세는 환상에서 깨어나 자신을 둘러싼 세계, 자신이 겪은 체험에 대한 글을 쓰고 싶어졌다. 그 결과 나온 책이 『헤르만 라우셔의 유작과 시』였다. 그것은 앞에서 이미 언급한 「나의 어린 시절」, 「11월의 밤: 튀빙겐 추억」, 「룰루」를 비롯하여 「잠 못 이루는 밤들」, 「1900년 일기」의 6편 단편으로 이루어진다. 그중 「1900년 일기」는 바젤에서 1900년 4월부터 가을까지의 일기초이다. 그 첫 일기는 당시 화제를 낳은 톨스토이에 대한 것이었다.

톨스토이는 외경심을 일으키게 하는 위대한 영혼의 하나임에 틀림없다. 그는 진실의 목소리를 들은 일이 있는 사람이고 한 마리의 개처럼, 그리고 한 사람의 순교자처럼 그 목소리를 좇고 있다. 때로는 강하게, 때로는 약하게, 그리고 더러운 쓰레기더미를 지나기도 하고, 피를 통한 절규를 내뿜기도 한다. 그를 역겹게 만드는 것은 바로 그 주위에 가득한 러시아 그 자체다.(348)

그러면서도 헤세는 톨스토이에 저항한다. "그의 목소리는 광신자의 이

글거리는 모습뿐만 아니라, 동방의 야만인들이 내는 고통에 찬 후두음으로 가득 차 있다."(349) 헤세는 톨스토이와 달리 "맑고 밝고 즐거운," "아리고 신선한, 자연 그대로의 싹들로부터" 나오는 새로운 예술을 생각하며 괴테를 다시 읽는다.(349) 그 일기에서 헤세는 그리스도를 믿지 않는다고 한다. 신이나 그리스도에 대한 부정은 이미 10년 전 신학교 시절부터 시작되었지만, 아래의 『페터 카멘친트』에서 보듯이 당시 헤세가 꿈꾼 아시시의 성 프란체스코와 같은 삶은 바로 예수와 톨스토이의 가르침에 따른 삶이었다.

한편 앞에서 언급한 군대 문제도 다시 그를 괴롭혔으나 1900년 7월, 고도 근시라는 이유로 부적합 판정을 받는다. 그리고 더 많은 집필시간을 갖기 위해 서점을 그만두고 고서점에서 일자리를 찾아 1901년 8월부터 근무하기로 하고 그 전에 빈 시간을 이용하여 이탈리아를 여행한다. 그는 튀빙겐 시절부터 부르크하르트와 그의 이탈리아 르네상스 연구에 관심이 깊었다.

헤세는 1901년 3월 밀라노와 제노바를 거쳐 피렌체에 도착해 우피치 미술관을 비롯하여 많은 미술관을 방문했다. 이어 5월에 볼로냐, 라벤나, 파도바를 거쳐 베네치아로 갔다. 피렌체를 기점으로 하여 토스카나 지방에 머물며 자연과 문학에 접했다가 지중해 연안의 요양지인 라바로 등을 거쳐 북이탈리아 여러 곳을 돌고 온 것이다. 그는 특히 라벤나를 좋아했다. 1902년에 나온 「시」에서 그는 라벤나를 다음과 같이 노래한다.

라벤나에도 다녀왔다.

작은 죽은 도시이다,

교회와 많은 폐허가 있고,

그것에 대해서는 책에서 읽을 수 있다.

너는 지나가며 두리번거린다,

거리는 충충하고 축축하다

그렇게 수천 년 말을 잃고 있다

사방에서는 이끼와 풀이 자라고.

그건 오래된 노래들 같다—

사람들이 듣지만 아무도 웃지 않는다

누구든 귀 기울이고 누구든 생각한다

그 노래를 그다음부터 밤까지.(시선40)

　　뒤에 헤세는 『페터 카멘친트』에서 "활달하고 친밀한 토스카나의 삶은 나에게는 거의 기적처럼 보였다. 나는 곧 집에 있는 것보다 더 고향에 온 것 같"았고 "피렌체에서 나는 현대문화의 초라한 우스꽝스러움을 비로소 느끼게 되었다. 그곳에서 처음으로 나는 이 사회에서는 영원한 이방인이 될 것이라는 예감을 느꼈다"고 썼다.(85-86) 헤세는 당시에 쓴 연작시 「엘리자베트」 첫 시에서도 피렌체를 다음과 같이 노래했다.

　　네 이마, 입과 손등에

섬세하게, 곱고 환한 봄이 놓여 있다,
피렌체의 오래된 그림들에서
내가 찾았던, 그 아름다운 마법이.

너는 벌써 언젠가 예전에 살았었다,
너 놀랍게 날씬한 오월의 자태,
꽃으로 장식된 옷을 입은 플로라로
보티첼리가 너를 그렸지.

너는 또한, 그 인사로
젊은 단테를 압도했던 저 여인이기도 하지,
또 너도 모르게 네 발은
낙원을 지나는 길을 알고 있지.(시선, 31)

헤세가 피렌체에 얼마나 매료되었는지는 당시의 시편에 끊임없이 그곳
을 노래하는 것으로 알 수 있다. 그중 하나가 다음의 시 「북쪽에서」다.

무얼 꿈꾸는지, 말해보라고?
햇빛 반짝이는, 고요한
언덕들엔 어두운 나무들이 이룬 숲
누런 바위, 하얀 빌라들.

골짜기에 놓인 도시 하나,

하얀 대리석 교회가 있는 도시 하나가

나를 향해 빛을 낸다,

그곳은 피렌체라고 불렸지.

그리고 어느 오래된 뜰 안에서,

좁은 골목들에 감싸여,

분명 행복이 아직 나를 기다리고 있으리,

내가 그곳에 남겨 두고 온 그것.(시선, 37)

헤세가 노래하듯 피렌체에서 그는 행복했지만 바젤에서는 다시 비참해졌다. 1902년 4월 어머니가 죽었어도 그는 장례식에 가지 않았다. 1903년 4월, 그는 다시 이탈리아로 떠났다. 그리고 한 달 뒤 바젤에 돌아와 『페터 카멘친트』를 완성하고 서점에 사표를 던졌다. 이어 칼프로 돌아와 『수레바퀴 아래서』를 썼다.

첫 결혼과 첫 성공

1904년 1월에 출판된 『페터 카멘친트』는 헤세의 첫 장편소설이자 최초의 성공작이었다. 그 덕분에 헤세는 결혼할 만한 경제적 여유까지 누렸다. 상대는 두 번째 이탈리아 여행을 함께했던 사진가 마리아 베르누이였다. 헤세는 그녀를 1902년에 처음 만났다. 당시 그녀는 서른네 살의 '노처녀'

1905년의 헤세(에른스트 뷔르텐베르거 작)

가이엔호펜에 있는 헤세의 집

였지만 스위스 최초의 여성 사진가였다. 그녀는 당시 여성들이 부모가 정해주는 배우자와 일찍 결혼하는 풍습에 회의를 품고 있었다. 그래서 베를린에서 사진가가 되기 위한 직업교육을 받고 바젤로 돌아와 아틀리에를 연 참이었다. 그 아틀리에는 무명의 젊은 예술가들이 모이는 장소로서 음악연주나 문학작품의 낭독은 물론 종종 다양한 주제의 토론이 벌어졌다.

마리아는 헤세를 아틀리에에 초대했다. 헤세는 독립적이고 강인한 그녀를 '거친 야생마'라고 불렀다. 『페터 카멘친트』에서도 무명의 예술가들이 여류 화가 아글리에티의 아틀리에로 모여든다. 카멘친트는 그곳을 떠나 방랑에 나서지만 헤세는 마리아와 사랑을 했다. 그리고 1904년 8월에 결혼한 그들은 호수가인 가이엔호펜에 신혼살림을 차렸다. 신부 집안의 반대를 무릅쓴 결혼이었다. 신랑과 신부의 가계는 달랐다. 헤세 집안은 종교적이었지만 마리아 집안은 과학 계통이었다. 반대 이유 중에는 헤세가 가난하다는 점도 있었지만 무엇보다도 두 사람의 나이 차이가 컸다. 그것도 신랑보다 신부가 아홉 살이나 많았다. 신부의 나이는 헤세의 어머니가 헤세를 낳았을 때와 같은 36세였다. 그러나 체구나 기질이나 음악에 대한 열정이라는 점에서 신부는 헤세의 어머니와 같았다는 점이 그녀와 헤세를 맺어준 가장 큰 요인이었다. 헤세의 어머니는 그에게 자신의 어머니라기보다 경건한 칼프 전도회의 어머니였던 만큼 헤세가 모성에 굶주렸던 탓이다.

『페터 카멘친트』

『페터 카멘친트』는 제목이 없는 8개의 장으로 나누어져 있다. 하지만 그 내용은 두 개로 구분된다. 1~4장은 젊은 '과거'의 이야기고, 5~8장은 그 뒤 '현재'의 이야기인데, 이것들이 각각 다시 둘로 나누어진다. 즉 1~2장은 고향 마을의 이야기로 자연이 페터의 스승이고, 3~4장은 취리히 대학 생활 이야기로 친구 리하르트와 짝사랑의 대상인 아글리에티가 나온다. 5~6장은 바젤 시기로 성 프란체스코의 이탈리아에 심취하고, 7~8장은 바젤과 고향에서 보피라는 장애인을 형제처럼 돌보는 이야기다.

헤세가 『페터 카멘친트』에 이어 쓰는 『수레바퀴 아래서』부터는 자신의 어린 시절이 다루어지는 반면 『페터 카멘친트』에서 주인공은 알프스 산골 니미콘(Nimikon) 태생의 순수한 자연아다. 소설은 그 자연아를 낳은 거대한 신화의 묘사로 시작된다.

> 처음에 신화가 있었다. 위대한 신은, 인도인이나 그리스인, 게르만인의 영혼 안에 신화를 창조하고 뜻을 표현하려고 애썼듯이, 모든 어린아이의 영혼에도 매일 또 다시를 신화를 창조한다(11).

그는 고향과 산과 호수, 폭풍우와 태양과 구름을 벗 삼아 살아간다. 벨스도르프 수도원에서 일하는 그의 아버지는 헤세의 아버지와 달리 아들의 교육에 아무런 관심이 없는 자연아다. 그는 지병이 악화되자 수도사에게 자신이 더는 일할 수 없다는 사실을 페터에게 전하게 한다. 그러나 페터는 그 사실을 수도사에게 편지로 전한다. 그의 문장력에 감탄한 수도사의 권유로 페터는 공부를 하게 된다. 이러한 설정은 당시 유행한 자연주의의 전형을 헤세가 묘사하고자 했기 때문이 아닐까?

페터는 취리히 대학에서 3년간 언어학을 공부한다. 그는 당시 유행한 바그너와 니체와 켈러에 매혹되지만 자연으로부터 멀어지지 않는다. 문학작품을 읽고 창작에도 힘쓴다. 그러던 어느 날, 같은 집 2층에 사는 피아노 전공자인 음대생을 만난다. 그는 니체나 바그너도 모르지만 자연을 안다는 이유로 시인을 자처하는 리하르트다. 그리고 당시의 여러 지식인과 예술가들을 만나면서 그들이 "모든 사상과 정열의 에너지를, 사회와 국가와 학문과 교육방법의 연구와 실천에 쏟아 붓고 있"으나 "외면적인 목표가 아니라, 자기 자신을 정립하고 시간과 영원에 대한 자기 개인의 관계를 설명해야 할 필요를 알고 있는 사람은 거의 없"다고 느낀다.(54-55) 그래서 친구를 더 이상 사귀지 않지만 리하르트와의 우정은 젊은 시절 그에게 가장 고귀한 것이 된다.(3장)

대신 그는 중세, 특히 성 프란체스코에 매료되고 여류화가 아글리에티를 짝사랑하면서 혼자 여행을 즐긴다. "그때부터 삶의 대부분을 방랑자로 지내면서 몇 주 혹은 몇 달간 여러 나라를 떠돌아다"니고(62) 술을 사랑하게 된다. 그리고 풍자적인 글을 신문에 실어 유명해진다. 신을 거부하고 쇼펜하우어, 부처, 차라투스트라, 톨스토이를 믿는 사람들과 어울리지만 산골 기질 탓에 진심으로 빠지지는 못한다. 반면 성 프란체스코로부터는 소박하고 낙천적이며 유머가 넘치는 자연스러운 삶과 사랑을 배우며 많은 변화를 경험한다.

나는 성 프란체스코의 거리를 걸었고, 오랜 시간 그가 내 곁에서 함께 방랑하는 것을 느꼈으며, 깊이를 알 수 없는 사랑의 감정에 사로잡혀, 마주치는 모든 새와 샘물과 들장미에게 감사와 기쁨의 마음과 인사를 건넸다. 나는 햇빛이 빛나는 언덕에서 레몬을 따 빨아먹기도 하고, 노래하거나 시를 짓기도 했고, 부활절에는 아시시의 내 마음의 성인의 성당에서 미사를 드리기도 했다.(85-86)

성 프란체스코는 페터에게 종교인이 아니라 자연에 대한 사랑과 무소유의 삶을 실천한 사람으로 다가왔다. 페터는 리하르트와 함께 이탈리아를 여행하면서 앞에서 인용했듯이 현대문명을 혐오한다. 자신은 거기 취하지 않는 이방인이 되리라고 다짐하면서. 이탈리아에서 돌아온 2주 뒤에 친구는 수영을 하다가 익사한다.(4장)

그 후 페터는 파리 특파원을 지내는 등 "활기차고 다채로워 보이는 인생"을 시작하지만 파리에서 그곳을 떠날지 세상을 떠날지 고민하면서 "보헤미안의 낭만이라는 개념은 그 이후 내게서 없어졌다"(89)고 말한다. "나는 또한 고통과 절망과 우울은, 우리를 망치고 쓸모없게 만들기 위해서가 아니라, 우리를 성숙시키고 정화시키기 위해 있는 것이라는 사실을 이해하기 시작했다."(90)

그는 도보로 남프랑스를 여행하다 바젤로 돌아와 우울한 고독에 빠진다. 당시 유행한 금주협회에 가입하지만 따분했고, "공명심에 불타는 몇몇 사람들이 모든 명성을 혼자 누리고 싶어서, 자기들 쪽으로 돌아서지 않는 점잖고 이기심 없는 동료들을 모욕적으로 부려먹었다." "봐라, 그러니 우리 미개인들이 훨씬 더 나은 인간이 아니냐."(94) 당시의 모든 운동이 "내게 중요하고 필요한 것은 없었다."(95) 그래서 다시 술에 빠진다.

그러다 사랑하는 여인의 약혼 소식을 듣고 고향으로 가서 아버지를 제대로 사랑해본 적이 없음을 깨닫고 그를 보살핀다. 그리고 다시 아시시의 성 프란체스코를 연구하고자 간 이탈리아에서 "단순하고, 자유롭고, 소박"한 사람들을 만나며 바젤에 돌아가면 "인간적인 삶의 따뜻한 친근감을, 사교계에서가 아니라 소박한 민중들 사이에서 찾겠다고 결심한다."(117) 그리고 "삶의 유머에 점차로 눈을 뜨게 되고, 내 운명의 별과 화해하여 삶의 식탁에서 점차로 맛있는 음식을 즐길 수 있게" 된다.(122) 또 "확고한 경계란 없고, 왜소하고 억압받고 가난한 사람들의 생활도, 혜택 받고 호화로운 사람들만큼이나 다양할 뿐만 아니라, 더 따뜻하고 진실하며 모범적이라는 사실을 더 잘 알게" 된다.(123)

그래서 아버지가 보내온 시골 소식이 자신이 쓰는 서평보다 더 가치 있다고 느낀다. 그리고 "오늘의 인간을, 포근하고 말없는 자연의 삶에 가까이하게 해주고 사랑하게 만"들고(126), "보는 법과 여행하는 법과 즐기는 법, 눈앞에 보이는 것에서 즐거움을 얻는 법"을 가르치고 싶어 한다.(127)

내 소원은, 위대한 시를 통해 오늘날의 인간을, 포근하고 말 없는 자연의 삶에 가까이하게 해주고 사랑하게 만드는 것이었다. 나는 인간들에게 대지의 심장이 뛰는 소리를 듣는 법과, 그 완전무결한 삶에 동참할 것과, 그들의 작은 운명의 충동 속에서, 우리는 신이 아니고 저절로 만들어지는 것도 아니며, 대지와 그 우주적인 전체의 한 부분이고 아이임을 잊지 않는 법을 가르치고 싶어 했다. 나는 시인의 시나 꿈과 마찬가지로, 우리의 밤과 강과 호수와 흐르는 구름과 폭풍들이 그리움의 상징이며 지주라는 사실을 상기시키고 싶어 했다.(126-127)

그래서 그는 가난한 목공과 친구가 되고, 그의 집에서 만난 장애인 보피를 돌봐줘야 할 의무감을 느끼고 그를 자신의 집으로 데려온다. 보피는 페터가 읽어보라고 권한 책을 이미 다 읽었고 그 내용을 페터보다 더 잘 알고 있었다. 그래서 페터는 그를 스승으로 삼아 함께 행복한 시간을 보낸다. 특히 그는 죽어가는 보피에게서 '질병과 고통, 빈곤, 학대 등이 가볍고 연약한 구름처럼 흘러가버리는' 뛰어난 인간의 영혼을 발견한다.

나는, 고통과 사랑만으로 가득 찼던 생애를 살았던 한 인간이 죽는 것을 보았다. 나는 그가 죽음의 징후를 자기 안에 느끼면서도 마치 어린아이처럼 재잘대는 소리를 들었다. 나는 극심한 고통 속에서도 그의 눈이 나를 찾는 것을 보았다. 내게 애원하기 위해서가 아니라 나를 위로하고, 이 경련과 고통이 그의 안에 있는 가장 소중한 것을 망치지는 못한다는 것을 내게 보여주기 위해서.(157-158)

보피는 곧 죽는다.(7장) 페터는 다시 이탈리아 아시시로 떠나려고 하다가 아버지가 위독하다는 소식에 고향에 돌아가 늙은 아버지를 돌보며 고향집을 수리하기 시작한다. 그리고 문을 닫은 마을 주점을 인수하여

술집 주인이 된다. 고향에서 그는 농부로 정착할 뿐 아니라 대작을 완성하고자 한다.(8장)

『페터 카멘친트』는 에콜로지의 교과서다

1951년 헤세는 『페터 카멘친트』에 대해 페터가 세계와 사회로부터 벗어나 자연으로 돌아가는 루소적인 인물이면서도 다수가 가는 길이 아니라 자기 자신만의 길을 가려 하고, 자신의 영혼에 자연과 세계를 비추어 보는, 즉 "집단적인 삶을 위해 창조된 것이 아니라 자신이 만든 꿈의 세계에 사는 외로운" 존재임을 강조하면서 그 작품에 자기의 모든 작품을 관통하는 실마리가 있다고 말한다. 그리고 74세의 자신은 페터처럼 병약하고 은둔자적인 태도를 갖고 있지 않고, 작가로서 한 번도 시대 문제를 피하지 않았지만 언제나 "나라, 사회, 교회가 아니라 각자의 인간, 인간성, 일회적이며 규격에 맞추어지지 않은 개인"에 대해 관심을 가졌다고 했다.(첼러, 60, 재인용) 헤세의 편집자인 폴커 미켈스가 『정원일의 즐거움』 해설에서 말하듯이 『페터 카멘친트』는 독일 "건국의 시대에 산업화와 자동화를 진보적이고 바람직한 것으로 간주했던 당시 사회의 분위기에 저항"하면서 "도시화로부터 위협당하는 자연을 찬미하고, 자연의 법칙과 조화를 이루는 삶을 찬미한다."(299-300) 그런 점에서 이 책은 오늘날에도 '성장의 한계'를 주장하는 에콜로지의 교과서와 같이 소중한 작품이다.

홍순길은 제1차 대전 후 헤세의 평화활동을 말하면서 『페터 카멘친트』의 작가가 어떻게 그렇게 될 수 있는지 의심스러울 정도라고 했다.(107) 그러나 이는 『페터 카멘친트』를 잘 이해하지 못한 탓이라고 생각한다. 알프스의 깊은 자연 속에서 태어나 평생 자연을 사랑한 페터야말로 타고난 평화주의자이기 때문이다. 또한 페터가 가난한 목공과 친구가 되고, 그의 집에서 만난 장애인 보피를 보살피다가 자기 집에서 함께 살게 하며 죽기까지 그를 보살피는 것도 헤세가 추구한 봉사하는 삶의 전형이다.

『수레바퀴 아래서』

헤세가 29세였던 1906년에 출간한 『수레바퀴 아래서』는 독문학자들이 흔히 말하는 단순한 성장소설이나 교양소설이 아니다. 그런 소설이라면 왜 1939년부터 1945년까지 6년간 나치는 그 작품을 『황야의 이리』나 『관찰』 및 『나르치스와 골드문트』와 함께 불온문학이라고 단죄해 더는 인쇄하지 못하게 했을까?

『수레바퀴 아래서』는 주인공인 한스 기벤라트*의 아버지에 대한 이야기로 시작한다. 한스를 "천 년에 한 번 나올까 말까 한 천재 소년"이고 10대 초반부터 "천재적인 학습능력"을 보였다고 소개하는 사람(정여울, 132)도 있지만, 적어도 그 소설에는 그런 말이 나오지 않으니, 천재가 아닌 사

■ * 처음에는 1904년 〈신취리히신문*Neue Züricher Zeitung*〉에 연재되었다.
** 'Giebenrath'를 "Geben Sie mir Rat(나에게 조언을 해주세요)"의 준말로 이해하고 『수레바퀴 아래서』에서 그는 가정과 학교의 조언을 받지 못하고 죽었다고 보는 견해가 있지만(홍성광, 389, 주2) 그 성씨는 헤세가 지은 조어가 아니라 헤세 이전부터 있었던 성씨다.

람도 그 책을 읽는 것을 주저할 필요는 전혀 없다. 어릴 적 시골 마을에서 몇 명밖에 안 되는 반에서 남보다 공부를 잘한 정도에 불과하다. 게다가 부모도 평범한 시골사람에 불과하니 독자들도 지레 겁먹을 이유가 전혀 없다.

한스의 아버지는 "황금을 숭배하는"(7) 평범한 소시민 상인이자 흔해빠진 속물이다. "낡고, 우악스럽기만 한 가족의식과 자기 아들에 대한 자부심"(8)으로 충만한 그가 읽는 것은 오로지 신문뿐이다. 그 소설이 나온 지 1세기가 지난 지금 한국의 아버지와 무엇이 다른가? 지금 우리의 아버지는 신문이 아니라 TV뉴스를 본다는 것이 다를 뿐이다. TV나 신문은 속물문화의 상징이다. 권력이나 자본을 중심으로 한 뉴스를 전달할 뿐이니까. 아버지는 그런 권력과 자본의 노예와 같은 존재일 뿐이다. 자신이 사는 시골 마을 사람들처럼 그에게 "가장 큰 야심은 자기 아들이 가능하면 대학 공부를 마치고 관료가 되는 것"(10)이다.

그의 외아들 한스는 공부를 잘해 신학교 입학을 준비한다. 소설에서는 그의 나이를 알 수 없지만 이 소설이 헤세의 자서전 격인 것을 감안하면 헤세가 라틴어학교에 입학한 13세쯤이라고 보면 되겠다. 이름은 라틴어학교지만 특별한 학교가 아니라 우리의 중학교쯤 된다고 보면 된다. 지금부터 1세기 전 중학교에 간다는 것은 한반도만이 아니라 독일에서도 쉽지 않은 일이었다. 아니 한반도에서는 그 무렵 초등학교를 가기도 쉽지 않았다. 일본에서는 초등학교가 무상 의무교육이었지만 조선에서는 돈을 내야 다닐 수 있었기 때문이다.

그 전에도 한스는 공부를 열심히 하지만, 이는 우리나라 초등학생 공부에 비할 바 아니다. 게다가 한 해 전까지만 해도 그는 수영과 낚시를 비롯하여 시골소년으로서 매일 즐겁게 놀았으니 우리나라 초등학생과는 더욱 다르다. 지금 우리나라 소년 중에 낚시를 할 줄 아는 아이들이 몇이나 될까? 더욱이 3년간 자기가 만든 토끼집에서 토끼를 키운 아이가 몇이나 될까? 그러니 이 소설을 읽는 한국의 아이들은 한스보다 자신들이 훨씬 못하다는 것을 깨닫게 될지도 모른다.

시험 치기 전날 그는 "뺨이 두툼하고 평범한 학교 친구들과는 다르다는, 더 나은 존재라는 예감" "언젠가는 속세에서 벗어난 높은 곳에서 우쭐대며 이들을 내려다보게 되리라는, 건방지면서도 행복에 겨운 예감"에 사로잡힌다.(24) 한국 아이들이 입시 합격에서 느끼는 경쟁에서의 승리감은 당연히 더할 것이다. 그래서 더욱 교만한 존재가 되는 것일까? 반면 실패한 아이들의 좌절감은 말로 다할 수 없다. 시험을 보고 난 뒤 불안 속에 지내다가 합격 소식을 듣는 것으로 제1장은 끝난다.

제2장은 그로부터 1년 뒤 여름방학을 맞아 시골에 내려간 한스가 다시 낚시와 수영을 즐기며 공부하는 이야기를 담았다. 신학교에 가게 된 한스는 시골친구들을 경멸하며 우쭐댄다. 그는 어린 시절 신이나 영혼, 악마와 지옥 등에 의문을 갖기도 했지만 엄격한 교육제도 아래 공부하면서 그 모두를 잊었다. 그 교육제도의 상징인 교장은 다음과 같이 생각한다.

> 원시림의 나무를 베고, 깨끗이 치우고, 강압적으로 제어해야 하듯이 학교 또한 자연인으로서의 인간을 깨부수고, 굴복시키고, 강압적으로 제어해

야 한다. 학교의 사명은 정부가 승인한 기본원칙에 따라 인간을 사회의 유용한 일원으로 만드는 것, 그리고 잠재된 개성들을 일깨우는 것이다. 이와 같은 교육은 병영에서의 주도면밀한 군기를 통하여 극도의 완성을 이루게 된다.(72)

교장은 한스가 정원 가꾸기와 토끼 기르기, 그리고 낚시질 따위의 취미생활을 그만둔 것을 그런 교육의 결과라고 기뻐하며 아직 그런 것에 미련을 갖는 한스에게 공부를 강요한다. 뒤의 제4장에서 교장이 "앞으로 열심히 공부하겠다고 나한테 약속해주겠나?"라고 물으며 오른손을 한스에게 내민다. 한스가 거기에 손을 얹자 교장은 "그럼 그래야지, 아무튼 지치지 않도록 해야 하네. 그렇지 않으면 수레바퀴 아래 깔리게 될지도 모르니까"(146)라고 말한다.

제3장은 수도원 신학교에서의 생활을 다룬다. 기숙학교라서 우리나라의 학생들의 경우 대부분 생소하겠지만 학교생활은 크게 다르지 않다. 공부만 하는 한스에게 학교 교육에 비판적인 친구들이 찾아온다. 가령 고전이라는 것을 허튼 수작이라고 주장하고 성경을 저주하며 수학을 음흉한 수수께끼라고 싫어하는 헤르만 하일너에게 한스는 키스를 당해 당황한다.

한스의 심장은 이제까지 느껴보지 못한 야릇한 감정을 이겨내지 못하고, 두근거리기 시작했다. 하일너와 어두운 침실에 함께 있다는 것, 그리고 갑자기 서로 입맞춤을 나눈다는 것은 한스의 모험심을 충족시켜 주면서도 새롭고 위험천만한 일이었다. 만일 누군가에게 들키기라도 한다면, 그야말로 끔찍스러운 꼴을 당하게 될지 모른다는 생각이 들었다.(112)

그것은 한스가 자신의 무의식과 극적으로 만나는 장면이기도 했다. 한스는 하일너가 멋지다고 생각하면서도 그와 친해지는 것을 두려워했다. 자신이 소중하게 생각해온 규범이 그로 인해 무너질 수 있음을 직감했기 때문이다. 하일너는 학교에서 주입시킨 모든 규범을 비웃는다. 학교에서 가르치는 위대한 문학작품들도 그는 우습게 본다. 게다가 성경험을 자랑하며 그런 경험이 없는 한스를 아기 취급했다. 더욱 당황스러운 것은 그가 공부벌레인 한스를 비웃었다는 점이다.

이건 날품팔이에 지나지 않아. 넌 네가 하고 싶어서 하는 게 아니잖니. 그저 선생님과 부모님이 두려운 거겠지. 아니, 1등을 하든 2등을 하든, 그게 도대체 너와 무슨 상관이란 말이니? 그래, 난 겨우 20등이야. 그렇다고 너희 공부벌레보다 어리석진 않다구.(117)

제4장에서 급우의 자살과 하일너의 반항을 이야기한 뒤 작가는 "국가나 학교가 해마다 새롭게 자라나는 보다 귀중하고 심오한 젊은이들을 뿌리 채 뽑아버리기 위하여 혈안이 되어 있다"(143)고 쓴다. "자신의 권력과 권위가 조금이라도 의심받는 것을 용납하지 않"는(144) 교장은 한스에게 하일너와 멀리하고 공부에 집중하도록 강요한다. 그러나 한스에게 "지겹고도 무의미한 공부는 더 이상 감당하기 어려웠"고(148) 하일너와 더욱

친해진다. 그러나 교장은 하일너와의 교제를 금지하고, 하일너는 반항한다. 여기서 우리는 놀라운 장면을 보게 된다.

교장 선생은 하일너에게 반말을 하려고 했다. 하지만 하일너는 반말을 쓰지 말라고 단호히 요구했다. 교장 선생은 그의 항명에 대하여 엄하게 꾸짖었다. 하일너는 한스가 자신의 친구라는 사실을 새삼 밝혔다. 그리고 어느 누구에게도 자기들의 교제를 금지할 권리가 없다고 대들었다. 심한 논쟁이 벌어졌고, 그 결과 하일너는 여러 시간 동안 감금되었다. 이에 덧붙여 당분간은 기벤라트와 함께 외출해서는 안 된다는 엄중한 금지령이 떨어졌다.(165)

앞에서도 말했듯이 이 소설은 20세기 초엽에 쓴 것이고 그 소설의 소재가 된 학교 경험은 19세기 말엽의 것으로 한 세기 전의 일이다. 중학생이 그를 꾸중하는 교장 선생에게 반말을 하지 말라고 요구한다는 것을 지금 우리가 상상할 수 있는가? 게다가 독일어의 반말이라는 것은 일상어와 동일한 것으로 우리의 반말과는 비교가 안 될 정도로 간단한 것이다. 여하튼 하일너는 결국 수도원을 무단이탈하여 퇴학을 당하고 한스로부터 영원히 떠나간다.

그러나 제5장에서 한스는 하일너처럼 "부질없이 애쓰는 일을 그만두었다. 모세오경 다음에 호머를, 크세노폰 다음에는 대수를 포기해버렸다."(170) 그의 성적은 급격히 떨어졌다.

학교와 아버지, 그리고 몇몇 선생들의 야비한 명예심이 연약한 어린 생명을 이처럼 무참하게 짓밟고 말았다는 사실을 생각한 사람은 하나도 없었다. 왜 그는 가장 감수성이 예민하고 상처받기 쉬운 소년 시절에 매일 밤늦게까지 공부를 해야만 했는가? 왜 그에게서 토끼를 빼앗아버리고, 라틴어 학교에서 같이 공부하던 동료들로부터 멀어지게 만들었는가? 왜 낚시하러 가거나 시내를 거닐어보는 것조차 금지했는가? 왜 심신을 피곤하게 만들뿐인 하찮은 명예심을 부추겨 그에게 저속하고 공허한 이상을 심어주었는가? 왜 시험이 끝난 뒤에도 응당 쉬어야 할 휴식조차 허락하지 않았는가? 이제 지칠 대로 지친 나머지 길가에 쓰러진 이 망아지는 아무 쓸모도 없는 존재가 되어버린 것이다.(172-173)

결국 한스는 신경쇠약에 걸려 2년 만에 고향으로 돌아온다. 그는 자살을 생각하면서 이웃인 누추한 노동자 거리를 찾아간다. "언제나 가난과 범죄, 질병이 들끓는"(189) 그곳은 그가 과거에 즐겨 찾던 장소였다. 거기서 그는 아이들과 어울려 놀곤 했다. 하지만 더는 찾지 않기로 마음먹는다.

제6장에서 한스는 첫사랑 엠마를 만나 잠시 즐거워한다. 그녀는 한스를 거침없이 유혹한다. 그녀와의 첫 키스는 환희와 함께 비애를 낳는다. 그것은 유년기와의 이별이자 새로운 성장기와의 만남이다. 그는 모든 것을 새로 시작해야 한다고 느낀다.

그러나 제7장에서 그는 그녀에게 자신이 노리갯감에 불과함을 알게 된다. 동시에 한스는 대장장이의 견습공으로 들어가게 되어 비참한 느낌에 휩싸이지만 이내 노동을 즐거워한다. "태어나서 처음으로 노동의 찬가를 듣고 또 이해했"고 "보잘것없는 자신의 존재와 인생이 커다란 선율에 어우러지고 있다는 느낌을 받았다."(239) 노동은 힘들었지만 노동자들을 "더는 속물 같은 인간이라고 경멸하지도 않게 되었"고(243) 노동조합도 그에게 정답게 느껴졌다. "이들이 남의 도움을 전혀 필요로 하지 않는 믿음직스러운 집단을 형성하리라는 사실을 충분히 미루어 짐작할 수 있었다. …그리고 자신이 이들 무리에 속해 있다는 사실이 무척 기뻤다."(244) 노동자들의 잔치에서 그는 "민중의 공유재산"인 노동자의 체험시도 듣는다.(247)

모든 개인의 체험으로부터 오랜 전통을 자랑하는 모험담이 새로운 아라베스크의 무늬를 입고 다시금 새로이 태어난다. 유랑길을 떠도는 뜨내기 직공은 누구나 일단 이야기를 시작하면, 불멸의 익살꾼 오일렌슈피겔이나 불멸의 뜨내기 슈트라우빙어의 한 단면을 보여주는 것이다.(247)
이 모든 이야기는 대담하고 거칠기는 했지만, 열정이 넘쳐흐르는 진실된 어투로 희열에 잠긴 채 이어져갔다. …언제 어디서나 듣게 되는 진부한 이야기인데도 불구하고, 사람들은 몇 번이나 반복해서 듣기를 즐긴다. 왜냐하면 이런 이야기들은 오랜 전통을 자랑하는 훌륭한 동업조합의 명예를 길이 빛내기 때문이다.(248)

한스는 노동자들과 즐겁게 술을 마시지만 갑자기 몸이 이상해지는 것을 느끼고 "큰 소리로 흐느끼며 풀밭에 쓰러졌다"가 한 시간 뒤 "몸을 일으켜 불안한 걸음걸이로 힘겹게 언덕을 내려갔"지만(259) 강에서 시체로 발견된다. "구역질이나 부끄러움이나 괴로움도 모두 그에게서 떠나버렸다."(260) 아마도 17세 전후의 나이였으리라.

『수레바퀴 아래서』는 반(反)학교의 교과서다

한스의 아버지와 교장 및 교사들 그리고 목사는 한스가 사고로 죽었다고 보지만 구두장인 플라이크는 자살이라고 생각한다. 그는 독실한 경건주의자로서 한스에게 너무 열심히 공부하지 말라고 충고했던 유일한 마을 어른이다. 소설에서는 그의 죽음을 자살이라고 직접 명시하지 않는다. 그러나 암시하는 몇몇 장면이 있다. 한스의 친구가 수도원 부근의 작은 호수에서 얼음이 깨진 탓에 익사했다든가, 한스가 수업 도중 배 위에 있는 예수가 한스에게 오라고 손짓하여 그가 물을 건너 달려가는 환각을 경험한다는 장면 들이다.

한스가 죽은 이유를 『수레바퀴 아래서』의 번역자는 그의 어머니가 일찍 세상을 떠난 탓인지도 모른다고 하지만(267) 의문이다. 한스와 달리 헤세에게는 어머니가 있었고, 또 헤세는 고뇌와 시련을 글로 승화시킨 반면 한스는 그런 출구를 발견하지 못해 죽었다고 한다. 그러나 어머니의 존재 여하는 한스의 죽음은 물론 그의 고뇌와 시련에 무관하다. 소설 마지막 장례식 장면에서 헤세는 플라이크로 하여금 거기 참석한 교사들이나 마을 사람들 모두가 한스를 죽였다고 하는데 왜 번역자는 어머니의 부재를 그렇게도 강조하는 것일까?

또 번역자는 수레바퀴를 우리, 즉 "다른 바퀴와 함께 어우러져, 달그락

거리는 가락에 맞춰, 공동의 이상향을 향하여, 흥겹게 돌아가는 수레바퀴"라고 하는데(270) 과연 그런가? 공동의 이상향은 이 소설에 전혀 등장하지 않고, 그런 이상향에서는 여러 바퀴가 어우러져 달그락거리며 흥겹게 돌아가지도 않는다. 게다가 번역자는 한스의 죽음은 "우리의 삶을 재조명하는 잣대이자, 동시에 우리에게 보다 성숙한 삶의 자세를 촉구하는 자극제"(271)라고 한다. 여기서 '성숙한 삶'이란 무엇일까? 도리어 '좌절한 삶'이 아닌가? 문제는 왜 청춘은 좌절할까, 하는 점이 아닐까?

『헤세 문학과 이상정치』에서 홍순길은 『수레바퀴 아래서』의 한스가 "참고 견디어 끝내는 내면의 성숙을 가져왔다"고 하는데(170) 과연 죽음이 그런 성숙인가? 또 홍순길은 『수레바퀴 아래서』를 "어린 시절의 고향과 양친의 품속 같은 행복한 시절의 산물"이고 헤세는 "추억의 실타래만 계속 잡아다녀도, 내면의 고백만을 읊조리고 향수와 우울 섞인 심정만을 토로해도 성공적인 작품을 쓸 수 있었"고 "그런 식으로 출세한 작가"라고 한다.(185) 과연 그런가?

『수레바퀴 아래서』는 단순한 청춘의 애가가 아니다. 체제 비판 소설이다. 가정과 학교와 직장이라는 체제의 수레바퀴에 깔려 죽은 어느 10대의 이야기다. 여기에 정치와 경제는 구체적인 체제로 등장하지 않지만 10대의 생활을 지배하는 권위주의적인 가정, 학교, 직장은 이미 권위주의적인 국가를 전제한다. 앞의 제2장에서 인용한 교장의 말이 이를 단적으로 보여주지 않는가? 19세기 말 독일의 권위주의적 사회를 말이다. 『페터 카멘친트』가 에콜로지의 교과서라면 『수레바퀴 아래서』는 반학교의 교과서다.

20세기 초엽의 독일문학과 헤세

헤세는 처녀작인 자전적 소설 『페터 카멘친트』로 독일문단에 그야말로 혜성처럼 등장했다. 바로 그 앞 1901년에 토마스 만은 『부덴브로크가의 사람들-어느 가족의 몰락Buddenbrooks-Verfall einer Familie』으로 역시 성공적인 데뷔를 했다. 두 사람은 20세기 전반에 노벨문학상을 받은 독일인들로 서로 친구였지만 작풍이나 인성은 많이 달랐다.

토마스 만은 헤세와 달리 독일 북부 뤼베크의 거상 집안 출신으로 그의 형인 하인리히 만(Heinrich Mann, 1871~1950)도 저명한 소설가다. 지금은 만 형제 기념관이 된 건물은 17세기에 세워진 것으로 그 집안의 부를 상징한다. 『부덴브로크가의 사람들』은 그 집안의 4대에 걸친 장대한 역사를 묘사한다. 가문을 일으킨 초대 가장에 이어 2대 가장은 네덜란드 영사, 3대 가장은 뤼베크 시의 참사회원을 각각 지내지만 집안은 서서히 몰락한다. 결국 4대의 병약한 소년 하노가 티푸스로 죽자 대가 끊긴다. 토마스 만의 경우에도 아비지의 사후 집안이 몰락하여 김나지움을 중퇴하고 보험회사 견습으로 있으면서 위 소설을 발표하여 성공한다. 반면 헤세에게는 그런 집안이 없다. 그는 가난한 선교사 집안 출신이었다.

초기 헤세는 앞에서 보았듯이 후기 낭만주의적인 서정시를 발표했다. 그의 처녀작 『페터 카멘친트』도 켈러(Gottfried Keller, 1819~1890)*의 『녹색의

■   * 스위스의 시적 사실주의의 대표적 소설가로 '스위스의 괴테'라고 불린다. 『녹색의 하인리히』는 주인공이 녹색의 상의를 입고 다닌 데서 유래한 제목이다. 『녹색의 하인리히』는 괴테의 『빌헬름 마이스터의 도제 수업』의 전통에 따라 유년기, 사춘기, 성숙기의 변화를 보여준다. 무능한 교사에 대한 데모 행진에 가담하여 오해를 산 끝에 퇴학 처분을 받은 하인리히는 조상 대대로 고향 땅에 살고 있는 작은 아버지 집에 살게 된다. 풍경 화가가 되려고 화가를 찾아가지만 인쇄 기술을 습득하는 것에 그쳐 고향에 돌아온다. 그동안 그는 대조적인 두 여성을 알

하인리히*Der grüne Heinrich*』(1855)를 연상하게 하는 요소를 가지고 있다. 예술가가 어린 시절부터 자립하여 파멸할 때까지를 다룬 그 작품은 그런 예술가의 파멸을 초래하는 상업화된 사회에 대한 비판이었다.

헤세가 그 후에 쓴『수레바퀴 아래서』역시 자전적인 소설인 동시에 사회비판적인 작품이었지만 당시의 다른 작가들과 같이 1900년 전후에 유행한 학교소설의 유형을 따른 것이다. 그 최초의 작품은 1891년 책으로 출판되고 1906년에 연극으로 각색되어 공연된 베데킨트(Frank Wedekind, 1864~1918)*의『봄의 깨어남*Frühlings Erwachen*』이다. 이 작품에서 주인공 모리츠 슈티벨은 사춘기의 성적 혼란 때문에 자살하고, 벤들라 베르크만은 낙태 후 죽는다. 그리고 무질(Robert Musil, 1880~1942)**의 처녀작『생도 퇴를레스의 혼란*Die Verwirrungen des Zöglings Törleß*』(1906)***이 나왔다. 그 작품에 묘사된 군사사관학교는 엄격한 사회규율의 상징이었다. 하인리히 만의『운라트 교수 또는 한 독재자의 최후*Professor Unrat oder Das Ende eines Tyrannen*』****는 같은 주제를 교사의 시각에서 풍자적으로 다

게 된다. 신앙심이 두터운 안나와 육감적인 과부 유디트다. 그러나 안나는 병으로 죽고 유디트도 아메리카로 이민을 떠난다. 그 뒤 깃발 화공으로 타락한 하인리히는 그의 작품을 수집한 백작의 권유로 그림을 다시 그리지만 백작의 딸 도로테아에 대한 괴로운 연정 때문에 그곳을 떠난다. 그 뒤 백작의 말에 따라 전체를 위하여 봉사하는 정치 활동은 예술 활동과 마찬가지로 높은 가치가 있는 것이라고 생각하여 면사무소에 근무하고 군수로까지 승진한다.

* 독일의 극작가로 성 해방을 지향하여 부르주아 사회의 위선을 폭로하는 작품들로 독일 표현주의 연극의 선구자로 일컬어진다.

** 오스트리아의 작가로 군사사관학교를 다닌 경험에서 처녀작『생도 퇴를레스의 혼란』을 썼다.

*** 남자 사립학교에서 벌어지는 폭력에 퇴를레스가 가해자이자 피해자로 혼란을 느끼게 된다는 이야기다.

**** 군국주의 비판으로 나치 정권에 의해 추방당한 하인리히 만은 자본주의를 신랄하게 비판하였으며, 민주주의와 사회주의의 지지자였다.『운라트 교수』는 그의 소설 중에서 가장 널리 알려진 작품으로 수차례 영화화되었으며, 특히 마를렌 디트리히가 주연한 〈푸른 천사〉가 유명

룬 작품이다.

당시 헤세는 뮌헨에서 풍자잡지 《씸플리치시무스*Simplicissimus*》를 공동으로 발행하고 1906년에는 역시 공동으로 잡지 《메르츠*Merz*》를 발행했다. 두 잡지 모두 대도시 베를린, 프로이센의 군국주의에 내재된 편협함과 오만함, 그리고 독일 황제 빌헬름 2세에 대한 저항이었다. 프로이센의 패권에 맞서서 남부 독일이 자기 목소리를 내야 한다고 주장했기 때문인데, 두 잡지 모두 자유주의적이고 민주적인 성격이었다.

하다. 주인공의 이름은 라트이지만 학생들은 오물, 배설물, 쓰레기, 폐물 등을 뜻하는 운라트라고 부를 정도로 부패한 교사다. 엄격하면서도 사회적으로 요령 없는 그는 로자 프롤리허라는 젊은 무희가 학생들을 유혹하는 것을 방지하고자 그녀를 찾아갔다가 도리어 그녀의 유혹에 빠진다. 그들의 관계는 작은 마을 사회에서 큰 스캔들이 되어 교수는 학교에서 해고당한다. 두 사람은 결혼하여 살롱을 열어 성공하지만 여자가 바람을 피워 목 졸라 죽이는 것으로 끝난다.

3장

방랑으로
반항하라

정원일의 즐거움을 누린 가이엔호펜 시절

헤세는 『수레바퀴 아래서』의 한스처럼 자살하지 않았다. 도리어 『페터 카멘친트』의 페터처럼 고향은 아니었지만 산골로 갔다. 그곳에서 반은 헛간이고 반만 주거할 수 있는 정도로 상당히 몰락한 농가를 한 채 빌려 "전원적이고, 단순하면서 정직하며, 자연적이고, 도시적이지 않으며, 유행을 따르지 않는 삶"(츠린츠, 139)을 살기 위해서다. 헤세는 스스로 그 낡은 집을 수선했다. 그가 작업실로 삼은 2층 방에서는 창문을 통해 호수 쪽으로 아름다운 전망을 확보할 수 있었다.

앞 장에서 보았듯이 헤세가 1904년 8월 결혼 직후 신혼살림을 차린 독일 남부 운터 호수 가의 시골인 가이엔호펜은 당시 경제발전으로 광분한 독일에서 버림받은 벽지로 인구가 300명도 채 안 되는 곳이었다. 가까운

역까지 가는 데도 우편마차로 몇 시간이 걸렸고, 매점은커녕 가스, 전기, 상수도시설조차 전무했다. 물건 하나를 사기 위해 호수 건너 스위스 땅인 슈테크보르노까지 보트를 저어 가야 할 정도였다. 이러한 생활은 톨스토이, 러스킨, 모리스의 사상을 따른 것이었다고 헤세는 말했다.(첼러, 62, 재인용) 당연히 소로도 포함되리라. 또는 '루소적 실험'이라고도 했다. 당시 그의 삶과 관련되어 폴커 미켈스가 『정원일의 즐거움』에서 인용한 헤세의 다음 글을 읽어보자.

> 나는 유감스럽게도 쉽고 편안하게 사는 법을 알지 못했다. 그러나 한 가지만은 늘 내 마음대로 할 수 있었는데, 그건 아름답게 사는 것이다. 나는 내 거주지를 마음대로 고를 수 있게 된 시기부터 정말 늘 특별하게도 아름답게 살아왔다. 원시적이고 별로 안락하지 않을 때도 있었다. 그러나 내 집의 창 앞에는 늘 독특하고 위대하고 광활한 풍경이 펼쳐졌다. …나의 감각에 최소한의 순수한 본질과 참된 형상을 제공해주지 않는 환경 속에서 생활한다는 건 내게 불가능하다. 현대 도시 안에서, 이용 가치만을 따져 지은 황량한 건물 속에서, 종이를 바른 벽 사이에서, 인조 목재 사이에서, 순전히 기만과 대용품만 활개 치는 곳 한가운데서 산다는 것은, 내게는 전혀 불가능할 것이다. 그런 곳에서라면 나는 얼마 안 있어 시들어 죽고 말 것이다.(303-304)

지금은 교통사정이 조금 나아졌지만 불편하기는 마찬가지다. 우리가 그곳에 가려고 하면 스위스와의 국경 역인 징겐에서 기차를 갈아타고 라들프첼 역에 가서 다시 버스로 갈아타야 가이엔호펜에 도착한다. 기찻

가이엔호펜 회리 박물관에 있는 헤세의 책상

길 주변에는 헤세가 살았을 때와 거의 비슷하게 목장과 숲과 강이 이어지고 도시다운 곳은 전혀 없다. 마을 입구에는 '헤르만 헤세 슐레(학교)'라는 안내판이 있고 그 뒤로 3분쯤 가면 헤세가 이곳에 와서 처음 머물었던 농가인 헤세 하우스가 나온다. 지금 그곳은 '헤르만 헤세 회리 박물관'이다. 헤세 하우스와 회리 박물관을 합친 그곳은 1997년에 문을 열었다. 헤세 하우스는 헤세가 살았던 당시의 모습 그대로 공개되고 있다. 그러나 헤세가 지었던 집은 지금은 사유여서 들어가기 어렵지만 벽면에 '헤세가 1904년부터 1908년까지 살았다'는 현판이 붙어 있다.

헤세와 마리아가 그곳에 처음 왔을 때 물도 마을 광장의 샘에서 길어야 했고 전기도 가스도 없었다. 대신 조용함이 있었고 공기도 물도 너무나 깨끗했다. 사랑스러운 동물, 맛있는 과일, 소박한 시골 사람들이 있었다. 헤세 부부는 교회 옆 3층의 낡은 목조주택 한 채를 빌려 여기저기 손을 본 뒤에 살았다. 그곳에서 헤세는 작은 공동체를 꿈꾸었다. 그래서 튀빙겐에서 함께 작품 활동을 했던 루드비히 핑크를 불렀다. 의사이기도 했던 핑크는 헤세 집 부근에 병원을 차렸다. 핑크와 헤세는 요트를 타고 호수에서 낚시를 하고 호수가의 이곳저곳을 방랑하는 기쁨을 누렸다.

헤세는 세상에서 단절되고자 그곳에 갔지만 그는 결코 단절되지 못했다. 『페터 카멘친트』로 빈 시가 주는 농촌상을 받아 백과사전에 그의 이름이 올랐고 매일 수많은 편지가 배달되었으며 많은 방문객들이 그를 찾아 그 불편한 벽지까지 왔다. 현관문에 "초대받지 않았거나 미리 방문을 통지하지 않은 사람은 돌아가십시오"라는 알림판을 붙일 정도였다.

방문객 중에는 슈테판 츠바이크나 에밀 슈트라우스 같은 작가도 있었다. 츠바이크는 헤세의 열렬한 팬이었다. 그는 1905년 『수레바퀴 아래서』의 원고를 읽고 헤세에게 보낸 편지에서 "뛰어난 예술성으로 쓰인 이 심오한 이야기가 그 인간성 때문에 너무나 좋습니다"라고 썼다. 그러나 헤세는 방문객에게 친절하지 않았다. 초대한 손님들이 오면 반가워하다가도 금방 싫증을 내고 사라졌다. 그런 헤세의 변덕 때문에 어려웠던 신혼생활은 아이들이 태어나면서 더욱 어려워졌다. 농가에서 산 지 1년 만에 장남 브루노가 태어났다. 이어 차남 하일라와 삼남 마르틴도 태어났다.

1907년 가이엔호펜의 에르렌로에 새 집을 지었다. 그가 스스로 땅을 사서 집을 지은 것은 이것이 처음이자 마지막이었다. 지금도 그 집은 농가에서 걸어 20분 정도 걸리는 곳에 있다. 그 집은 가이엔호펜 선착장에서 왼편 숲속에 있는 '헤르만 헤세 길'에 세워져 있다. 당시에는 목장이었던 곳에 외롭게 세워졌는데 지금은 화려한 호텔들이 함께 있어서 지나치기 쉽다.

그는 평생 처음으로 자신의 정원을 소유했다. 헤세 식구를 위한 채소를 조달하기에는 충분한 넓이였다. 과일나무를 심고 배추와 야채를 재배했으며 손수 헛간을 짓고 벤치도 만들었다. 마리아는 물론 아이들도 함께 농사일을 즐겁게 했다. 헤세가 갖가지 과일수와 화초를 심은 것은 그리고 평생 그 언제보다도 가정에 충실한 시기였다. 1908년에 쓴 「즐거운 정원」(『정원일의 즐거움』에 포함)에서 그는 정원일의 즐거움을 다음과 같이 말한다.

정원을 꾸리면서 느끼는 창조의 기쁨과 창조자로서의 우월감이 그것이다.

사람들은 한 떼기 땅을 자신의 생각과 의지대로 바꾸어 놓는다. 여름을 기대하며 자신이 좋아하는 과일과 색과 향기를 창조해낼 수도 있다. 작은 꽃밭, 몇 평 안 되는 헐벗은 땅을 갖가지 색채의 물결이 넘쳐나는 천국의 작은 정원으로 만들 수 있는 것이다.(14)

가이엔호펜에서 헤세는 집필 시간 외에는 농사에 몰두했다. 그러나 『페터 카멘친트』와 달리 그는 시골에서 결코 행복하지 못했다. 농사일에 행복해하다가도 회의에 젖어 곧잘 가이엔호펜을 도망쳤다. 당시 헤세의 심정은 1906년에 쓴 시 「안개 속에서」에 잘 드러난다.

기이하여라, 안개 속을 거니는 것은!
모든 너무 덤불과 돌이 외롭다
어떤 나무도 다른 나무를 보지 못한다
누구든 혼자이다.

나의 삶이 아직 환했을 때
내게 세상은 친구들로 가득했다
이제, 안개가 내려,
더는 아무도 보이지 않는다.

어둠을, 떼어낼 수 없게 나직하게
모든 것으로부터 그를 갈라놓는

어둠을 모르는 자

정녕 누구도 현명치 않다.

기이하여라, 안개 속을 거니는 것은!

삶은 외로이 있는 것

어떤 사람도 다른 사람을 알지 못한다,

누구든 혼자이다.(시선, 59)

　그래도 헤세는 만년에 스위스의 몬타뇰라에서 평화로운 나날을 보냈을 때에도 가이엔호펜의 생활을 그리워했다.

제1차 세계대전 이전의 유럽

여기서 다시 1900년 이후의 독일과 유럽의 현실을 살펴보자. 1900년 전후는 자본의 시대였다. 우리는 그 1세기 뒤인 지금을 세계화니 뭐니 하지만 사실은 이미 1900년 전후에 세계화, 더 정확하게는 자본의 세계화가 시작되었다. 그러나 그 분포는 지극히 불평등했다. 서유럽과 북미가 자본을 지배했고 나머지 세계는 자본의 피지배지역이었다. 빈부격차도 극심했다. 자본 지배국에서도 내부의 빈부격차는 컸다.

　도시화 과정도 급속도로 진행되었다. 영국에서는 이미 1900년에 인구 10명 중 1명만이 농사를 짓고 나머지는 모두 도시로 밀려들었다. 독일은 조금 늦어 인구의 3분의 1이 농촌에 살았다. 프랑스는 더욱 늦어 1950년까지도 인구의 3분의 1이 농촌에 살았다. 일본이나 미국은 더 늦었다. 당시 조선에서는 인구의 대부분이 농촌에서 살았다.

1900년은 지극히 부권주의적인 독일민법이 시행된 해였다. 이 민법은 뒤에 일본의 민법으로 받아들여지고 다시 한국의 민법으로 변했다. 그런데 지금 21세기에도 우리 현실의 민사생활과 맞지 않은 그 민법은 식민지 시대에는 더욱 맞지 않은 것이었다. 그럼에도 독일에서 나온 민법이 21세기 한국에 그대로 적용되고 있다니 참으로 이상하다. 같은 해, 중국에서는 의화단(義和團)˚의 난, 가나에서는 아샨티의 난이 터졌으나 모두 진압되었다.

20세기 초 독일은 제철 및 강철 산업이 세계적 규모로 발전하여 막강한 국력을 갖게 되었지만 영국·프랑스·러시아 등이 아프리카나 극동에서 벌이는 제국주의 정책에 휘말리지 않으려고 애썼다. 그러나 해군이 독일해군을 건설하기 위한 장기계획을 발표하자 사태는 급변했고, 산업계의 큰 지지를 받아 국가 차관에 의존해 추진된 해군 건설 사업은 뒤에 인플레이션을 유발하는 요인이 된다. 이처럼 독일이 제국주의적으로 팽창하는 시기에 영국은 일본(1902)·프랑스(1904)와 각각 동맹을 맺었다. 이러한 상황에서 독일은 19세기 말부터 프랑스의 보호권이 인정되어 오던 모로코에 대하여 1905년 탕헤르˚˚ 상륙을 통해 모로코의 영토 보전을 지지한다고 선언함으로써 모로코에 대한 야욕을 드러냈다. 그러나 영국의

■ * 중국 청나라 때 외세를 배척하기 위하여 조직한 비밀 결사. 백련교 계통의 결사로 1900년에 의화단 운동을 일으켰다.
   ** 아프리카 서북쪽 끝 지브롤터 해협에 면하여 있는 모로코의 항구 도시. 상업 물자의 집산지이고, 자본의 도피장으로 유명하며, 관광·피한지로도 알려져 있다.

지원을 받은 프랑스의 반대로 독일의 진출은 실패했다.

1907년 영국은 러시아와의 오랜 세월에 걸친 의견 차이를 조정하고 프랑스와 함께 3국 협상을 체결하고, 1909년 독일의 해군 건설 계획에 대항하는 대규모의 해군 건설 계획을 발표했다. 1908년 오스트리아의 보스니아헤르체고비나* 병합을 지지함으로써 독일과 러시아와의 관계는 더욱 악화되었다. 제1차 세계대전이 일어나기 직전의 독일은 밖으로는 영국·프랑스·러시아에 포위되고 안으로는 혁명적 강령을 결코 포기하지 않는 사회당의 지배를 받고 있었다. 제국의 전제적 지배체제는 붕괴 직전 상태에 놓여 있었다.

국제상황도 복잡했다. 1901년 영국의 빅토리아여왕이 죽고, 미국의 맥킨리 대통령이 아나키스트에 의해 암살되었으며 여류 아나키스트 엠마 골드만(Emma Goldman, 1869~1940)**이 선동 혐의를 받았다. 벨기에서는 파업과 아나키스트 폭동이 터졌고, 프랑스 광산노동자가 전국 파업을 지지했으며 이탈리아 사회주의자들은 파업을 통해 정치적 영향력을 강화했다.

1902년 보어전쟁***이 끝났고, 1904년 러시아는 러일전쟁에서 패했다. 1905년에는 콩고에서 폭동이 터지고, 러시아에서는 혁명이 일어났다. 1910년부터 독일의 공업은 영국을 추월했다. 1911년 런던에서 항만 파업,

---

■　* 유럽 동남부, 발칸반도 서북부에 있는 공화국. 유고슬라비아 사회주의 연방을 구성하던 공화국의 하나로, 1992년 3월 1일에 유고슬라비아의 해체와 더불어 독립하였다. 담배, 맥류, 과실 따위의 농산물과 석탄, 철 따위의 광산물이 많이 난다. 수도는 사라예보다.
　** 리투아니아 출신의 혁명가, 무정부주의자로 1885년에 미국으로 건너가 무정부주의 활동을 벌였다.
　*** 1899년에 영국이 남아프리카의 금이나 다이아몬드를 획득하기 위하여 보어인이 건설한 트란스발 공화국과 오렌지 자유국을 침략하여 벌어진 전쟁. 두 나라는 필사적으로 저항하였으나 1902년에 영국령 남아프리카에 병합되었다.

볼셰비키(보리스 쿠스토디예프 작)

이어 영국 전역에서 철도 파업이 터졌다. 중국에서는 중화민국이 출범했고 멕시코혁명이 터졌다. 1912년에는 독일 총선에서 사회주의자가 다수를 차지했고, 러시아에서는 볼셰비키*가 멘셰비키**로부터 분열되었다. 미국에서는 유진 뎁스가 사회주의자 대통령 후보로 90만 표를 얻었다. 1912년부터 1913년에 발칸전쟁이 터졌다. 1914년 제1차 대전이 터졌고, 1917년 러시아혁명 뒤 1918년 대전은 끝났다.

어지러운 시대의 시

헤세가 20세기 초에 쓴 시는 그 시대만큼이나 어둡다. 가령 다음의 「밤에」를 읽어보자.

> 축축한 미풍이 스쳐 가고 있다.
> 밤새들이 갈대 늪 위를
> 무거운 날개로 스치는 소리
> 멀리 마을에서는 어부들의 노랫소리 들린다.
>
> 한 번도 있지 않았던 시대들로부터

■ * 다수파라는 뜻으로, 1903년에 제2회 러시아 사회 민주 노동당 대회에서 레닌을 지지한 급진파를 이르던 말. 멘셰비키와 대립하였으며, 1917년 10월 혁명을 지도하여 정권을 장악한 뒤 1918년에 당명을 '러시아 공산당'으로 바꾸었고, 1952년에 다시 '소비에트 연방 공산당'으로 바꾸었다가 1990년에 소련의 해체와 함께 해산되었다.
** 레닌이 이끄는 볼셰비키와 대립했던 러시아 사회 민주 노동당의 자유주의적 온건파. 당의 지도적 역할을 부정하고 합법적인 테두리 안에서 혁명 운동을 펼칠 것을 주장했다.

침울한 전설이 울리기 시작한다.
또 영원한 괴로움에 대한 탄식이.
밤에 그걸 듣는 이 화 있을지라!

탄식하게 두자, 아이야, 술렁이게 두자
사방에서 세상은 고통으로 무겁다
우리는 새들의 울음과
마을에서 울려오는 노래에 기울이련다.(시선, 57)

세상은 고통으로 가득 차 있는데 자신은 그것에 아랑곳없이 자연의 소리에만 귀를 기울인다는 헤세의 노래는 듣기에 거북하다. 다음 시 「6월의 바람 세찬 날」도 마찬가지다.

호수가 유리알처럼 굳어 있다,
가파른 언덕 기슭에서는
가느다란 풀들이 은빛으로 나부낀다.

비탄하며 죽도록 무서워
푸른 도요새들이 공중에서 비명을 지르며,
경련하는 곡선을 그리며 비틀거린다.

건너편 물가에서 건너온다

낫 소리가, 그리고 그리운 풀밭 향기가.(시선, 66)

그러나 시인은 그냥 방관하는 것이 아니다. 그는 다음과 같은 인류애의 사랑으로 살아가는 외롭고도 의로운 「시인」이기를 맹세하지만 세상은 더는 그를 필요로 하지 않는다.

오직 나에게, 외로운 사람에게만
밤이면 끝없는 별들이 빛난다.
돌우물이 그 마법의 노래로 출렁인다
나 혼자에게, 나 외로운 사람에게
떠가는 구름들의 색색깔 그림자들이 지나간다
꽃들처럼 벌판 너머로.
집도 밭도
숲도 사냥도 생업도 나에게는 주어져 있지 않다
나의 것은 오직, 그 누구의 것도 아닌 것
숲의 베일 뒤로 떨어지는 개울이 나의 것
무서운 바다가 나의 것
노는 아이들의 지저귐이 나의 것
저녁 외롭게 사랑에 빠진 사람의 눈물과 노래
신들의 사원도 나의 것, 과거의 귀한 숲도
나의 것, 미래도 못지않게 나의 것이다.
환한 하늘 궁륭이 나의 고향이다.

그리움의 날개를 입고 자주 나의 영혼이 치솟으니.

축복받은 인류의 미래를

법을 이기는 사랑, 민족에서 민족으로 전해지는 사랑을 보겠다고.

모두들 나는 다시 찾아낸다, 고귀하게 변용된 모습으로

시골사람, 국왕, 상인, 부지런한 어부,

목동과 정원사, 그들 모두가

감사하며 미래의 세계축제를 벌인다.

유일하게 시인만 없구나

그, 외떨어져서 바라보는 이

그, 인류의 그리움을 나르는 사람 그리고 창백한 모습.

미래는 그를, 세계의 성취는 그를

더는 필요로 하지 않는다. 시들고 있다.

그 무덤가에 놓인 많은 화환들이

그리고 그의 기억이 실종되었다.(시선, 69-70)

방랑자를 만나다

1906년 초, 가이엔호펜으로 그를 찾는 방랑자들이 찾아왔다. 그들은 근처 아스코나*로 가는 사람들이었다. 방랑자들의 이야기를 들은 헤세는

■　 * 아스코나는 스위스 티치노 주에 위치한 도시로, 면적은 4.97㎢, 높이는 196m, 인구는 5,489명, 인구 밀도는 1,104명/㎢이며 마조레 호와 접한다. 매년 열리는 재즈 페스티벌과 몬테베리

즉시 그들을 따라 아스코나로 간다. 만난 사람들 중 헤세에게 특히 인상적인 사람은 그레저(Gustav Gräser, 1879~1958)였다. 헤세는 그레저를 만난 뒤, 비록 그 부근에 살기는 했지만 곧 아스코나인이 되었다.

앞에서 보았듯이 소년 시절의 헤세는 집안의 전통에 따라 교양인이라는 천직, 즉 학자나 종교인이 되어야 했다. 그러나 그는 당대의 모든 감수성 강한 사람들처럼 그것에 반항했다. 무엇보다도 전통적인 신앙에 반발했다. 그래서 많은 작품에서 그는 비기독교적인 영성이나 비정신적인 힘의 존재에 눈뜨는 젊은 주인공들을 그렸다. 가령 『수레바퀴 아래서』(1906)는 종교와 학문에 희생된 소년이 자연 속에서 자유롭게 생활하기를 바라다가 죽는 이야기였다.

당시 아스코나의 사람들은 이미 그렇게 살고 있었다. 특히 헤세는 그레저의 방랑생활에 매료되었다. 이를 보여주는 가장 좋은 작품이 『데미안』 이전의 작품, 특히 『크눌프 *Knulp. Drei Geschichten aus dem Leben Knulps*』(1915)인데 이 작품에는 그레저의 영향이 있었다. 그러나 헤세는 그레저와 달리 문학과 예술 속에서 사는 것을 선택했다.

헤세의 생애에 그레저가 끼친 영향에 대해서는 우리나라에 그다지 알려져 있지 않다. 이는 독일에서도 마찬가지다. 내가 아는 한 그레저에 대한 최초의 언급은 독일에서 2000년에 나온 알로이스 프린츠의 헤세 평전을 2002년 우리말로 번역한 『헤르만 헤세』에서다.(144) 그러나 그 책에도 그레저에 대한 소개는 거의 없고 특히 헤세와의 관련에 대한 언급도 없다.

타로 유명한 관광 도시다.
* 144쪽 참조

구스토 그레저는 어떤 사람일까?

구스토 그레저는 1879년, 당시 헝가리(지금은 루마니아)의 크론슈타트(지금은 브랑쇼버)에서 태어났다. 루마니아의 수도 부카레스트에서 120킬로미터 정도 떨어진 곳으로 트란실베이니어 알프스의 북쪽 경사에 있다. 우리에게는 드라큘라로 유명한 트란실베이니어는 '침묵의 지역'이라고 할 정도로 그 역사가 알려져 있지 않고 최근까지도 자본주의 이전의 사회를 유지했다.

그곳은 13세기부터 터키인으로부터 기독교세계를 지키기 위해 독일인이 이주한 자유로운 자치공동체로 그 문화도 최근까지 독일적이었다. 그레저는 이러한 고향의 전통을 뒤에 아스코나에 재현하고자 했다. 그런 점에서 그는 지극히 전통적인 사람이었으나 동시에 자본주의라는 철망의 자물쇠를 열어 자유의 나라를 추구했다.

그레저의 세례명은 아르투르 구스타프였으나 스스로 '즐거움'이라는 뜻의 구스토라고 불렀다. 또한 그레저(Gräser)는 그라스(Grass)의 복수라고 하면서 풀 한 닢을 자기 명함으로 삼기도 했다. 그는 「풀잎」을 쓴 휘트먼과 함께 에밀리 딕킨슨, 소로, 에머슨, 톨스토이, 노자 등을 좋아했는데, 헤세처럼 교사와 목사가 많이 배출된 보수적인 집안 출신이었다. 아버지는 하이델베르크대학에 유학한 뒤 고향에서 판사를 지냈다. 그는 경건하고 조용한 성격으로 가정 내에서나 밖에서나 무력했지만 역시 엘리트였다. 그러나 그의 아버지는 그레저가 15세인 1894년 54세로 죽었기에 그레저에 대한 영향력은 거의 없었다고 봄이 옳다.

그레저가 태어난 1879년, 그의 고향에서 헝가리어가 독일어 대신 공식

구스타프 그레저

어가 되었음은 새로운 시대의 시작을 뜻했다. 그러나 그런 이유 때문에 어려서 김나지움을 퇴학당한 것은 아니었다. 뒤에 아스코나 사람들처럼 학교 교육을 '감금의 장소'라고 맹렬히 비판한 것을 보면, 오히려 그 철망과 같은 구조를 견디지 못한 탓으로 보인다. 이어 빈에서 금속공예학교를 다녔으나 역시 중퇴하고, 베를린과 뮌헨의 미술학교에서 회화와 조각을 공부했다.

1896년 17세 때 그는 부다페스트에서 열린 만국박람회에서 목각 조각 작품으로 1등상을 받았다. 이어 빈에서 판화를 공부하고 1898년부터는 빈 교외에 살던 화가 칼 디펜바흐의 제자가 되었다. 디펜바흐는 뒤에 그레저와 함께 예술의 실천과 간소한 생활을 결합하여 나체주의를 실천한 자연주의자가 되었다. 그러나 그레저는 그의 동성애적 나체주의에 곧 반발해 고향으로 돌아와 도시문명을 비판하는 그림을 그렸고 당대의 비슷한 경향을 갖는 예술가들의 영웅이 되었다.

그러던 어느 날 그는 기이한 환상을 체험한 뒤 자신의 그림을 찢고 가진 물건을 모두 버리고서 방랑생활을 시작한다. 산양의 털로 만든 고대 로마 풍의 반코트를 입고, 머리에는 가죽으로 만든 끈을 묶고서, 맨발이거나 샌들을 신고, 소유물이라고는 가방 하나에 모두 담아 끈으로 목에 달았다. 이는 반부르주아적이었을 뿐만 아니라 반프롤레타리아적인 새로운 삶의 방식이었다. 즉 방랑생활의 양식이었다. 헤드밴드와 판초와 여행용 샌들은 그가 처음 만든 것이다.

그는 단지 부랑자나 방랑자가 아니라 일종의 수도승이나 예언자처럼 행동하기도 했으나 그것이 다가 아니었다. 사람들에게 설교 비슷한 이야기를 했고, 잠언카드나 격언포스터, 팸플릿, 석판화 등을 팔기도 했다. 물론 그 자신 돈에는 아무런 흥미가 없었기에 이익을 올리려는 의도는 없었다. 이는 그의 생존 시에는 물론 그가 죽고 난 뒤에도 그를 모방한 수많은 사이비 예언자들과 그가 근본적으로 다른 점이다. 물론 한국의 사이비 종교인을 비롯한 이 세상 모든 사이비들과도 근본적으로 다른 점이다. 그는 그런 사이비들이 청중 앞에서 약을 팔듯이 절규하는 것과 달리 언제나 조용히 숲속에서 혼자 지냈다.

그런 점에서 그는 참된 고독의 사색인이었으나 동시에 그것은 그의 한계이기도 했다. 반전(反戰)이나 생활의 개조를 주장한 것은 사실이지만 적어도 인도의 간디와 같은 변화를 초래하지 못했기 때문이다. 그것이 그저 개인의 한계인지 아니면 인도와 독일의 차이 탓인지는 정확하게 알 수 없지만, 그 두 사람은 분명히 달랐다.

1900년, 그레저는 뮌헨의 어느 모임에 참석했다가 거기서 만난 7명의 젊은이와 함께 도시와 국가가 지배하는 세계를 떠나 자신들의 공동체를 만들자고 결의했다. 그 후 그레저는 몇 달 스위스를 방랑한 끝에 아스코나를 발견했다. 이다 호펜멘과 앙리 에단코방이 그곳에 만든 공동체가 자신에게 맞지 않다고 생각한 그레저는 다시 고향으로 돌아왔으나, 그 후 아스코나에서 가장 중요한 사람이 되었다.

그러나 이듬해 그는 고향인 크론슈타트에서 징병을 거부하여 5개월간 투옥되었다. 살인행위에 대한 도덕적 혐오감이 아니라 강제에 대한 거절이라는 이유로 병역을 거부한 탓이다. 충성에 대한 맹세를 거부하고, "나는 죽이는 것을 거절한다"고 말한 것이다. 그 형이 주둔지에서 아나키스트 동맹 '무구속'을 창설하자 그레저는 더욱더 철저하게 '무소유'를 주장했다. 또한 대부분의 아스코나 사람들처럼 채식주의자로서 자기의 생명을 유지하기 위해 생명을 죽여 먹는 것을 거부했다. 그러나 그는 어떤 종교적 동기나 종파에 따르는 것도 거부했다.

이후 그는 아스코나에서 본능의 금욕과 자연스러운 쾌락을 추구하며 살았다. 이러한 금욕과 쾌락은 서로 모순된다고 생각되기 쉽지만 사실은 그렇지 않았다. 본능의 제약 속에서 진정한 쾌락을 추구한 것이기 때문이다. 그레저는 감옥에서 석방되자 아스코나에 돌아와 로잔에 땅을 샀으나 농사를 짓지는 않아 다른 사람들로부터 게으르다는 불평을 들었다. 그러나 열심히 일해야 한다는 것은 그가 싫어한 강제의 하나이자 그가 반항한 프로테스탄티즘 노동윤리였다. 그때부터 그는 노자의 영향을 받아 무위, 즉 정적주의나 유연한 무(無)활동에 젖었다.

그러나 뒤에 아내와 8명의 가족이 생기자 그는 자기 집은 물론 아스코나 전체의 배관공이자 수선공으로 능숙하게 일했다. 물론 돈을 받는 일에는 서툴렀고 오랫동안 구속되어 일하는 것도 좋아하지 않았으나 일 자체는 좋아했다. 그가 지은 집은 지극히 간단한 판자 몇 장으로 이루어져서 그의 금욕주의와 쾌락주의를 가장 잘 보여주었다. 누가 그에게 자신의 인생관을 써보라고 하자 그는 한마디로 다음과 같이 썼다. "나쁜 이웃에 고귀함과 선함을 세워라."

하우프트만의 『사도』(1890)는 그레저를 연상하게 하는 작품이었으나 그레저 자신이 주인공으로 등장하는 최초의 작품은 구스타프 나우만의 『어두운 왕래의 싸움 속에서』였다. 니체와 관련 있는 출판업자인 나우만은 그레저가 나뭇잎 관을 머리에 쓰고 있으나 그리스도보다는 바커스 신에 가깝게 묘사했다.

그레저는 강연을 통해 건강과 치유에 대해 말하고 자신의 삶을 길이자 진리이자 생명이라고 자부했다. 그는 기독교와 그 원동력인 죄를, 독일 정신과 그 원동력인 기쁨의 이름으로 공격했다. 그에 의하면 기독교도는 예수의 기쁨으로부터 비하를 만들어냈다. "예수는 내세를 설교하지 않았다. 행복하라고 예수는 말했다. 겁내지 말고 살아라. '본능'이야말로 '자연'이다." 그가 말하는 본능이 야비한 욕망이 아님은 앞에서 설명한 대로다. 즉 그레저는 모든 충동을 자연이라고 보지는 않았고, 특히 인간관계에서 매우 신중했고 고독했다. 그래서 복잡한 인간관계를 전혀 만들지 않았고, 도리어 소로나 디킨슨처럼 동료도 제자도 두지 않았으며, 그를 따르는 여성들도 없었다.

1907년 그레저는 뮌헨에서 전쟁에 철저히 맞서자고 강연하고 춤을 추었다. 그는 역사를 3단계로 나누었다. 첫째 기술의 노예가 등장하기 이전의 불의 시대, 둘째 학교와 군대를 비롯한 강제의 시대, 셋째 강제가 없는 춤의 시대였다. 그리고 그는 육식, 성행위, 과학을 포기하라고 주장했다. 이러한 춤에 대한 그의 관심은 뒤에서 볼 라반이나 비그만에게 이어진다. 헤세의 『황야의 이리』에 나오는 춤도 그레저의 영향이라고 볼 수 있다. 1908년, 헤세는 뮌헨의 잡지에 아스코나에 대한 글 「바위 속에서-어느 자연인의 각서」를 썼다.

그 무렵 엘리자베스 렐이 아스코나에 왔다. 그녀는 마인츠의 신문 편집인의 딸로서 결혼하여 5명의 자녀를 두었으나 남편이 등산사고로 행

방불명이 되자 자녀들과 함께 아스코나에 온 터였다. 그녀와 그레저에 대해 거의 아무것도 알려져 있지 않으나 1910년 그레저의 아이를 낳은 것을 보면 그 전부터 동거한 것 같다. 그 후 그레저는 녹색의 역마차를 만들어 아이들과 함께 여행했다. 아이들은 성장하여 대부분 그레저와 어머니에 대해 잊고 중산층이 되었으나 딸들은 그레저에 충실했다.

1912년 그레저는 젊은 방랑자의 집단인 '반더포겔'의 라이프치히 지부의 초청을 받았다. 그레저의 시는 그 단체의 기관지에 실렸고, 많은 사람들이 그레저를 찾아왔다. 같은 해 그레저가 '자유독일청년의 날'에 강연한 것은 아스코나에 중요한 의미를 부여했다. 왜냐하면 부권적 문명에 대한 반항은 군국주의와 산업주의에 대한 그들의 증오를 표현한 것이기 때문이었다. 당시 그레저는 『노자』를 번역하고 있었다.

헤세의 베른 시절

1912년 9월, 35세의 헤세는 친구인 화가 알베르트 벨티가 살았던 스위스 베른의 집으로 이사하여 8년간의 가이엔호펜 생활을 끝낸다. 장남 브루노가 학교에 갈 나이가 되었고, 시골 생활이 너무 불편해 도시생활을 동경하게 되었기 때문이다. 물론 도시의 중심부가 아닌, 도시와 전원생활이 동시에 가능한 외곽을 선택했다.

그곳에는 멋지고 당당한 정원이 있었다. 분수도 하나 있고 풍성한 작은 숲도 있었으며 옥외로 난 계단 위로 오르면 풀밭이 펼쳐졌다고 폴커 메켈스는 『정원일의 즐거움』에서 썼다.(312) 그러나 헤세가 그곳에 대해

스위스 베른에 있는 헤세의 집

쓴 글이 많지 않은 것은 정원이 이미 완성되어 있었고, 그곳으로 옮긴 지 2년도 안 되어 제1차 세계대전이 터졌기 때문이다.

헤세가 가이엔호펜에서 집필한 『로스할데』에는 부부생활의 갈등이 엿보인다. 부부의 갈등은 베른에서 더욱 커진 것으로 짐작된다. 그 무렵 헤세의 아내는 우울증을 앓기 시작했다. 그 갈등으로 인해 헤세는 1911년 가을에 인도네시아까지 여행했다. 당시 동양여행은 반문명론자의 자연도피 같은 성격이었는데, 문제는 뒤의 『로스할데』에서 보듯이 헤세에게 동양의 비참한 식민지 상황은 전혀 무관심한 것이었고, 동양이 서양문명의 도피책이나 해결책인 양 제시되었다는 점이다. 이는 헤세의 동양신비화로 발전하는데, 그것은 서양에서의 동양 신비화만이 아니라 동양 자신의 동양 신비화를 결과한다는 점에서 전형적인 오리엔탈리즘으로 비판하지 않을 수 없다.

『로스할데』를 출판한 1914년에는 제1차 대전이 터졌다. 그 후 헤세는 삶의 위기라고 할 수 있는 여러 가지 일을 경험한다(이에 대해서는 4장에서 언급한다). 여하튼 헤세는 1919년 5월 몬타뇰라로 이사 가기 전까지 베른에서 살았다.

『게르트루트』와 『도상에서』

1910년에 발표된 『게르트루트』에는 순결한 여인 게르트루트를 둘러싸고 두 음악가인 고독한 고트프리트 쿤과 방탕아인 하인리히 무오트가 대립하다가 무오트가 그녀를 차지하자 쿤이 좌절한다는 이야기가 담겨 있다.

쿤의 회상 형식을 취한 소설은 이렇게 시작한다.

내 일생을 외면에서 돌이켜보면 그다지 행복했던 것 같지는 않다. 그러나 잘못된 일도 있기는 했으나 꼭 불행했다고는 말할 수 없다. 행, 불행을 지나치게 따지는 것은 결국은 어리석은 일이다. …피할 수 없는 운명을 자각하여 감수하고 좋은 일, 궂은일을 모두 맛보고 나서 외적인 운명과 함께 우연이 아닌, 내적인 본래의 운명을 획득하는 것이 인간생활의 중요한 일이라고 한다면 내 일생은 가난하지도 나쁘지도 않았다. 외적인 운명은 피할 수 없이 신의 뜻대로 모든 다른 사람의 경우와 마찬가지로 내 위를 지나가버렸다고 하더라도 나의 내적인 운명은 내 자신이 만들어낸 것이며 달든 쓰든 간에 그것은 당연히 내 것이며 그것에 대해서는 나 자신이 책임지려고 생각하는 것이다.(3)

이처럼 운명을 수용하며 자신의 삶에 대해 자신이 책임을 진다는 태도는 그 전의 헤세가 자신의 삶에 대해 가졌던 방황이 어느 정도 극복되었음을 보여주지만, 작중의 두 음악가의 대립은 여전히 헤세 마음의 대립을 상징한다. 쿤은 어려서 시인이 되고자 했지만 음악에 사로잡혀 음악가가 된다. 몇 차례의 사랑과 여행을 경험하며 성숙해진 그는 무오트를 만나 다시 게르트루트를 사이에 둔 사랑의 갈등에 괴로워한다. 그러다 무오트가 죽고 난 뒤 "우리들은 필요할 때에는 서로 다가가고, 서로 이해하는 눈을 마주하고, 서로 사랑하고, 서로 위로하면서 살아갈 수 있"음을 알게 된다.(231)

우리들은 마음속에 신을 품을 수 있다. 때로는 마음속이 신으로 가득 차 있을 때에는, 우리들의 눈과 우리들의 말에서 신이 나타나며, 신을 모르는 사람에게 신을 알려주고, 신을 알려고 하지 않는 사람에게 말을 건네는 것이다.(232)

게르트루트는 헤세가 결혼하기 전 바젤에서 사랑한 엘리자베트 라로슈였다. 당시 그녀는 유부남 바이올린 연주자와 사랑에 빠진 상태였다. 염문 때문에 그녀는 영국으로 가서 3년을 지냈고 그 사이 헤세는 결혼했다. 바젤로 돌아온 그녀는 뮌헨에서 이사도라 덩컨(Isadora Duncan, 1877~1927)*을 만나 무용을 배웠다.

1912년에 나온 『도상에서Umwege』는 1902년부터 쓴 시를 모은 시집이다. 뒤에 「행복」으로 개칭된 「충고」는 다음과 같다.

네가 행복을 추구하는 한,
너는 행복한 처지에 놓이지 못하고,
가장 좋은 것이 네 것이라 해도.

네가 잃어버린 것을 슬퍼하고
목적을 가지고 쉬지 않는 한,
평화가 무엇인지 알지 못한다.

■　*　미국의 무용가. 고전 무용의 틀에서 벗어나 독자적으로 자유로운 맨발의 무용을 개척했다. 저서에 『미래의 무용』, 자서전 『나의 생애』가 있다.

네가 모든 욕망을 포기하고,

목적과 욕망을 버려야 비로소,

행복을 이름으로 부르지 못한다.

그때 세상사 큰 물결은,

가슴에 닿지 못하고, 네 영혼은 안식을 취한다.

헤세는 인도를 어떤 관점으로 이해했을까?

헤세는 1911년 여름에 했던 인도여행의 기록을 1913년에 발표했다. 제목은 『인도에서. 인도여행의 기록*Aus Indien. Aufzeichnungen von einer indischen Reise*』이지만 사실은 지금의 인도까지 가지는 못하고 스리랑카를 거쳐 동남아여행을 하다가 중도에서 중단한 여행이었다. 스리랑카가 당시로서는 인도였으니 인도여행이라고 할 수도 있으나 현재로서는 동남아여행이라고 봄이 옳다.

헤세의 집안에는 인도를 여행하고 연구한 사람들이 많았기에 그도 어려서부터 인도에 친숙했다. 그러나 직접적인 동기는 그의 친구가 수마트라에서 목재무역회사를 경영하던 동생을 방문하는 길에 "즉흥적으로"(213) 동행한 것이었다. 당시 유럽에서는 인도여행이 일종의 유행이기도 했다. 헤세가 이 여행을 한 이유에 대해 후고는 다음과 같이 썼다.

어쩌면 어머니의 고향을 보기 위해서였는지도 모른다. 어쩌면 어린 시절의 환상에서 벗어나기 위해서였는지도 모른다. 어쩌면 자신과 아버지, 어머니를 묶어 놓은 최후의 고통스러운 결속에서 벗어나려고 했는지도 모른다. (…) 어쩌면 결혼생활의 불협화음이 인도에 대한 환상 때문이라고 생각했는지도 모른다. 어쩌면 그는 자신을 억누르는 악몽과 내면의 모순에서 벗어나 집으로 돌아가려고 했는지도 모른다.(레츠, 104, 재인용)

독일인들은 그 여행을 기록한 책에 대해서 거의 언급하지 않는다. 마치 그 여행이 헤세 개인의 마음을 달래기 위한 것에 불과했고 그가 인도를 비롯한 아시아를 어떻게 보았는지는 전혀 문제가 안 된다는 듯이 말이다. 그러나 헤세 자신은 다음과 같이 말했다.

우리가 영원할 거라고 믿었던 보금자리는 그리 오래가지 않았다. (…) 그래서 나는 자주 여행을 떠났다. 바깥세상은 무척이나 넓었다. 나는 마침내 인도까지 이르렀다. (…) 오늘날 심리학자들은 그러는 걸 '도피'라고 규정한다. 물론 그런 측면을 부정할 수는 없다. 그건 한 걸음 뒤로 물러나 세상을 넓게 조망하기 위한 하나의 시도였다.(레츠, 127, 재인용)

헤세는 단순히 내면의 문제를 극복하기 위해 여행을 떠난 것이 아니었다. 넓은 세상을 보고자 했다. 따라서 우리는 후고와 같은 서양인의 관점에만 머물 수 없다. 그들에게는 마음을 달래기 위한 여행인지 모르지만 헤세가 우리의 동양(인도)에 대해 무슨 말을 했는지는 여전히 우리의 관심 영역인 탓이다.

헤세의 인도 묘사는 최근 한국인의 인도 묘사처럼 이중적이다. 고대 인도에 대한 찬탄과 현대 인도에 대한 경멸이 공존한다. 먼저 헤세가 쓴 「바가바드기타」라는 시를 읽어보자.

다시 나는 잠들지 못하고 시간 시간 누워 있었다.
영혼은 불가해한 고통으로 가득하고 상처 입은 채.

화재와 죽음이 지상에서 활활 타오르는 것을,
수천만이 무고하게 괴로워하고, 죽고, 곰팡이 스는 것을 나는 보았다.

하여 나는 마음속에서 전쟁을
무의미한 고통의 맹목적인 신을 버릴 것을 맹세했다.

보라, 여기 침울한
고독의 시간에 내게 기억이 울려 건너와,

내게 평화의 격언을
태곳적 인도의 신들의 책 한 권을 말해주었다.

"전쟁과 평화, 둘은 똑같이 중요하다,
어떤 죽음도 정신의 제국을 건드리지 못하기 때문에.

평화의 잔이 솟든 떨어지든,

변함없이 줄지 않는 것은 세상의 고통.

그래서 나는 싸운다, 가만히 누워 있지 않는다.

네게 힘을 일으킨다면, 그건 신의 뜻!

그렇다면 너의 투쟁이 수천의 승리로 이어지든 아니든,

세상의 심장은 계속 뛴다."(시선, 107-108)

그러나 『인도에서』에 묘사된 인도는 그야말로 그가 여행하며 직접 목격한 것의 기록이다. 거기 나오는 최초의 식민지 동양인인 말레이인에 대한 묘사는 "불쌍한," "착하고 나약한 사람들이 사악할 대로 사악한 유럽 문명에서 구제받지 못하고 자신의 동질성을 상실한 모습"(57) 정도로만 묘사된다.

그들에게 일은 짐이자 저주고 압제인 것이다. 이 불쌍한 말레이인들은 유럽인이나 중국인, 혹은 일본인들처럼 이런 일의 주인이나 기업가는 되지 못할 것이다. 그들은 계속해서 나무 벌목꾼으로, 끌어당기고 톱질하는 막노동꾼으로 남을 것이다. 그렇게 번 돈은 거의 전부 맥주와 담뱃값으로, 시계 줄이나 일요일용 모자를 삼으로써 다시 외국 기업에 돌아갈 것이다.(75)

이처럼 헤세에게는 식민지 말레이인들의 독립이나 자주는 의식되지 않았다. "말레이인들은 영원불변의 원시림으로부터 진액을 빨아내려는 우리 백인들을 도와야만 한다."(80) 헤세는 지배자 네덜란드에 반항한 아체인*들을 "교활하고 잔인한" 사람들로 인식할 뿐 정당한 독립운동의 주체로 인식하지 않는다.(80) 그래서 헤세는 "말레이 군도 곳곳의 착하고 매력적인 말레이 사람은 네덜란드인들에게 엄하게 훈육을 받아 예의바르고 충직하다"(196)고도 말한다. 말레이인만이 아니라 인도인도 마찬가지다. "인도인들은 내게 별로 감동을 주지 못했네. 그들은 말레이 사람들처럼 허약하고 미래가 없어 보였어."(205) 도리어 그들의 냄새가 그에게는 역겹다. "이 냄새야말로 내가 동양에 머무르면서 내내 나라는 사람을 원주민들로부터 심각하게, 인간적으로 정말 어쩔 수 없이 등을 돌리도록 만든 유일한 문제였다."(88) 그러나 그것만이 유일한 문제는 아니었다. 그는 "중국인의 잔인함, 일본인의 가증스러움, 말레이인의 도벽 그리고 크고 작은 동방의 해악을 대수롭지 않게 받아들"인다.(119)

인도여행의 첫 기착지인 스리랑카(당시는 실론)에 도착했을 때 헤세가 감격해서 쓴 시를 읽어보자.

해변의 드높은 종려

■ * 인도네시아 수마트라 서북쪽 끝에 있는 아체에 사는 부족으로, 포르투갈이 말라카 해협 건너의 말라카를 점령하자 이슬람 국가들이 말라카 해협을 통과할 때 중간의 아체를 거쳐 가면서, 그리고 후추 무역의 중심지로 아체는 번영했다. 리즈시절엔 수마트라 섬을 거의 차지하다시피 할 정도였으나 1873년 네덜란드가 말라카 해협의 안정을 핑계로 아체에 쳐들어왔으며, 30여 년간의 전쟁 끝에 아체는 네덜란드의 식민지가 되었다. 그러나 아체는 인도네시아 독립 때까지 네덜란드에 저항해 1만 명의 네덜란드군이 사망했다.

빛을 내뿜는 바다, 벌거벗은 채 노를 젓는 뱃사람들

태고의 성스러움을 지닌 나라

젊은 태양의 불길에 영원히 에워싸여 타오르는 곳,

푸른 산은 가물가물 멀어지고 있다, 아지랑이와 꿈속으로.

산정은 눈부시다, 태양 빛에 잘 보이지 않는다.

해변은 나를 원색으로 맞이하고

기이한 나무들은 엄하게 굳어 공중으로 솟는다

색색으로, 집들은 이글거리는 태양 속에서 흔들리고

아른거리는 골목들에는 사람들의 요란한 외침이 부른다

감사하며 내 눈길은 인파 속으로 피해든다

끝없는 항해 뒤에 이 무슨 감미로운 교환인가!

내 가슴은 기쁨으로 터질 듯하다

축복받은 여행의 도취에 휩싸여, 사랑에서인 듯, 고동친다. (시선, 81)

　그러나 감격만이 아니었다. 스리랑카에서 헤세는 영국인들이 비참한
원주민들에게 무관심한 것을 보고 이 모습을 다음과 같이 비판적으로
묘사했다.

　영국인들은 부자인 데다 타고난 식민지 지배자들이기 때문이다. 자기네가
　지배하는 종족의 몰락을 구경하는 것이 그들에겐 큰 즐거움이다. 이러한

몰락과정은 인간적이고 친근하게 그리고 보기에는 즐겁게 진행되기 때문이다. 쳐 죽이는 것도 아니고 착취도 아니므로. 다만 조용히 그리고 은근히 썩어 들어가게 해 도덕적으로 말살시키는 것이다. 하여튼 이 영국의 식민지 '영업'은 나름의 스타일이 있다. 독일인이나 프랑스인들은 훨씬 더 미련하게 '영업'을 꾸려나갈 것이다. 영국인들이야말로 저 미개한 토착민들이 우스꽝스럽게 보지 않는 유일한 유럽인 아닌가!(159)

문제는 헤세가 원주민들은 미개하다고 보는 점이고, 그들에 대해 영국인처럼 무관심하게 대하려고 노력하여 "익숙해져서 마치 야전 장군 같은 손짓과 거친 호령으로 이들을 자제시킬 수 있"게 되었다는 점이다.(161) "심지어 나는 인도를 하찮게 여기게 되었는데, 대개의 인도인들이 지닌 영적이고 구도자적인 시선이 신이나 구원을 향한 것이 아니라 오로지 돈을 달라는 외침에 불과하다는 쓰디쓴 체험을 하고 나서였다."(162) 오로지 돈만 밝히는 승려들을 비롯한 인도인들은 "수천 년 내려온 지고지순한 가르침을 망쳐놓았고 그 대신 대책 없는 신앙심, 온 마음을 다해 바치는 맹목적인 기도와 제물, 착각에 빠진 인간의 어리석은 유치함만을 엄청나게 키워놓았다."(173)

그러면서 헤세는 "반면에 서구에서 온 우리들, 부처의 가르침과 모든 인식의 원천에 훨씬 가깝게 다가가 있는 이지적인 우리들은 과연 무엇을 하고 있나?"고 묻는다.(173) 도대체 서양인이 불교에 더 가깝다는 우월감은 어디에서 나오는 것일까? 그러면서 그는 다음과 같이 말한다.

인간은 한층 진보되었다. 온 인류의 극히 일부분에 지나지 않는 우리가 이제 더 이상 이 두 존재를 무조건 필요로 하지만은 않는다는 사실은 참 다행스런 일이다. 피 흘리는 십자가상의 예수도, 완벽한 미소를 머금고 있는 부처도 필요 없다. 우리는 그들을 포함해 다른 신들도 극복해서 마침내 이들 없이 살 수 있는 법을 배우고자 한다.(183)

헤세는 "힌두교도, 이슬람교도, 불교도들의 종교는 열등하고 부패했으며 외면화되고 거칠었다"(197)고 하면서도 동양인들이 매일 참배와 기도를 올리는 것에 감동하며 "만약 유럽인들이 이런 것들을 좀 더 발전된 형식으로 다시 이루어내지 못하면 우리는 머지않아 동방에 대한 권리를 더는 주장하지 못하게 될 것"이라고 하고서, 영국인을 다음과 같이 찬양한다.(197)

민족성과 자기 고유의 종족 보존을 엄격하게 지키는 데서 일종의 유사종교를 만들어낸 영국인들은 나라 밖에서도 진정한 권력과 문화의 가치를 이룩한 유일한 서구인들이다.(197)

헤세가 말하는 영국인의 민족적이고 인종적인 유사종교란 무엇인가? 또 영국인들이 나라 밖에서 이룩한 진정한 권력과 문화란 제국주의를 말하는 것일까? 그리고 위 문장에 이어 "그 무엇보다도 나에게 소중하고 가치 있는 것은, 인도인·중국인·일본인들한테서 배운 모든 인간은 하나라는 일체감과 연대감에 대한 확고한 감정"(198)이라는 것은 제국주의로 지배된 하나의 권력에 지배되는 감정을 말하는 것일까?

이 여행을 계기로 헤세는 "서구적인 동의 세계에서 동양적인 정정(靜淨)의 세계로 승화하여 체념, 정숙주의, 구도정신에 잠기는 전환점을 맞이하였다"고 보는 견해가 있으나 의문이다. 인도여행 후 그의 작품에 근본적인 변화가 있었다고 보기도 어렵다. 또한 위기의식에서 서구적 개인주의를 혐오하여 동양적 세계에서 인간과 자연의 조화를 찾아서 갔다는 해석** 등도 마찬가지로 의문이다.

『로스할데』

1914년에 발표된 『로스할데』의 '로스할데'는 집 이름이다. 그곳에는 화가 요한 페라구트의 아틀리에와 부인이 거처하는 안채가 있는데 부부는 각각 떨어져 살고, 아들 피에르가 그들을 잇는 유일한 끈이다. 그곳에 화가의 친구 부르크하르트가 찾아오자 요한은 참된 자유를 얻고 예술가의 길을 가기 위해서는 피에르마저 포기해야 한다고 깨닫는다. 그 후 피에르가 죽자 그는 인도로 떠난다.

종래 이 소설은 예술가가 결혼생활을 할 수 있느냐, 라는 문제를 제기하는 작품으로 이해되었다. 그러나 이 소설을 쓰기 전에 헤세는 인도를 여행하려다가 못 하고 4개월간 인도네시아를 여행했다는 사실을 잊지

■   *   김정진, 「H. Hesse의 문학과 생애, 그의 서거에 부쳐서」, 《사상계》, 1960, 230쪽.
    **   윤순호, 「H. Hesse의 싯다르타에 나타난 생의 양상」, 『성균관대논문집』, 1966, 105쪽; 이인웅, 「동양을 향한 생, 헤세의 생애」, 《문학사상》, 58호, 1977, 91쪽.

말아야 한다. 그때의 경험이 이 소설에 반영되어 있고, 동양에 대한 묘사 또한 이런 맥락에서 주목되기 때문이다.

> 속세를 떠난 밀림의 삶이 너무나 신비스럽고 매력적으로 보여, 화가는 마치 조그마한 틈새를 통해 풍성하고, 다채롭고, 축복에 가득 찬 낙원을 들여다보는 기분이었다. … 그의 마음을 사로잡은 것은 … 고통과 근심, 투쟁과 허무감이 멀리 사라질 게 틀림없는 세계의 고요함이었다. 그곳에선 잡다한 일상의 짐들이 마음속에서 떠나고, 새롭고, 아직은 순수하고, 죄에 물들지 않은, 고뇌가 없는 분위기가 그를 맞아줄 것만 같았다.(138-139)

『로스할데』는 참된 예술가의 길로 제시되는 인도행에 대해 더는 다루지 않는다. 그 점에 문제의식을 가진 것은 아니었지만, 헤세의 소설을 "무미건조하고 유치한 사랑 이야기"라고 신랄하게 비평했던 쿠르트 투홀스키도 다음과 같이 평했다.

> 이제 그는 변했다. 나이가 든 것이다. 노력한 흔적이 역력하다. 책 표지에 헤세라는 이름이 쓰여 있지 않았다면, 우리는 그가 이 책을 쓴 저자라고 생각하지 못했을 것이다. 그는 우리가 알고 있는 헤세가 아니다. 분명 다른 사람이다. (…) 그는 고향의 천막을 거두고 어딘가로 떠났다. 어디로?(레츠, 125, 재인용)

투홀스키가 헤세를 변했다고 한 점은 "남자들의 건전한 우정의 가치"

"음흉한 계략이나 불순한 의도가 없는, 지배도 복종도 없는, 인간과 인간을 엮어주는 우정"에 대해 쓴 점이었다.(레츠, 124, 재인용)

「크눌프」

헤세가 1915년에 발표했지만 전쟁 전에 쓴 것으로 보이는 『크눌프』는 세 개의 에피소드로 구성된다. 처음의 「이른 봄」에서 크눌프는 그레저 같은 방랑자로 등장한다. 그가 친구인 피혁공 에밀 로트푸스의 신혼집을 찾아가는 것으로 이야기는 시작된다. 이튿날 그는 옆집에 사는 베르벨레를 알게 되어 그녀와 춤을 추고 그다음 날 떠나게 되어 헤어진다.

둘째 에피소드 「크눌프에 대한 회상」은 크눌프와 함께 방랑한 어린 시절부터의 친구가 회상한 것이다. 친구는 크눌프의 이야기 중에서 욕망을 뜻하는 불꽃 이야기가 가장 마음에 들었다. "아름다우면 아름다울수록 더 빨리 스러져버려서 우리 마음을 더욱 안타깝게 하는" 사랑 같은 것이었다.(55) 크눌프는 특히 톨스토이를 즐겨 읽었고, 학자를 경멸했다. 그들은 "올바른 일을 시작하는 법이 없고, 온갖 기교를 다 부려도 수수께끼 하나 풀지 못한다."(57) 톨스토이는 헤세 평생의 스승이었고, 지식인에 대한 경멸도 헤세 평생 유지되었다. 크눌프는 "목사, 교사, 시장, 사회민주주의자, 자유주의자"의 말을 들었지만 "마음속 깊은 곳에까지 진심을 간직한 사람을 보지 못했"다.(63)

셋째 에피소드 「종말」은 크눌프의 친구인 의사가 폐병이 들어 귀향하는 크눌프를 만나 그의 임종을 지켜보는 이야기다. 크눌프는 친구에게 자신이 열세 살 때 안 여자를 위해 라틴어학교를 중퇴했으나 그 여자는 자신을 버린 후 항상 외톨이로 자신의 삶에서 "자유로움과 아름다움"을 추구하게 되었다고 회상한다.(81) 다른 친구에게 그는 말한다.

사랑하는 하느님께선 아마 내게 이렇게 묻진 않으실 거야. 왜 너는 판검사가 되지 않았느냐? 아마 이렇게 말씀하실걸. 어린애 같은 녀석이 다시 왔구나. 그리곤 내게 쉬운 일을 맡기실 거야. 애보기 같은 것 말이야.(96)

임종을 맞아 후회하는 크눌프에게 신이 말한다.

진정, 자네가 가장이 되고, 직공장이 되어 처자식을 거느리면서 저녁엔 주간신문이나 뒤적이는 사람이 되고 싶었단 말인가? 당장 그곳을 뛰쳐나와 숲속의 여우굴 옆에서 자고, 새덫을 놓거나 도마뱀을 길들이지 않았을까?(100)

헤세가 찬양하는 삶은 반시민적인 자연 속의 삶이다. 바로 헤세가 다음과 같이 노래하는 '멋진 세계'이다.

종종 나 무서운 '현실'속으로 접어들었었네.
판사, 법, 유행, 환시세를 중히 여기는 그곳으로
하지만 매번 실망에 차 도망쳐 나왔네.
자유로운 저편, 꿈과 축복받은 어리석음이 샘솟는 곳으로.

나뭇가지에 부는 무더운 밤바람

가무잡잡한 얼굴의 집시 여인

어리석은 동경과 시인의 향기가 충만한 세계

나 영원히 속해 있는 멋진 세계

너의 빛이 번쩍이고, 너의 음성이 나를 부른다.(283)

『크눌프』를 아웃사이더의 편력기라고 볼 수도 있으나 정작 이 작품을 쓴 헤세는 여전히 낭만주의의 굴레를 벗어나지 못했다. 마치 아이헨도르 프(Joseph von Eichendorf, 1788~1857)의 소설에 나오는 건달처럼 말이다. 그의 『어느 건달의 삶Dem Leben eines Taugennichts』(1826)에 나오는 건달은 시민적 생업활동에서 기꺼이 빠져나와 방랑생활을 통해 행복을 찾는다. 그러나 이 소설을 단순히 목가적 도피주의라고 치부할 수는 없다. 시민적 물질생활에 대한 비판이 강렬하기 때문이다. 그런 점은 『크눌프』의 경우 더욱더 강조된다. 그는 '크눌프의 추모'라는 부제가 붙은 『방랑 중에』에서 다음과 같이 노래했다.

슬퍼하지 말라, 곧 밤이다,

그럼 우리 창백한 땅 너머

서늘한, 남몰래 웃는 그런 달을 보리,

그리고 손에 손을 잡고 쉬리.

슬퍼하지 말라, 곧 때가 온다,

그럼 우리 안식을 누리리, 우리의 작은 십자가가

환한 길 가장자리에 둘이서 서 있으리,

그리고 비 오고 눈 오고,

또 바람도 불어오고 불어가리.(시선, 84)

동화를 사랑한 헤세

헤세는 제1차 대전 전후로 많은 동화를 창작했다. 그의 동화 사랑은 어린 시절부터 대단했다. 헤세가 살았을 때 각각 출판되었던 동화들을 모아 1975년 독일에서 『동화*Die Märchen*』로 출판한 책이 우리말로는 『환상동화집』으로 나왔다. 동화란 본래 환상적인 것인데 굳이 '환상'이라는 말을 넣은 이유를 모르겠다. 여하튼 『환상동화집』 마지막에 실린 「두 형제」라는 짧은 동화는 헤세가 열두 살 때 쓴 최초의 동화다. 헤세가 1차 대전 전후로 동화를 많이 쓴 것은 동화를 민족주의적으로 이용하려는 정치적 시도에 헤세가 반대한 탓이었다.

헤세 동화의 대표적 작품으로 꼽히는 「아우구스투스」(1913)의 주인공 아우구스투스는 과부 엘리자베트의 아들이다. 그 이웃에 사는 검은 옷의 신비한 노인 빈스방거는 그의 대부로 아우구스투스가 모든 사람들의 사랑을 받도록 해달라는 소원이 이루어지게 한다. 그러나 소원은 재앙이 되어 아우구스투스는 타락해 모든 사람을 경멸하고 쾌락의 대상으로 이용한다. 결국 기혼녀에 대한 사랑의 실패로 자살하기 직전 빈스방거가 나타나 다시 소원을 말해보라고 한다. 그래서 이번에는 모든 사람을 사랑하게 해달라고 하자 과거에 자신이 이용한 사람들이 그를 박해하지만 아우구스투스의 진심을 막지는 못한다.

4장

양심으로
반항하라

시대의 광기를 비판하다

1914년 8월 1일, 독일제국은 러시아와의 전쟁을, 이어 이틀 뒤 프랑스와의 전쟁을 선포하고 중립국인 벨기에를 점령했다. 당시 독일 국적을 가졌던 헤세는 러시아에 대해 분노하고, 다른 독일계 주민들처럼 자발적으로 지원해 신체검사를 받고 병역 미필자들로 구성된 예비군에 배치되었다. 그는 독일에 대한 애국심과 함께 전쟁을 "어리석은 자본주의자들의 평화"로부터 인간을 해방하고 정화시키는 기회로 긍정하면서도 그에게는 인류가 제일 중요하다고 했다. 『데미안』에서도 제1차 세계대전은 "거대한 세계가 알에서 나오려고 투쟁하"(218)는 것으로 그려진다. 당시 토마스 만도 그것을 "독일문화가 물질문명으로부터 해방되는" 것이라고 했다.

　이러한 헤세의 태도는 온건한 애국주의와 평화주의라고 볼 수 있으리

라. 당시의 헤세를 '감상적 애국주의', '국가주의', '혈통적 원산지 귀소본능' 등으로 볼 수도 있다는 견해가 있으나(홍순길, 92) 정말 그럴까? 평범한 시민이자 평화주의자로서 당연한 태도라고 봄이 옳지 않을까? 물론 헤세는 하인리히 만이나 칼 크라우스나 슈테판 츠바이크처럼 처음부터 공개적으로 전쟁에 반대하지 않았고, 후고 발처럼 행동하는 저항그룹에 참가하지도 않았다. 그러나 전쟁은 헤세의 온건한 애국심과 평화주의가 유지되도록 내버려두지도 않았다. 9월에 하우프트만, 리버만, 막스 프랑크, 뢴트켄 등 93명이 그들의 성명서에서 "독일의 군국주의가 없었더라면 독일의 문화는 옛날에 지상에서 자취를 감추었을 것이다"라고 주장하자(프린츠, 158, 재인용) 헤세는 반발했다. 이어 헤세가 서평을 싣던 주간지의 주필이 헤세에게 프랑스, 영국, 러시아, 벨기에, 일본 작가의 작품에 대한 서평을 쓰지 말라고 하자 그는 분노했다.

헤세는 1914년 11월, 〈신 취리히 신문Neue Zürlicher Zeitung〉에 쓴 「오, 친구들이여, 그런 음조로 노래하지 마오O Freunde, nicht diese Töne」에서 "국가의 초비상 시국에 추호도 조국을 배신할 생각이 없고, 군인이 그의 임무를 완수하는 것을 방해할 생각이 없다"라고 하면서도 민족 간의 증오를 불러일으키는 예술가들을 비판하고 예술은 국경을 넘어서야 한다고 주장하고 "훌륭한 영국책이 나쁜 독일책보다 더 낫다고 보는 독일인의 용기"(홍순길, 347)를 요구했다. 그 즉시 헤세에게 변절자라느니 조국을 배신한 기회주의라느니 하는 비난이 쏟아졌다.

반면 프랑스는 헤세에게 감사했다. 로맹 롤랑은 베른으로 헤세를 방문하여 평화의 숭고한 가치를 공유했다. 후고는 뒤에 "이 글에서 헤세는 유럽의 예술가들과 사상가들을 되살려냈다. 아주 작은 평화라도 보존하기 위해, 자신들이 살고 있는 땅에서만이라도 평화를 보존하기 위해"라고 썼다.(레츠, 141, 재인용)

1915년 여름부터 4년간 혜세는 베른의 독일영사관의 협력 하에 프랑스에 있는 독일 포로들에게 책을 보내는 자원봉사단을 조직하고 포로들에게 책을 공급하는 활동을 시작했는데, 이는 전쟁이 끝난 뒤까지 계속되었다. 1915년 10월에 〈신 취리히 신문〉에 발표한 「다시 독일에」라는 글에서 그는 "크나큰 궤변에 찬성하고 수천의 무고한 사람들의 피와 고통에서 나온 더 순수한 삶의 기류를 칭송할 수 없"다고 했다.(홍순길, 295, 재인용) 2주 뒤 〈퀼른 일간신문〉에 그를 "전쟁 기피자"로 "오래 전에 내심 고향의 흙을 구두에서 털어버린 조국 없는 놈으로 떠돈다"(홍순길, 296, 재인용)라고 비난하는 익명의 기사가 실렸고, 이어 그를 비방하는 수많은 편지가 그에게 쏟아졌다. 혜세는 이에 반박하는 기사를 실었고, 그의 친구인 테오도르 호이스는 그를 변호하는 글을 발표했다.(홍순길, 297-300) 독일 영사관도 혜세가 군에 지원했었고, 포로구호소에서 전시복무를 하고 있음을 증명해주었다.

그러나 전쟁이 진전되면서 전쟁에 대한 혜세의 낙관주의적 견해는 비관주의적으로 변했다. 전쟁 초기에는 다른 예술가들처럼 전쟁이 사회의 병리를 치료해주리라고 기대했지만, 곧 자신의 생각이 잘못이었음을 깨닫게 된 것이다. 그래서 그는 더욱 외로움을 느꼈다. 혜세는 「이력서 *Lebenslauf*」에서 "작가들이 전쟁을 축복하는 사설을 쓰고, 교수들이 전쟁을 선동하고, 유명 시인들이 전쟁과 관련된 시를 쓰는 걸 보면, 나 자신이 점점 더 비참해지는 걸 느낀다"라고 하면서 그런 심사를 솔직하게 드러냈다. 그러나 우리는 이러한 시대의 광기에 대한 헤세의 비판이 제1 차 세계대전 이후에 생긴 것이 아니라 훨씬 전부터 제기된 것임을 주목해야 한다. 특히 그것은 무지한 사람들이 아니라 소위 교양 있는 사람들에게 나타나는 패륜광과 같은 현상에 대한 비판이었음을 주목해야 한다.

전쟁과 그레저

1914년 전쟁이 터지자 그레저의 생활은 어려워졌다. 헤세와 달리 병역을 거부해야 한다고 주장했기 때문에 그는 이미 범죄를 저지른 것이나 마찬가지였다. 1915년 슈투트가르트 당국은 매주 일요일 열린 그의 '숲의 명상'을 금지했다. 대신 그는 자기가 머문 집에서 『노자』 번역을 낭독했지만 곧 체포되었고, 빈을 거쳐 부다페스트로 연행되었다. 이로 미루어보면 오스트리아 경찰에 체포된 것으로 짐작된다.

그 후 그는 군대 깃발에 경례하는 것을 거부하여 6주간의 금고를 선고받았다. 고향의 군 구치소에서는 제복 입기를 거부하여 총살당할 예정이었으나 총살 대신 정신병원에 수용되었다. 그 후 반년 뒤에 정신이상자라는 이유로 석방되었다. 그레저는 폭력에 대해서는 비폭력 무저항주의로 일관했다. 그러나 자신의 주장은 분명히 밝혔다. 그에게는 조국, 문화, 그리고 기독교가 적이었다.

1916년 그레저는 열차 속에서 쓴 장대한 교훈시 「벗이여, 고향에 돌아가라」에서 자기 자신에의 복귀를 반제국주의의 슬로건으로 제시했고, 또 「인간이여, 고향에는 대지가 필요하다」에서는 즐거움과 행복의 내면적인 고향은 결코 강탈당할 수 없고, 도리어 거기에서는 자기 자신의 마음이 삶의 무기로 투입되어야 한다고 썼다. 같은 해 그레저는 정신병원에서 헤세에게 편지를 보내어 델과 자녀들을 도와달라고 부탁한다. 당시 헤세는 융에 심취해 있었다. 융은 프로이트에 반대하고 자신은 신화나 상징의 측에 선다고 선언했다. 헤세는 위험을 무릅쓰고 그레저의 체포에 항의하는 글을 썼고, 융에 근거하여 예술가에게는 자신의 신념을 표명하는 특별한 방법이 있다는 내용의 에세이 「예술가와 정신분석」(1918)을 발표했다. 그 후 9년 만에 다시 그레저를 만난 헤세는 『데미안』을 쓴다.

1918년 그레저는 다시 취리히에서 체포되었다. 이어 자신처럼 방랑자를 자처하며 자신을 따른 호이서에게 사기를 당한다. 형이 아스코나에 남긴 유산, 즉 두 채의 건물 부지에 2천 그루 나무가 있는 약 4천 평의 땅을 사기 당한 것이다. 그레저는 이에 항의하지 않았고 다른 곳에 작은 집을 빌려 가족과 함께 살았다. 이어 그는 헤세에게 편지를 보내 자신은 뮌헨에 가서 혁명가들에게 비폭력을 가르치겠다고 하며 동행을 부탁한다. 그러면서 만일 동행할 수 없다면 동봉하는 『노자』 번역을 출판해달라고 했다. 『노자』는 헤세에게 영향을 미쳤다. 그는 그 번역이 당대 유럽인에게 부과된 유일한 정신적 과업이라 주장하고, 『싯다르타』(1922)에 나오는 성자는 부처보다도 노자에 가깝다고 말했다.

도덕과 이성을 넘어

1916년 3월, 헤세의 아버지가 죽었다. 자신이 불참했던 어머니 장례식과 달리 그는 아버지의 장례식에 참석한 뒤 루체른의 요양소에서 정신분석 치료를 받았다. 이는 전쟁의 충격과 포로들을 위한 격무, 막내아들 마르틴의 중한 병, 부부관계의 위기 등등으로 인한 정신적 위기를 극복하기 위한 것이기도 했다. 당시 아내는 정신병을 앓아 정신병원에 입원했다. 당시의 심정을 그는 「제외된 자」에서 다음과 같이 노래한다.

구름은 엉켜 비틀리고,
소나무는 폭풍우에 휘어지고,
붉은 저녁의 태양열,
산과 나무에는
마치 고통의 꿈처럼
신의 손이 내려 있다.

축복 없는 세월,
모든 길에는 폭풍우,
어디에도 고향은 없고,
오직 미로와 오류뿐!
나의 영혼에
신의 손은 무겁다.

그리고 모든 죄로부터

모든 어두운 심연으로부터

오로지 하나 갈구하는 바,

그것은 끝없는 평온을 바라보고

그리고 무덤에 가서

다시 돌아오지 않는 것이다.

헤세의 1916년 5월의 요양원 체험을 중시하는 견해가 있다. 그 전까지 세상의 요구에 맞추어 어떻게 하든 모범학생, 모범시민이 되려고 노력했으나 그렇게 되지 못한 탓으로 결국 그는 정신병원에 입원하여 자신을 되돌아보았다는 것이다. 헤세가 정신병원에서 스스로 내린 결론은 자신이 옳았다는 것이고, 그 뒤로 모든 도덕적 굴레에서 자유를 추구하는 것으로 바뀌었으며, 그 최초의 결단이 반전론이라는 견해다. 물론 그의 반전론은 그전부터 시작되었으나 이때 비로소 그것이 더욱 확고해졌다는 것이다. 이를 헤세 삶의 하나의 전환이라고 인정한다고 해도 그것을 마치 근본적인 전환인 양 과도하게 강조할 필요는 없다. 또한 이러한 견해를 밝힌 사람은 헤세가 어린 시절부터 그때까지의 불행이 자신 탓이 아니라 타인 탓이라고 생각했듯이, 독일인도 전쟁의 책임을 자신 탓이 아니라 다른 것(가령 어떤 주의)에서 찾는데, 폭력의 고리는 개인이 각자 자신의 책임을 묻기 시작할 때 비로소 끊어진다는 자각이라고 말한다.

우리들의 불행에 대한 책임, 우리들 삶을 허무에 빠뜨리고, 잔인하게 황폐화시킨 책임, 기아에 대한 책임, 모든 죄악과 비극에 대한 책임을 져야 하는 것은 어떤 이념이나 주의가 아니다. 그에 대한 책임은 우리에게, 우리들 자신에게 있다. 그리고 그것은 우리에 의해서만, 우리들의 인식과 의지에 의해서만 변할 수 있을 것이다.(프린츠, 177, 재인용)

그러나 헤세 자신은 이러한 변화에 대해 「짤막한 자서전」을 통해 다르게 밝혔다. 즉 앞에서 말한 〈쾰른 일간신문〉에 자신을 "전쟁 기피자"로 비난한 글이 실린 사건에서 비롯되었다고 말이다.(197)

나의 고통의 책임을 나의 외부에서가 아니라 나의 내면에서 찾을 필요가 있음을 오래지 않아 깨달았던 것이다. 왜냐하면 온 세계가 광란과 야만의 상태에 빠졌다고 비난할 권리는 인간에게도 신에게도 없고, 더더구나 나에게는 없다는 것을 인식했기 때문이었다. 내가 전 세계의 움직임과 갈등을 일으키게 되었다면, 나 자신의 내면에 여러 가지 무질서가 잠재해 있음에 틀림없는 것이다. …시간이 흐르면 이 민족도, 전부가 그렇게 되지는 않더라도 일부나마 각성하여 책임을 느끼는, 나와 비슷한 시련을 겪고 나쁜 전쟁, 나쁜 적, 나쁜 혁명에 대한 비난과 욕설 대신에 가슴마다 어떻게 하여 내가 공범자가 되었는가, 그리고 어떻게 하면 내가 역시 이 죄에서 벗어날 수 있을까 하는 의문을 갖게 되기를 바랐다. 왜냐하면 우리가 책임을 다른 사람에게 전가하는 대신 우리의 고통과 죄책을 인식하고, 그것을 끝까지 견뎌나가면 언제나 다시 그 죄책을 벗어날 수 있기 때문이다.(198-199)

여기서 우리는 1916년 여름부터 루체른 교외에서 헤세에게 심리치료를 한 요제프 베른하르트 랑 박사가, 그 뒤에 헤세가 쓴 『데미안』에서 자아의 비밀을 풀어주는 파이프오르간 연주자인 피스토리우스로 재현되었음에 주목할 필요가 있다. 랑은 융(Carl Gustav Jung, 1875~1961)의 제자였다. 랑은 외부의 삶에서 벌어지는 모든 사건에 대한 해석과 책임은 개인 자신에게 있다는 가톨릭적 견해의 소유자였다. 그러나 랑은 헤세를 의사로서 대했다기보다도 친구로서 대했다.

랑의 배려로 정신적 위기를 벗어난 헤세는 융과도 알게 되었다. 심리학자들과의 만남 덕분에 헤세는 새로운 세계에 눈을 뜬다. 자신 속에 있었던 무의식의 세계는 막연하고 단편적인 것이었으나 정신분석에 의해 그 전모를 볼 수 있게 된 것이다. 융 심리학에서는 무의식의 저변에 존재하는 아니마가 개인의 인격을 크게 좌우한다. 헤세의 작품에서도 아니마의 발달 단계가 나타났다. 여성성에 크게 좌우되었던 헤세가 거기에서 벗어날 수 있었던 것은 랑의 정신분석 덕이었고, 그 결과가 『데미안』이다.

전쟁이 길어지면서 군복무 거부자들이 생겨났다. 그들은 조롱을 당했지만 헤세는 그들에 동감하고 언젠가 군복무를 대체 근무로 돌리기를 기대했다. 헤세도 1917년 3월 징집을 당했다. 처음엔 거부할 참이었으나 그의 포로구호사업 동료에 의해 징집은 취소되었다. 그 무렵 헤세는 자신의 포로구호사업도 조국을 위한 봉사나 대체 복무로 생각하지 않고, 인간적 가치가 있는 일을 한다는 개인적인 이유에서 수행했다.

■　* 남성이 지니는 무의식적인 여성적 요소로 기저에 있는 여성성을 말한다. 반면 여성이 지니는 무의식적인 남성적 요소는 아니무스라고 한다.

헤세는 평화주의자 중에서도 방관자를 비판했다. 그는 그들이 도덕적 훈계로 평화를 이룩할 수 있다고 말로만 떠들기 때문에 그들을 비판한 것이 아니라, 그들이 그렇게 믿는다는 것 자체를 비판했다. 그래서 도덕이나 이성은 아무 소용이 없고, 그보다 더 깊은 인간 내면이 중요하다고 보았다. 헤세는 당시 유럽이 집단 노이로제에 사로잡혔고, 사람들이 마음속에서 전쟁을 시인하는 한 집단학살은 계속된다고 생각했다.

도덕이나 이성을 넘어서는 마음을 찾은 헤세는 "고상한 예의와 예절을 지키기 위해 수많은 진실을 회피한" 페터 카멘친트 같은 주인공이 아니라, 도덕과 이성을 넘어 자기 내면에 귀를 기울여야 각자를 올바른 삶으로 이끈다는 데미안 같은 주인공을 창조하게 되었다. "내 마음에서 우러나오는 대로, 바로 그렇게 살려고 했을 뿐이다"라는 말로 시작되는 『데미안』은 전쟁 중에 쓰였다.

『데미안』

제1차 세계대전 중 헤세는 창작에 몰두하지 못했다. 독일 정부가 헤세가 집필한 모든 정치적 표현물의 발행을 금지했기 때문이다. 헤세는 전쟁에 반대하는 글을 필명으로 발표해야 했다. 『데미안』도 에밀 싱클레어라는 필명으로 발표되었다. 그 이름은 프리드리히 횔덜린의 친구로 박해받은 공화주의자였던 이자크 폰 싱클레어(Issac von Sinclair, 1775~1815)를 연상시켰다. 『데미안』은 초기의 『페터 카멘친트』, 『수레바퀴 아래서』, 『크눌프』와 마찬가지로 어린이가 성년이 되어가는 과정을 다룬 성장소설로서 역

Demian
die Geschichte einer Jugend
von
Emil Sinclair

S. Fischer Verlag
Berlin
*

『데미안』의 초판본

시 우정과 사랑이 중요한 구성 요소이다.* 그러나 그 성장의 내력은 앞의 어느 작품보다 심각하다. 그 귀결이 제1차 세계대전이기 때문이다.

『데미안』에서도 헤세는 신비주의적인 압락사스의 제례의식을 숭상하는 동양으로 향했지만 그 동양은 더는 인도가 아니었다. 또한 꿈의 세계와 심리분석을 도입함으로써 내면적 통찰은 더욱 심오해졌다. 특히 앞에서 말했듯이 당시 헤세에게 심리치료를 했던 랑이 자아의 비밀을 풀어주는 파이프오르간 연주자인 피스토리우스로 등장한다.

『데미안』은 모두 8개의 장으로 이루어졌는데, 이를 세 부분으로 나눌 수 있다. 싱클레어가 데미안과 고향에서 지내는 1~3장, 싱클레어가 데미안과 헤어져 St.라는 도시의 기숙학교에 다니는 4~6장, 그리고 전쟁이 터져 싱클레어가 데미안과 입대하여 중상을 입는 7~8장이다.

새로운 내면세계와 만나다

『데미안』은 전쟁이 한창인 1916년부터 쓰였다. 이는 처음에 나오는 "그 하나하나가 자연의 단 한 번의 소중한 시도인 사람을 무더기로 쏘아 죽"(8)인다는 구절에서부터 알 수 있다.

만약 우리가 더 이상 단 한 번뿐인 소중한 목숨이 아니라면, 우리들 하나

■ * 따라서 소설의 내용은 그런 우정과 사랑의 이야기로 엮어진다. 종래 이러한 이야기를 중심으로 한 해설이 『데미안』에 대한 해설의 주류를 이루었으나 나는 주로 유럽문명과 관련지어 설명한다.

하나를 총알 하나로 정말로 완전히 세상에서 없애버릴 수 있다면, 이런저런 이야기를 쓴다는 것은 아무런 의미가 없으리라. 그러나 한 사람 한 사람은 그저 그 자신일 뿐만 아니라 일회적이고, 어떤 경우에도 중요하며 주목할 만한 존재이다. 세계의 여러 현상이 그곳에서 오직 한 번 서로 교차되며, 다시 반복되는 일은 없는 하나의 점인 것이다. 한 사람 한 사람의 이야기가 중요하고, 영원하고, 신성한 것이다.(8)

이어 헤세는 "한 사람, 한 사람의 삶은 자기 자신으로 이르는 길이다. 길의 추구, 오솔길의 암시이다"라고 한다. 그리고 "우리는 서로를 이해할 수는 있다. 그러나 의미를 해석할 수 있는 건 누구나 자기 자신뿐"이라고 한다.(9) 여기서 헤세가 몇 번이나 "한 사람"을 강조했다는 데 주목하자. 이 소설이 무더기 총알받이로 죽는 비인간적인 전쟁에 대한 거부이자 이를 초래한 국가주의에 대한 비판이지 추상적인 한 인간의 성장사라는 교육학적인 도식에 의해 쓰인 성장소설이 아니라는 뜻이기 때문이다.

『데미안』은 '두 세계'의 묘사로 시작된다.(1장) 하나는 부모, 사랑과 엄격함, 모범과 학교의 세계이고, 다른 하나는 하녀들과 노동자, 유령과 스캔들의 세계이다. 즉 시민적 세계와 반시민적 세계이다. 어린이들의 세계도 두 개다. 하나는 주인공 싱클레어처럼 라틴어학교를 다니는 시민계층 아이들의 세계이고, 다른 하나는 공립학교를 다니는 노동자계층 아이들의 세계이다. 싱클레어는 "젊은 직공들의 걸음걸이와 말투를 흉내 내는" 악동 크로머를 만나 황당한 도둑질 이야기를 꾸며내어 위협을 당하게 되면서 "세계가 내 주위에서 무너졌"고 "모든 흉측하고 위험한 것이 나에게 맞서고 있"음을 느끼고 그의 세계로 빠져든다.(20) 그러다 다른 아이들보다 성숙하고 "선생님들에게 맞서는" 급우 데미안이 '카인'을 찬양하는 소리를 듣고 크로머 때문에 밝은 부모의 세계를 배반한 자신도 카인임을 깨닫는다.

> 그렇다, 그때 나는 카인이었고, 그의 표적을 달았던 나는 이 표적은 치욕이 아니라고, 이건 표창이라고 함부로 상상했다. 악의와 불행을 겪었기 때문에 내가 우리 아버지보다 더 높은 곳에, 선하고 경건한 사람들보다 더 높은 곳에 서 있다고.(43-44)

심지어 그는 "아버지를 습격하여 살해하는 꿈"을 비롯한 악몽에 시달린다.(46)

> 꿈속에서 나는 전적으로 그의 노예였다. 나는 현실에서보다 더 많은 이 꿈들 속에서 살았다. 나는 본래 꿈을 많이 꾸는 편이었다. 이 그림자로 하여 나는 힘과 활기를 잃었다. 다른 꿈도 꾸었지만 크로머가 나를 학대하는 꿈, 나에게 침을 뱉고 나에게 올라타 무릎으로 짓누르는 꿈을 꾸었다. 그리고 더 고약한 것은, 심한 범죄를 저지르도록 나를 유혹하는 꿈이었다. 유혹했다기보다는 그의 막강한 영향력을 그냥 마구잡이로 행사하는 것이었다. 이 꿈들 중 가장 무서운 꿈, 내가 반은 미쳐서 깨어나는 꿈은 아버지를 습격하여 살해하는 꿈이었다.(46)

아버지 살해의 꿈은 싱클레어가 밝은 세계만을 인정하는 단계에서 벗어났음을 뜻한다. 한편 데미안의 어머니는 교회에도 가지 않고 유대인이나 회교도일 수 있었다.(45) 싱클레어는 데미안을 통해 크로머로부터 벗어나 밝은 세계로 돌아가지만, 몇 년 뒤 견진성사를 받기 위한 종교수업에서 데미안을 다시 만난다. 데미안은 싱클레어에게 '예수 옆에 매달린 도둑'의 이야기를 통해 기존 선악규범의 세계에서 벗어나 투쟁하도록 가르친다.

> 회개하지 않은 그 도둑이야말로 사나이잖아. 개성이 있고 말이야. 그는 개종 따위를 우습게 알았어. 그런 건 그의 처지에서는 그저 듣기 좋은 말이겠지. 그는 자신의 길을 끝까지 갔어. 그리고 자신이 거기까지 가도록 도와준 악마로부터 마지막 순간에 비겁하게 도망가지는 않았어.(82)

데미안은 예수 옆의 도둑이야말로 용기와 개성을 가진 프로메테우스와 카인의 후예라고 한다. 나아가 데미안은 기독교에서 말하는 유일신의 세계 외에 다른 세계도 있다고 말한다.

> 바로 사람들이 신을 모든 생명의 아버지라고 기리면서도, 생명이 거기에 근거하는 성생활은 간단히 묵살하고 어쩌면 악마의 일이며 죄악이라고 선언하는 거야! 이런 신을 여호와라고 존경하는 것에 대해서는 전혀 반대하지 않아. 조금도 반대하지 않아. 하지만 우리는 모든 것을 존경하고 성스럽게 간직해야 한다고 생각해. 인위적으로 분리시킨 이 공식적인 절반뿐만

아니라 세계 전체를 말이야! 그러니까 우리는 신에 대한 예배와 더불어 악마 예배도 가져야 해.(83)

싱클레어는 그 이야기에 저항하면서도 모든 금기와 선입견에서 점차 자유로워진다. 견진성사를 받은 후 싱클레어와 데미안은 각자 다른 도시로 떠난다.

세계라는 알을 깨트려라

싱클레어도 고향을 떠나 St.라는 도시에 있는 기숙학교로 전학해 다시 어두운 세계에 빠진다. 술을 마시며 타락된 생활에 젖어 결국 학교를 쫓겨날 지경에 이른다. 그 무렵 만난 어떤 소녀를 그는 베아트리체라고 부르면서 『신곡』에 나오는 그녀의 그림을 보며 혼자 그리워한다. 그의 마음 속 그녀는 그를 엄청나게 변화시킨다. 짝사랑도 이렇게 위대할 수 있는 것일까? 어쩌면 짝사랑이기에 그런 변화를 가져오는지도 모른다.

이 베아트리체 예배는 나의 삶을 송두리째 바꾸어놓았다. 어제만 해도 조숙한 냉소주의자였는데 나는 지금 성인이 되겠다는 목표를 지닌 사원의 하인이었다. 나는 내가 익숙했던 평범한 삶을 떨쳤을 뿐만 아니라, 모든 것을 바꾸려고 했다. 모든 것에 정결함, 고귀함, 품위를 부여하려 했다. 먹고 마시면서도, 말을 하고 옷을 차려입으면서도 나는 그 생각을 했다. 냉수욕으로 아침을 시작했다. 처음에는 심하게 자신을 다스려야 했다. 진지하고 품위 있게 처신했으며, 몸을 꼿꼿이 했고, 나의 걸음걸이를 좀 더 느리고 품위 있게 했다. 구경꾼에게는 우스꽝스럽게 보였을지도 모른다. 나의 내면에서 그것은 모두 예배였다.(108-109)

방탕한 삶을 일삼던 싱클레어는 어느 날 갑자기 남자도 여자도 아닌 기이한 형상을 떠올리고 그 무의식의 신호를 그림으로 그리기 시작한다. 처음에는 베아트리체, 다음에는 자신이나 데미안을 닮은 듯했다가 결국에는 현실에서는 모르지만 꿈속에서는 너무나 친근한 어떤 이상적인 이미지가 그려진다.

빛이 사라지고 나서도 오랫동안 나는 그것을 마주보고 앉아 있었다. 그런데 차츰차츰 그것은 베아트리체도 데미안도 아니며 나라는 느낌이 왔다. 그 그림은 나를 닮지 않았으며 그럴 리도 없다고 느꼈다. 그러나 그것은 나의 삶을 결정한 것이었다. 그것은 나의 내면, 나의 운명 혹은 내 속에 내재하는 수호신이었다. 만약 내가 언젠가 다시 한 친구를 찾아낸다면, 내 친구의 모습이 저러리라. 언제 하나를 얻게 된다면 네 애인의 모습이 저러리라. 나의 삶이 저럴 것이며 나의 죽음이 저럴 것이다. 이것은 내 운명의 울림이자 리듬이었다.(112-113)

그러다 그녀가 사실은 데미안임을 알고 그에게 편지를 쓴다. 그리고 다음과 같은 글이 쓰인 쪽지를 받는다.

새는 알에서 나오려고 투쟁한다. 알은 세계다. 태어나려는 자는 하나의 세계를 깨뜨려야 한다. 새는 신에게로 날아간다. 신의 이름은 압락사스다.(123)

싱클레어는 도서관을 뒤지며 압락사스에 대해 조사하지만 문헌으로 알 수는 없었다. 오랜 시간이 지나고서야 그는 그 알은 두 가지 세계임을 알게 된다. 하나는 기존 선악규범의 세계이다. 선을 대표하는 유일신을 대신하는 것이 압락사스로 그 신은 천사와 악마, 선과 악, 정신과 감각이 조화를 이룬다.

다만 서서히 그리고 무의식적으로, 이 완전한 내면적인 영상과 바깥으로부터 내게로 온, 찾아야 할 신에 대한 신호 사이에서 하나의 결합이 이루어졌다. 그리고 이 결합은 그 후 더 긴밀해지고 더 내밀해졌으며 나는, 내가 바로 이 예감의 꿈속에서 압락사스를 불렀음을 느끼기 시작했다. 희열과 오싹함이 섞이고, 지고와 추악이 뒤얽혔고, 깊은 죄에는 지극한 청순함을 통해 충격을 주며, 나의 사랑의 꿈의 영상은 그러했다. 그리고 압락사스도 그러했다. 사랑은 이제 더는 처음에 겁을 먹고 느꼈던 것처럼 동물적인 어두운 충동이 아니었다. 그리고 그것은 이제 또한 더는 내가 베아트리체의 영상에다 바친 것 같은 경건하게 정신화된 숭배 감정도 아니었다. 사랑은 그 둘 다였다. 둘 다이며 또 훨씬 그 이상이었다. 사랑은 천사상이며 사탄이고, 남자와 여자가 하나였고, 인간과 동물, 지고의 선이자 극단적 악이었다. 이 양극단을 살아가는 것이 나에게는 운명으로 정해져 있는 것처럼 보였다. 이것을 맛보는 것이 나의 운명으로 보였다. 나는 운명을 동경했고, 운명을 두려워했지만, 운명은 늘 거기 있었다. 늘 내 위에 있었다.(127-128)

『데미안』에서 가장 경계하는 인간은 압락사스의 이중성과 삶의 다양성을 받아들일 용기가 없이 주어진 제도와 규칙에 안주하는 평범한 시민이다.

내 속에서 솟아나오려는 것, 바로 그것을 나는 살아보려고 했다. 왜 그것이 그토록 어려웠을까?
자주 나는 내 꿈속 강렬한 사랑의 영상을 그려보려 했다. 그러나 한 번도 성공하지 못했다. 성공했더라면, 나는 그 그림 종이를 데미안에게 보냈을 텐데. 그는 어디에 있는 것일까? 나는 알지 못했다. 내가 아는 건 오직, 그가 나와 결합되어 있다는 것뿐. 언제 그를 다시 볼 수 있을까?(129)

그 선악의 세계는 오르간 연주자 피스토리우스를 거쳐 데미안의 어머니 에바 부인을 통해 통일된 하나의 세계로 나아간다. 피스토리우스는 인간은 각자의 내면에 잠재된 인간이 될 가능성을 예감하고 그것을 의식하는 법을 배워야 그 가능성이 자기 것이 된다고 말하지만 그와 헤어진다. 그 뒤에 만난 에바 부인은 싱클레어가 꿈속에서 찾던 바로 그 여인이었다. 이는 앞에서도 보았듯이 전쟁과 아버지의 죽음으로 전환을 가져온 새로운 내면세계이다. 깨어나야 할 알은 동시에 낡은 유럽이라는 알이다. 뒤에 성장한 데미안이, 불안과 공포와 당황에 의해 강요되어 부패하고 붕괴 직전인 집단과 패거리 짓기가 기세를 떨치고 있을 뿐 자유와 사랑이 없는 곳이라고 말하는 유럽이다.

> 지금 연대라며 저기 저러고 있는 것은 다만 패거리 짓기일 뿐이야. 사람들이 서로에게로 도피하고 있어. 서로가 두렵기 때문이야. 신사들은 신사들끼리, 노동자는 노동자들끼리, 학자는 학자들끼리! 그런데 그들은 왜 불안한 걸까? 자기 자신과 하나가 되지 못하기 때문에 불안한 거야. 그들은 한 번도 자신을 안 적이 없기 때문에 불안한 거야. 그들은 모두가 그들의 삶의 법칙들이 이제는 맞지 않음을, 자기들은 낡은 목록에 따라 살고 있음을 느끼는 거야. 종교도, 도덕도, 그 모두가 이제는 우리가 필요로 하는 것에 맞지 않아. 백 년 그리고 그 이상을 유럽은 그저 연구만 하고 공장이나 지었지. 사람들은 정확히 알아. 사람 하나 죽이는 데 화약이 몇 그램 필요한지.(182)

그리고 데미안은 곧 싸움, 즉 노동자 투쟁이나 전쟁이 벌어지겠지만 그것이 세계를 개선하지는 못하고 주인만 바뀐다고 본다. 그러나 "우리 유럽이 한동안 자신의 기술 및 학문의 대목시장을 펼쳐놓고 소리소리 질러대는 통에 들리지 않았던 인류의 의지가 드러날 거야. 그리고 그다음에는 인류의 의지가 결코 그 어디서도 오늘날의 공동체들, 국가들과 민족들, 협회들과 교회들의 의지와 같지 않다는 것이 드러나겠지. 오히려 자연의 의지는 개개인들 속에 적혀 있어. 네 마음속에 그리고 내 마음속에. 예수 속에 적혀 있고 니체 속에 적혀 있지"라고 본다.(183) 싱클레어는 대학생들을 보며 고향의 관리 신사를 생각한다.

> 몇 년 술 퍼마시고 방종한 생활을 하다가, 그다음에는 밑으로 기어들어 국가에 봉사하는 근엄한 신사가 된 것이다. 그렇다. 썩어 있었다. 우리 사는 곳은 썩어 있었다. 그리고 세상에는 이 대학생들의 멍청함보다 더 멍청하고 더 나쁜 수백 가지 다른 멍청함들이 있었다.(185)

그리고 전쟁이 터진다. 데미안은 "우리들 누구나 큰 수레바퀴 안으로 들어와버렸어"(214)라고 하며 참전한다. 이제 『수레바퀴 아래서』는 전쟁의 참화이다. 싱클레어는 처음에 전장에 나가는 사람들이 이상을 좇는다고 보았지만 곧 그렇지 않음을 깨닫는다.

> 그들의 유혈의 위업은 오로지 내면의, 그 자체 안에서 산산이 파열된 영혼의 발산이었다. 새로 태어날 수 있기 위하여 광분하여 죽이고, 말살하고, 죽으려는 영혼의 발산이었다. 거대한 세계가 알에서 나오려고 투쟁하고 있었다. 알은 세계였고 세계는 짓부수어져야 했다.(218)

그 파괴의 전장에서 부상당한 데미안(사실은 이름도 모르는 병사)은 마찬가지로 부상당한 싱클레어에게 키스하며 죽는다. 싱클레어는 데미안이 본래 인도자가 아니라 자신의 내면에도 계속 존재해온 것을 일깨워준 존재임을 인식하는 것으로 소설은 끝난다.

『데미안』은 이렇게 모호하게 끝나지만 처음에서 강조되었듯이 한 사람 한 사람의 자기실현을 가장 중요하게 생각해야 한다고 주장함에 틀림 없다. 싱클레어와 데미안은 제1차 세계대전**을 초래한 유럽문명의 희생양으로서 새로운 세계로 나아가는 상징으로 그려진다. 하지만 『데미안』에서 막연히 암시된 그 새로운 세계가 무엇인지는 아직 그려지지 않았다. 그 새로운 세계는 헤세 만년의 작품인 『유리알 유희』의 이상세계에서 그려지는 만큼 우리는 좀 더 기다려야 한다. 그러나 기존 도덕의 타파에 대한 헤세의 열망이 『데미안』에서 더욱 치열해진 것만은 분명하다.

『데미안』은 무서운 책이다. 우리에게 기존 도덕을 타파하라고 요구하기 때문이다. 그 기존 도덕이란 봉건적 비인간주의의 도덕이고, 물질에 젖은 자본주의 도덕이다. 『데미안』은 우리를 둘러싼 현실을 거부하라고 요구하는 것이다.

■ * 이 점과 관련하여 1929년 W. E. 쥐스킨트는 싱클레어를 "한편으로는 주관적인 개성 탐구로부터, 다른 한편으로는 문명으로부터 벗어나 청소년운동이 제공을 약속하고자 한 공동체에로의 도주로를 추구하는 청년의 유형"이라고 보았다.(W.E. Süskind, *Jugend als Lebensform*, Neue Rundschau, Nr. 40, Bd. 1(1929), S.823.) 나아가 이러한 공동체 형성은 일종의 전쟁 긍정과 연결된다고 볼 수도 있었다. 특히 소설의 결말에 나오는 운명의 개념이 니체가 비호하는 새로운 엘리트 인간에 대한 희망으로 나타나 근거 없는 역사 숙명론으로 급격히 변화되면서, 전쟁 발발이 새로운 인간에 그 삶의 의미가 운명으로 변화되는 계기로 이해되었다. 이는 헤세의 평화주의와 모순되는 것이면서도 함께 나타난다는 점에서 지극히 모호한 헤세의 입장을 보여준다. 이러한 점은 뒤의 작품인 『황야의 이리』가 나치스 학생동맹과 연관되었다는 혐의와 함께 헤세 문학의 가장 심각한 문제점으로 지적할 수 있지만 한국에서는 전혀 문제가 되지 않았다. 즉 자본주의적 문화와 합리적 사상에 등을 돌리고 인간의 전체적 파악과 자연과의 일체감 속에서 인간의 구원을 추구하는 헤세 사상이 당시의 동맹청년운동과 연관되는 부분이 있었다는 것이다.

** 전영애는 제2차 대전이라고 하나(232) 의문이다.

『데미안』은 인격 완성 소설인가?

앞에서 우리나라 독문학자들이 쓴 "『데미안』에 대한 모든 논문들은 동일한 주제, 즉 자신감을 가진 완성의 상태에 도달한 싱클레어"를 다루고 있다는 견해(조창현, 244)를 소개했다. 가령 다음과 같은 것이다.

> 헤세에게 인간은 불완전한 존재로서 부단한 노력을 통해서만이 완전한
> 존재에 가까워질 수 있는 하나의 이상으로 보여지며, 주인공 또한 이러한
> 가능성으로서의 삶의 고투 속에 겪게 되는 양극의 대립을 조화로운 합일
> 로 이끌었던 것이다.*

그러나 이 소설은 1947년 『데미안』 미국판 서문에서 토마스 만이 말한 대로 "당시 시대의 핵심을 이야기할 수 없을 정도로 정확하게 적중시"킨 작품으로 봄(황진, 225)이 옳다. 전쟁의 책임을 다른 사람이 아니라 자신에게 돌리며 죽어가는 태도를 봐도 그렇다. 여기서 헤세는 결코 인간을 우리 학자들이 동양적인 것이라고 말하듯이 "조화롭게 완성된 단일성"으로 보지 않는다. 조화는커녕 혼돈과 무질서를 초래한 파괴적 전쟁의 원인을 인간의 이원성, 즉 정신과 감각, 선과 악의 대립으로 본다. 이 같은 대립의 극복을 통해 다시 "조화롭게 완성된 단일성"을 추구하는 것이다.

■ * 김보성, 「H. Hesse의 Demian 연구: Emil Sinclair의 자아상실과 자아」, 중앙대 대학원, 1996, 2쪽.

『어린 아이의 영혼』

1916년 아버지의 죽음 이후 쓴 『어린 아이의 영혼*Kinderseele*』은 아버지를 거룩하게 회상하기 위한 작품이 아니다. 도리어 무서운 권위였던 아버지를 청산하려고 쓴 이야기로서 어린 시절 무화과 꾸러미를 훔치는 내용이 주를 이룬다. 어린 아이는 "무언지 모를 아버지의 권위, 그리고 처벌과 양심의 가책이 서려 있"는 거실에서 "주눅이 들고 왜소해지며 불안해져서 쉽게 해방될 수 있는 계단을 향해 서둘러 걸음을 재촉한"다. "아버지의 표정은 아침부터 일그러져 있었으며 당장 야단이라도 칠 것 같은 기색"이고 학교도 지겨워 생활 전체가 무의미하고 역겹다.(184) "삶은 저주스럽고 불쾌했으며 가식적이고 역겨웠다."(187)

반면 친구 오스카 베버는 "몰염치한 생존에의 끈질긴 지혜라든가 위험과 굴욕에 대한 둔감, 돈·가게·공장·물건들·과자·옷 등 생활의 사소하고 실용적인 문제에 대한 능숙한 태도"(185)를 갖고 "나보다는 세상살이에 훨씬 익숙한" 아이로 매력을 발산한다.(185-186)

> 어른들의 생활을 포함한 생활 전체가 언제나 타성에 빠져 있고, 도처에서 하찮은 것과 일상적인 것이 승리하도록 되어 있는데도, 왜 사람은 선의의 아름다움이나 정당함을 그토록 깊이 추구하는 것일까?(188)

그래서 주인공은 "자기비하와 자신에 대한 절망감, 일상적인 것을 경멸하는 이상주의와 일상적인 감각 사이의 방황"을 계속한다.(189)

『방랑』

열세 편의 산문과 열 편의 시로 구성된 『방랑*Wanderung. Aufzeichnungen*』
은 헤세가 포로구호사업에 종사할 때 쓴 책이지만 1920년에야 발표되었
다. 당시 포로구호사업의 과로와 전쟁의 상처로 인해 부인과 함께 정신분
석 치료를 받던 헤세는 주치의였던 제프 베른하르트 랑이 그림을 통해
꿈에 대해 말해보라는 권유에 응하면서 자신이 그림에 재능이 있음을
발견하여 스케치를 하기 시작한다. 덕분에 그는 우울증을 어느 정도 극
복했으나 부인은 정신병원에 있었고 아들들은 친구와 기숙학교에 맡겨
야 했다. 그에게는 새로운 전환이 필요했다. 이는 『방랑』 첫 문단에서 다
음과 같이 표현된다.

> 이 집 근처에서 나는 작별을 고한다. 한참 동안 그런 집을 더는 볼 수 없으
> 리라. 알프스로 넘어가는 고갯길에 가까워지고 있으니 말이다. 독일 풍경,
> 독일어와 더불어 북방의 독일식 건축양식도 여기서 끝이다. 그러한 경계
> 를 넘는다는 것은 그 얼마나 멋진 일인가!(9)

그러나 그는 경계를 "혐오스러운 것," "어리석은 것"이라고 비판한다.

> 경계는 대포와도 같고 장군들과도 같다. 이성과 인간성, 평화가 지배할 때
> 는 사람들은 경계를 전혀 느끼지 못하고 비웃지만, 일단 전쟁과 광기가 발
> 발하면 그것은 즉각 소중하고 성스러워진다. 전쟁을 치르는 동안 경계라
> 는 것이 우리 방랑자들에게는 얼마나 고통이 되고 감옥이 되었는가! 그딴

것은 악마나 데려가라지!(9-10)

그가 북쪽을 버리고 남쪽으로 가려는 것은 시민이나 건전한 상식인이 아니라 방랑객이나 예술가가 되려는 것이지만 그렇게 할 수 없다.

> 황금과 오물, 쾌락과 고통, 어린아이의 웃음과 죽음의 공포, 이 모든 것이 너의 마음속에 있다. 모든 것을 인정하고 무엇이든 회피하려 들지 말며 거짓으로 우물쭈물 넘어가지 않도록 하라! 너는 시민이 아니며 그렇다고 그리스인도 아니다. 조화롭지도 못하고 너 자신을 지배하지도 못한다.(36)

그래서 그는 "너 자신에 대한 믿음이 그 시작"이라고 선언한다. "믿음은 앙갚음이나 죄, 악한 양심, 금욕과 희생제물로써 얻어지는 것이 아니다. 우리가 믿어야 하는 신은 우리의 내면에 있다. 자신을 부정하는 사람은 신을 긍정할 수 없다."(38) 이러한 선언은 뒤의 『싯다르타』를 예감하게 한다.

아내 마리아, 우울증으로 요양소에 입원하다

1918년 11월 제1차 세계대전이 끝나기 전에 헤세는 비교적 안정된 나날을 보냈다. 3월에는 화가 에른스트 크라이돌프(Ernst Kreidolf, 1863~1956)의 지도를 받아 수채화를 그리기 시작했다. 5월부터는 정신분석가 요하네스 놀(Johannes Nohl, 1882~1963)의 도움을 받았다. 놀은 1882년생으로 베를린에서 김나지움을 어렵게 졸업하고 대학에서 신학과 철학을 공부하다가 중단했다. 이어 에리히 뮈잠(Erich Mühsam, 1878~1934)과 동성애를 했다. 놀은 독일 당국과 스위스 경찰에 쫓기고 고소를 당해 체포되었다가 무죄로 석방되기도 했다. 그 뒤로 방랑을 하고 아스코나의 몬테 베리타에서도 살았다.

놀은 프로이트나 융의 제자가 아니라 아스코나의 오토 그로스(Otto Gross, 1877~1920)에게 정신분석 기법을 배웠다. 놀은 그로스로부터 "자유 분방한 섹슈얼리티, 가정과 직업 내지 국가의 전통적 억압과 관습으로부터의 자아 해방에 관한 분석적 토대를 배웠"(레츠, 176)을 뿐 아니라 세상에 대해서도 배웠다. 앞에서 보았듯이 헤세는 1907년부터 몬테 베리타를 찾았다. 놀은 헤세의 아내와 함께 헤세 부부 갈등의 원인이 어머니에 대한 헤세의 이중적 관계 때문이라고 분석했다. 그러나 헤세는 이를 부정했고, 결국 놀과 헤어졌다. 마리아의 우울증은 더욱 심해져 결국 요양소에 입원해야 했다. 헤세는 마리아와 헤어지려고 몬타뇰라로 떠난다.

헤세의 차남 하이너는 부모의 결혼 파탄의 원인이 아버지에게 있다고 생각했다. 그는 "아버지는 항상 뒤로 물러나 있었다. 난 그가 스스로 책임지고 행동하는 것을 본 적이 없다"라고 말했다.(리츠, 220-221) 그래서 아버지와 관계가 좋지 못했다.

제1차 세계대전 후의 독일

제1차 세계대전에서 패배한 후 1919년 바이마르 공화국이 세워졌다. 바이마르 공화국의 헌법은 1948년 한국 헌법의 모델이 되었을 만큼 훌륭한 헌법의 모델로 유명하다. 그러나 그 시대는 한국의 1945년 직후 이상으로 혼란스럽고 어려웠으며 결국 나치스의 전체주의를 낳았다. 그것이 일제와 결탁하여 제2차 세계대전을 야기했음은 물론이다. 1945년 이후의 한국 법학자나 지식인들은 그런 역사를 충분히 알고 있었을 텐데 어떻게 그 헌법을 모델로 택했는지 의문이다. 바이마르 공화국의 실패가 헌법 때문이 아니라고 생각해서일까? 그러나 우리의 헌정도 바이마르 이상으로 이승만 독재체제와 박정희 군사독재체제를 초래하여 실패한 것이 아니던가? 헌법학에서 아직도 이런 문제에 대한 비판적 연구가 없이 여전히 헌법 교과서에는 바이마르 헌법이 이상적인 헌법으로 나온다.

여하튼 1920년대 그 어려운 시대에 사기꾼을 방불케 하는 자칭 성자를 비롯하여 자연식주의자들까지 수많은 이상한 사람들이 독일의 각처에 등장했다. 원조는 1871년의 독일 통일과 제2제국 성립 후 독일제국이 세계를 구제한다는 정치적 이념의 변형으로 나타났다. 독일정신에 의해 세계를 치료해야 한다는 사상이었다. 구체적으로 그것은 독일적인 생활개혁운동, 특히 자연식이나 채식주의로 나타났다.

이는 앞에서도 보았듯이 그레저를 비롯하여 그런 성자들을 찬양하는 회화나 문학을 창작한 수많은 예술가들*이나 언론인들에 의해 더욱 확대되었다. 앞에서 잠깐 언급한 호이서, 즉 그레저에게 사기를 친 자를 비롯하여 수많은 예언자들이 등장했다. 이 책에서 더는 그런 자들에 대해 언

■　　* 그중에는 하웁트만, 토마스 만, 라이너 마리아 릴케도 있었다.

급하지 않겠지만 그들이 당시 절망한 독일인들에게 나름으로 희망을 주기도 했음은 기록해두고자 한다.

당시 그들에게 주로 읽힌 책은 에머슨, 휘트먼, 클라이스트, 란다우어, 크로폿킨, 톨스토이, 스트린드베리, 불교, 니체, 횔덜린, 아시시의 성 프란체스코, 그리고 당시 스팔타커스단의 〈적기〉를 비롯한 공산주의 신문, 독립민주당기관지《자유》등이었다.

「차라투스트라의 귀환」

제1차 세계대전이 끝난 뒤 1919년 3월, 헤세는 뮤잠, 란다우어와 함께 뮌헨의 아나키즘 정권에 참가하라는 권유를 받는다. 부인의 병환 때문에 여유가 전혀 없던 데다가 자신은 정치가의 기질을 타고 나지 않았다고 생각한 헤세는 이를 거부했다. 그러나 헤세가 아나키즘에 공감한 것은 분명하다. 프린츠가 "독일에서의 혁명 과정에 헤세는 적극적으로 참여했다"(190)라고 말한 것은 사실이다.

1919년 1월, 사흘 낮밤을 걸쳐 헤세가 쓴 『차라투스트라의 귀환』(1919)은 니체의 영웅이 전후 독일에 다시 나타나 그레저처럼 혼란에 빠진 마을로 돌아간다는 이야기다. 그 글에서 헤세는 참된 행동은 고독한 자기 침잠을 통해서만 스스로 생기는 것이라고 주장했다.

패전의 비탄으로 가득한 베를린에 차라투스트라가 미소를 지으며 나타난다. 청년들은 "조국이 패퇴하고 붕괴하려는 이때에 어찌 미소 지으며 즐거워할 수 있을까?" "무엇보다도 지금은 행동할 때인데, 행위를 통한 모범을 보이면서 파멸로 치닫는 국가와 민중을 구해야 할 가장 시급한 시기가 아닌가?"라고 반발한다.(143) 그러나 차라투스트라는 "내가 자네들에게 국왕들을 위한 조언을 해주었던가? 내가 한 번이라도 국왕이나 시인처럼, 아니면 정치가나 상인처럼 자네들에게 말한 적이 있던가?"라고 반박하며 다음과 같이 말한다.

> 자네들은 모두가 자신임을 배워야 해. 자네들은 타인이 되거나 전혀 아무 것도 되지 못해서는 안 되며 남의 목소리를 흉내 내거나 다른 사람의 얼굴을 자신의 얼굴로 착각해서도 안 된다. … 자기 자신의 생을 사는 방법을 배우라! 자기 자신의 운명을 인식할 수 있도록 노력하라! … 운명을 외부로부터 받아들이는 사람은 운명에 의해 쓰러진다. … 그대들이 운명을 바꾸려고 하지 않고 마음으로부터 인정을 하게 되면, 인생은 너무나도 감미로운 것으로 변할 것이다. 모든 고통, 모든 해악, 모든 죽음이란 자기 자신의 것이 아닌 그저 받아들여진 운명이다. 그러나 지상의 모든 행위, 모든 선, 기쁨, 생산적인 것 등은 체험된 운명이며 내가 된 운명이다.(147-149, 번역은 수정됨)

그리고 독일인은 전쟁 전에 "너무 부유했고 너무 비대했"고 그때 운명을 인식해야 했는데도 "타인을 정복하기 위해서, 이 지상에서 더 많은 땅을 갖고, 뱃속에 더 많은 음식을 채우기 위해서 전쟁을 시작했"고, 패전한 지금은 "비탄에 젖어 갖가지 비애와 고통을 느끼며, 고통을 가져다준 증오할 적을 찾아 헤매고 있"으나, "자신들의 내부에 있는 고통이 적

의 탓이라고 전가한다고 해서 없어지지 않는다는 것을 알게 되었다"는 것이다.(149-151)

> 어째서 그대들은 자신의 고통을 그것이 실제로 존재하는 곳, 즉 그대들의 내부에서 찾으려 하지 않았는가? 그대들에게 고통을 주는 것은 민족이나 조국이 아니다. 또한 세계지배권이나 민주주의도 아니다. 그것은 단순히 그대 자신이며, 그대의 위장이나 간장이며, 그대의 체내에 기생하고 있는 종기나 암이다.(151-152)

차라투스트라는 문제의 본질을 "조악한 교실의 한편에서 배웠던, 태곳적부터 시작되었으며 신들에 의해 만들어졌다고 전해지는" "행위와 고뇌"라는 "대립을 철저하게 믿어"온 것에서 찾으면서 "행위와 고뇌"는 대립하는 것이 아니라 하나라고 주장한다.(154) 사람들은 "밤낮으로 가게나 공장에서 떠들고, 많은 해머 소리를 들으며, 많은 배연(排煙)을 공중으로 날리는 것"을 '행위'라고 하지만 그것은 고뇌로부터의 도피에 불과하다고 본다.(155)

> 혼자 있는 것은 고통이다. 그래서 사람들은 모두가 어우러지는 사회를 이룩했다. "자기 자신의 생을 살라" "자기 자신의 운명을 찾으라" "자기 자신의 죽음에 대비하라"라고 그대에게 요구하는·내부의 소리를 듣는다는 것은 괴로운 일이다. 그래서 그대들은 도피하여 내심의 소리가 멀어지고 조용해질 때까지 기계나 해머로 소란스러운 소리를 냈다.(155)

그리고 "근면으로 일관된 행동과, 매연으로 그을린 영업을 통해 무엇을 이룩했는가?"라고 묻고 "좋고 빛나는 업적은 행동이나 열성, 또는 근면이나 해머를 휘두르는 것에서 생겨나는 것이 아니다. 그것은 산 위에서 고독하게 성장한다"라고 한다.(157-158) 즉 "고독해지는 것, 그대 자신이 되는 것, 부모로부터 떨어지는 것"(159)이 필요하다. 그러나 아무도 그렇게 하지 못한다.

> 그대들은 항상 입으로는 신을 들먹이면서 손은 돈지갑 위에 얹어 놓고 있다. 또한 그대들은 기회가 있을 때마다 질서와 도덕, 그리고 조직에 대해서 말했지만 실은 돈벌이만을 생각하고 있었다.(171)

독일인은 이 세상에서 가장 신앙심이 두텁지만 그것이 만든 것은 "카이젤과 하사관"이다.(173) 독일인의 책에는 "국민이 전부이며 개인은 없다고 가르친다."(174) 그러나 진정 필요한 것은 "자기 자신의 존재를 아는 사람, 자신의 운명을 인식한 사람"이고 "그들만이 연설이나 명령, 그리고 소심하면서도 책임감이 없는 관료주의에 만족하지 않는다."(175)

> 그대들 독일사람은 다른 어떤 국민보다도 복종에 익숙해져 있다. 그대들의 국민은 매우 쉽사리, 지나치게 기꺼이 복종한다. 명령을 이행하고 규정을 준수한다는 만족을 느끼지 않으면 독일국민은 한 발자국도 내디디려고 하지 않는다.(175)

모두들 서두르라고 외치지만, "서두른다는 것은 복종의 기쁨과 마찬가지로 독일적인 미덕으로 간주되어 왔지만 그것은 아무런 미덕이 아니다."(176) "그대들의 목적은 금전이나 권력이 아니며, 지혜나 생업상의 행복도 아니다."(177)

『차라투스트라의 귀환』에서 헤세가 강조한 것은 개인의 인간성과 존엄성이 상실되고 집단화되며 영혼마저 사라져버리는 시대에 개인의 도덕적인 자율성이 회복되어야 한다는 점이었다.

도스토옙스키에 대한 성찰

1919년 헤세는 도스토옙스키에 대한 두 개의 글을 쓴다.* 먼저 「'카라마조프 형제들'과 유럽의 몰락」에서 카라마조프의 아시아적 이상이 유럽의 사조가 되어 유럽의 몰락을 초래하고 있는데, 이는 '어머니', '동방의 아시아', '원천'으로의 복귀를 뜻한다고 했다. 그 몰락은 사실 '새로운 체제'의 탄생을 뜻한다.(189)

헤세는 도스토옙스키의 아시아적 이상이란 "일체를 이해하고 긍정하기 위해서 현실을 과감하게 탈피하는 것", 즉 『카라마조프 형제들』에 나오는 조시마가 예고하여 알료샤가 실천하고, 이반과 드미트리가 "명확하게 표현했던 하나의 새로운 위험과 두려운 신성함 때문에 기존의 모든 고정된 윤리와 도덕에서 떠나는 것"이다.(190) 그들에 비해 "검사나 시민

■　　* 이 두 글은 「근대 조음자에 대한 대담」과 함께 1925년 출판된 『혼란 속에 던져진 시선』에 포함되었다.

계급의 대표자들이 가진 고지식하고 극히 예의바른 타입은 그들이 외면적으로 승리하면 할수록 더욱더 초라하고 공허하며 일고의 가치도 없는 것"이다.(191)

헤세가 아시아적 인간의 표상으로 주장하는 데미우르크는 "여러 대립에서, 여러 특성에서, 여러 도덕에서 탈출하려고 노력하는 인간", "여러 가지 대립의 피안에 서 있으며, 낮과 밤, 선과 악도 구별하지 못"하는 "허무이며 일체이다."(194) 그러나 대립 속에서만 인식하는 서양인은 그를 인식할 수 없다. 반면 아시아적 인간상은 "항상 자기 자신의 영혼을 문제 삼고 있다."(199)

이러한 헤세의 성찰은 「도스토예프스키의 '백치'에 관한 생각들」에서 더욱 심화된다. 『백치』의 주인공 미슈킨 공작을 헤세는 예수에 비유한다. 『카라마조프 형제들』에 나오는 주인공들처럼 그는 도덕을 초월한 "수줍은 순수성"을 가지고 있다.(212) 헤세는 『백치』에 나오는 한 장면, 즉 "한 편에는 사교적인 집단인 우아한 사람들과 부자, 그리고 세도가와 보수주의자들이 있고, 다른 편에는 반항과 인습에 대한 증오밖에는 알지 못하는 격렬하고 난폭한 청년들과 되돌아볼 줄 모르는 무뢰하며 야만적인, 이론적으로는 합리주의자이면서도 말할 수 없이 우둔한 청년들" 사이에서 "몰아적으로 대답하고 모든 죄를 자신에게 구하며, 자신이 혼자서 짊어지려고 하는" 미슈킨이 있는 장면이다.(215-216)

모든 사람들이 미슈킨에게 등을 돌리는데, 이는 미슈킨이 그들과 다른 생각을 하기 때문이다. 즉 "무의식의 세계의 모권을 확립하고 문화를 지양하는" 태도다.(220) 그러나 헤세는 이를 모범이 아니라 우리도 통과해

야 하는 운명으로 "각자 혼자서 스스로의 힘만으로 그 길을 걸어가야 한다"고 본다.(223)

이는 당시 그레저가 뮌헨에서 '마음의 공산주의'라는 강연을 했으나 과거에 아나키즘에 심취한 지식인들로부터 조롱을 받은 것을 두고 헤세가 예수는 언제나 그 제자에게 배신당했다고 썼던 것과 관계가 깊다. 그후 헤세의 작품에는 죄의식과 자살에 대한 유혹이 나타났는데, 실제로 헤세는 처와 가정을 버리고 몬타뇰라로 이사했다.

그레저도 이때 아스코나를 떠나 다시 그곳에 돌아가지 않았고, 아내와도 헤어졌다. 빈곤 속에서 가정을 지킨 그녀도 지쳐서 아스코나를 떠났다. 그렇게 그레저의 아스코나 시대는 막을 내렸다. 그러나 그 후에도 그레저처럼 바이에른, 슈바빙, 라인란트에 공동체를 만드는 사람들이 이어졌다. 그들에게는 그레저가 선구적인 예언자였음이 틀림없다.

5장

사랑으로
반항하라

헤세가 사십사 년 동안 살았던 몬타뇰라

1919년 봄, 42세의 헤세는 포로구호활동을 그만두고 '고독한 자기 침잠'을 위해 스위스 테신의 몬타뇰라로 홀로 들어가 글과 그림에 몰두한다. 재출발의 소설이 된 『데미안』을 베른에서 익명으로 출판한 직후였다. 몬타뇰라는 티치아노 주에 속했는데 스위스의 이탈리아라 불리는 곳으로 루가노가 중심이었다. 루가노에 있는 두 개의 산등성이 위에는 각각 카로나와 몬타뇰라라는 마을이 있었고, 헤세는 몬타뇰라의 허름한 빈집인 카사 카무치*를 빌렸다. 헤세는 『클링조어의 마지막 여름』 첫 부분에서 그 집 발코니에서 내려다본 전원 풍경을 다음과 같이 묘사했다.

■ * 이 집을 헤세가 지었다고 하는 설명(정여울, 311)은 잘못되었다.

카사 카무치(연필 스케치, 군터 뵈머 작)

그의 발아래에는 오래된 테라스 정원이 현기증 날 정도로 깊게 가라앉아 있었다. 종려나무, 삼나무, 밤나무, 박태기나무, 붉은 너도밤나무, 유칼리나무, 그리고 그 나무들을 휘감고 있는 덩굴식물, 리아나, 참등 따위가 빽빽하게 들어차서 혼잡해보였다 … 별빛은 숲이 우거진 계곡을 타고 흐르면서 끝없이 펼쳐진 숲 높은 곳에 고독하게 서 있는 낡고 하얀, 매혹적인 예배당에 눈길을 주었다. 호수와 산과 하늘은 저 먼 곳에서 서로 뒤엉켜 흘렀다.(9-10)

헤세는 그곳에서 살았던 시기의 처음에 대해 다음과 같이 썼다.

나는 여기에서 아무것도 소유하지 못했다. 집이 아니라 방 네 개에 세를 들었다. … 나는 이제 빈털터리에 하찮은 글쟁이였고, 남루한 데다 약간은 수상한 이방인이었다. 그 이방인은 우유와 쌀과 마카로니로 연명했고, 가장자리가 헤어져 실밥이 드러난 낡은 양복을 걸쳤으며, 가을에는 숲에서 주워온 밤으로 저녁을 때웠다 … 악몽에서, 수년 동안 지속되었던 악몽에서 깨어나듯이, 나는 자유와 태양과 고독과 일을 빨아들였다.(102)

헤세는 카로나에서 여름을 보낸 벵거 집안을 자주 방문했다. 그 집은 헤세가 상실한 따뜻함이 흘러넘치는 가정이었다. 특히 벵거 집안의 어머니는 헤세의 대화 상대가 되어주었다. 당시 40대였던 헤세는 20대였던 그 집의 딸인 가수 루트 벵거와 친해진다. 그녀는 헤세의 시를 좋아했다. 사랑에 빠진 헤세는 그녀에게 다음의 「연가」를 바쳤다.

몬타뇰라에 있는 헤세 박물관. 헤세가 쓰던 책상 위에 타자기가 놓여 있다.

나는 사슴이고 너는 노루,

새가 너이고 나는 나무

해가 너이고 나는 눈

너는 낮이고 나는 꿈

밤이면 내 잠자는 입에서

황금새가 네게로 날아간다,

목소리는 맑고, 날개는 색색깔

그 새는 네게 사랑을 노래 불러준다,

그 새는 네게 나를 노래 불러준다.(시선, 156)

당시 헤세는 결혼할 생각이 전혀 없었으나 뒤에서 보듯이 비극으로 끝나는 결혼을 하게 된다. 헤세는 그 허름한 집에서 13년을 살았고, 1931년 지금의 헤세 빌라로 이사해 1962년 죽기까지 31년을 살았다. 몬타뇰라에서 산 기간이 그의 생애 85년의 반 이상이었던 셈이다. 그래서 헤세의 애독자들이 종종 몬타뇰라를 찾아가는 모양이지만, 그곳에는 호텔이 한 군데밖에 없어서 머물기가 힘들다. 헤세가 몬타뇰라에 살았을 때에도 토마스 만을 비롯한 그의 친구들은 그 호텔에 머물러야 했다.

「클라인과 바그너」

1919년 5월부터 8월 사이에 헤세는 두 편의 중편 「클라인과 바그너*Klein*

und Wagner」와 『클링조어의 마지막 여름』을 완성한다. 이어 12월에 『싯다르타』를 쓰기 시작한다.

『데미안』에서 제시된 선악의 초월은 「클라인과 바그너」에서 범죄인으로 나타난다. 그는 모범 공무원이고 학문을 사랑하는 시민이며 귀여운 자식들의 아버지였으나 지금은 범죄인으로 도주 중인데 자신이 왜 그렇게 되었는지를 알고 싶어 한다. 그는 젊었을 때 음악가 바그너를 좋아했다가 싫어하게 되는데, 이는 그가 관능적이었기 때문이다. 또 다른 바그너는 부인과 아이들을 살해한 교사 살인자로서 그 역시도 비난의 대상이다. 왜냐하면 클라인 역시 그와 비슷한 살인에 대한 충동을 품고 있었던 탓이다. "그 자신의 내면에 숨어 있는 야성이나 마성이 일단 거북한 사회관습의 고삐를 뿌리쳐버리기만 한다면, 언제든 미쳐 날뛰려고 하는 것이 두렵기 때문이었다."(251)

이처럼 주인공은 자신에게 더는 거짓말을 하지 않고 속이지 않음으로써 새로운 삶이 가능하리라고 생각하지만 알에서 쉽게 빠져나오지 못한다. 공원에서 그는 테레지나를 만나지만 창녀 같은 모습에 즉각 거부감을 갖는다. 정직하게 말하면 그는 여자와 성을 두려워한 것에 불과했다. 그래서 그는 그런 두려움을 없애고 그녀와 사귄다. 세상이 별안간 아름다워진다.

그러나 한 농부 부인과의 정사 뒤에 그런 자신과 세상에 대한 신뢰가 다시 무너진다. 테레지나와 하룻밤을 보낸 뒤 그는 호수에 뛰어든다. 그 순간 그는 "자신을 삶 속에 빠뜨려야 했음"을 알게 된다. 사물이나 죽음에 대한 불안이란 "가면이나 분장"에 불과하고(323) "아무런 보증도 없는 미지의 세계로 발걸음을 돌려 자신의 몸을 던지는 것에 대한 불안"이 유일한 불안이라고 한다. "그리고 단 한 번이라도 자신을 희생시킬 위대한 신념으로 운명에 맡기는 자는 자유로워지는 것이다."(323) 여기서도 여전히 죽음이 찬양되고 있다.

「클링조어의 마지막 여름」

클링조어는 소심하고 비관적인 클라인과 반대로 처세에 능하고 낙관적인 화가다. 그러나 그에게도 클라인처럼 몰락에 대한 두려움이 있다. 어느 날 그는 몰락하는 모든 것을 환영하게 된다. 죽음에 대한 탐닉은 삶에 대한 탐닉의 또 다른 측면에 불과함이 밝혀진 탓이다. 여름이 끝날 무렵 만난 아르메니아에서 온 마술사에게 클링조어는 다음과 같이 말한다.

> 우리는 몰락하고 있습니다. 우리 모두, 우리는 죽을 수밖에 없습니다. 우리는 다시 태어나야 합니다. 커다란 전환점이 우리에게 닥쳐왔습니다. 위대한 왕, 예술에서의 위대한 변화, 서구 국가들의 위대한 파멸 등 무엇이든 마찬가지입니다. 낡은 유럽에 있는 우리에게 있어서 좋고 고유한 것은 모두 죽었습니다. 우리의 아름다운 이성은 망상으로 변해버렸고, 우리의 돈은 종잇조각일 뿐이며, 우리의 기계는 쏘고 폭발시키기만 할 수 있을 뿐이며, 우리의 예술은 자살입니다.(62-63)

그러자 마술사는 몰락이란 사실이 아니고 "인간의 머릿속에서만 존재할 뿐이지요. 모든 대립쌍들은 착각에 불과합니다. 흑백도 착각이고, 생사도 선악도 착각입니다"라고 대꾸한다.(63) 그리고 "존재하는 것은 오직 죽음에 대한 불안뿐"이고, 그것을 극복하는 것은 단 한 시간의 작업에 지나지 않는다고 한다. 그러나 클링조어는 자화상을 그린 뒤 수면제를 먹고 자살한다.

자살하는 화가라는 점에서 클링조어는 반 고흐를, 클링조어가 초대한 루이스는 고갱을 연상시킨다. 헤세는 반 고흐에 대해 다음과 같이 말했다.

> 저는 빈센트 반 고흐의 삶을 묘사해보려고 욕심을 낸 적이 여러 번 있습니다. (…) 빈센트의 화집을 꼼꼼히 들여다보면 그의 열정적인 사유능력, 신과 인간과 진리에 대한 맹목적인 사랑과 금방 맞닥뜨리게 되고 그것을 느낄 수 있습니다. 그리고 가장 힘든 투쟁과 가장 힘든 고통을 감내하도록 정해진 그의 숙명도 느낄 수 있습니다. 그림마다 들어 있는 필적, 명암의 리듬, 붓질의 움직임에는 이미 이 특별한 인간의 황홀경과 고통에 대한 증거가 거의 절규하듯 드러나 있습니다. 여기서 단순히 예술과 그림에 관해 말하고자 하는 것이 아닙니다. 화가로서의 삶이나 그 결과물도 중요하겠지만, 내가 보기에 그것보다는 오히려 전범이 되는 운명, 거대한 고통을 받는 자로서의 삶, 제약되지 않은 자로서의 삶이 더 중요합니다. 그는 절대 우리가 세계와 기계 장치 같은 삶에 소진되도록 내버려두지 않았습니다.(120)

1920년대 초반의 헤세와 그레저

1920년 『데미안』이 폰타네상을 받는 등 대단한 인기를 끌었다. 헤세는 그 것을 주인공인 에밀 싱클레어의 이름으로 발표했는데, 1920년 7월 그는 자신이 본래의 작가라고 밝히고 그 상을 반납한다.

한편 1921년부터 그레저는 독일 튀링겐에서 '새로운 무리'라는 공동체 와 함께 생활했다. 그러나 공산주의 폭동을 선동했다는 이유로 체포되어 수개월 동안 교도소 생활을 감수해야 했다. 1922년 바이마르에서 테오 도르 프리비에는 그레저의 영향을 받아 평화와 아나키즘을 중심으로 한 새로운 톨스토이주의를 표방하고, 그해 그곳에서 《아나키》라는 잡지를 출판하여 "자유로운 개인의 도덕적 힘으로 만들어지는 중심질서"를 만들 자고 주장했다. 그리고 그레저에게 사기를 친 호이서는 자신을 예수에 비 유하며 유명해져 그레저를 공격했다. 하지만 그레저는 그를 공격할 생각 조차 하지 않았다. 도리어 그는 정치파괴분자로 지목되어 토마스 만 등 의 항의에 의해 투옥은 면했지만 독일에서 추방되었다.

『싯다르타』 제1부

앞에서도 말했지만 헤세는 태어날 때부터 종교적이었고, 평생 죽을 때까 지 종교적이었다. 그러나 그 종교'적'이란 어떤 특정 종교와 관련되었다는 의미가 아니다. 헤세 안에 종교적 감성, 즉 하나의 통일성이자 단일성이 존재했다는 뜻이다. 평생 갈등 속에서 살아온 그로서는 당연히 추구할 수밖에 없는 특성이 아니었을까? 그는 수많은 종교를 통일적이고 단일적

Hermann Heſſe

SIDDHARTHA

「싯다르타」 초판본

으로 보았다. 서양종교나 동양종교나 그에게는 모두 같았다. 그런 종교적 태도를 가장 잘 보여주는 작품이 바로 『싯다르타』이다.

1919년부터 쓰기 시작해 1922년에 발표한 『싯다르타』는 제1부와 제2부로 나누어지는데, 롤랑에게 바쳐진 제1부(4개 장)를 쓰고 난 뒤 헤세는 쓰기를 중단했다. 제1부는 싯다르타가 부모의 집에서 나와 고행자를 따르다가 부처를 만났으나 그의 가르침조차 받아들일 수 없어 다시 떠나는 것으로 끝난다. 제1부를 쓰고 한참 뒤에 쓴 제2부는 8개의 장으로 되어 있다. 그러나 내용으로 보면 3부작이라고 할 수 있다. 소설의 처음에는 18세부터의 고행과 요가, 다음에는 20~40세의 관능 및 재물 추구, 그리고 40~60세의 해탈이라는 3단계로 구분되는 탓이다.

싯다르타를 흔히 말하는 부처 석가모니라고 보는 견해(정여울, 240)는 잘못이다. 헤세의 싯다르타는 부처 석가모니가 아니다. 석가 족의 고타마 세존 부처는 싯다르타와 별도로 나온다.(36) 사실 부처는 왕세자인데 헤세의 싯다르타는 학자의 아들로 나온다.(11) 헤세 싯다르타의 친구인 고빈다도 부처의 삶에는 등장하지 않는, 인도 고전 『바가바드기타』에 나오는 크리슈나의 이름이다. 사변적이고 합리적인 고빈다는 『나르치스와 골드문트』에 나오는 나르치스 같은 존재로서 골드문트와 같이 삶에 순응하지 않는 싯다르타와 구별된다.

모두가 싯다르타를 사랑하였다. 모든 사람에게 그는 기쁨을 주었으며, 모든 사람에게 그는 즐거움의 원천이 되었다. 그렇지만 싯다르타 자신은 스스로에게 기쁨을 주지 못했으며 스스로에게는 즐거움의 원천이 되지도 못했다. … 그는, 존경할 만한 아버지와 그 밖의 여러 스승들, 즉 지혜로운 바라문들이 자기에게 그들이 갖고 있는 최고의 지혜를 대부분 전달하였으며, 그들의 풍부한 지식을 자기가 기대하고 있는 그릇 속에 어쩌면 이미 다 부어넣었는데도 그 그릇은 가득 차지 않았고, 정신은 만족을 얻지 못하였으며, 영혼은 안정을 얻지 못하고, 마음은 진정되어 있지 않다는 것을 어렴풋이 느끼기 시작하였다.(14-15)

그래서 싯다르타는 "바로 자기 자신의 자아 속에 있는 근원적인 샘물을 찾아내어야만 하며, 바로 그것을 자기 자신의 것으로 만들어야 하는 것이다!"라고 생각하고 고행자들을 따라 나선다.(18) "모든 것을 비우는 것"을 목표로 삼은 그는 고행에 들어가나(27) 여전히 자기로 돌아온다.(30) 싯다르타는 고빈다와 함께 고타마 부처를 찾아간다. 그러나 부처에 귀의한 고빈다와 달리 싯다르타는 부처를 떠난다. 부처처럼 "나도 나 자신의 가장 내면적인 곳까지 뚫고 들어가" 보려 했기 때문이다.(57) 헤세는 여기서 집필을 일시 중단한다. 당시 일기에 그는 다음과 같이 썼다.

내가 인내자이며 고행자인 싯다르타, 이를테면 분투하고 고통을 겪는 싯다르타의 모습을 끝마치고, 이제 싯다르타를 승리자, 긍정하는 자, 성취한 자로 형상화하려고 했다. 바로 그때부터 더는 글을 쓸 수가 없었다.(프린츠, 211, 재인용)

『싯다르타』를 계속 쓰기 위해서는 새로운 체험이 필요했다. 그래서 구호소 일을 다시 시작하고 새 잡지도 창간해 정치적인 글도 다시 썼다. 특히 독일 내에 패전 뒤의 배상금 문제로 복수심이 넘쳐나고 보복전쟁을 주장하는 분위기가 팽배해지자 이를 경고하는 글을 썼다. 당연히 그는 수많은 증오의 편지들을 받아야 했다. 더는 세상에 저항하며 살 수 없다고 생각한 헤세는 이제 세상과의 화해를 모색하게 된다. 인도와 중국의 사상에 심취하여 일체성에 대한 마음의 깨달음이 필요하다고 생각하고, 이를 위해 1921년 취리히에서 구스타프 융을 만나 심리상담도 한다. 그 결과 헤세는 모든 질서에 맞서 분노한 뒤에만 자신의 고유한 자아를 체험할 수 있다고 깨닫는다. 즉 대중과 타인의 의견에 좌우되어 자아를 상실한 경우 어떤 자아의 체험도 있을 수 없음을 자각한 것이다. 그 결과 싯다르타는 부처마저 떠나 세상에 맞서기 위해 새 출발하는 모습으로 다시 등장한다.

『싯다르타』 제2부

싯다르타는 세상 속에서 방황을 계속하다가 기생 카말라를 통해 감각의 세계를 경험하고 장사에 성공해 부와 권력을 갖게 된다. 그러나 오랜 세월 뒤에 그 모든 것과 작별하고 강가에 가서 죽기를 원하다가 다음과 같이 깨닫는다.

> 자기의 눈에 보인 모든 것을 다 사랑하는 것, 자기의 눈에 보인 모든 것을 다 기쁨이 넘치는 사랑의 감정으로 대하는 것, 바로 이것이야말로 잠을 자

는 동안 옴의 작용을 통하여 자신의 내면에서 일어났던 매혹적인 현상의 본질인 것이다. 이제 돌이켜보니, 예전에는 마음이 너무나 병들어 있었다는 바로 그 이유 때문에 사람이건 사물이건 아무것도 사랑할 수 없었던 것이 아닌가 하는 생각이 들었다.(137)

싯다르타는 바로 그런 절망의 체험 덕분에 비로소 자비를 깨닫는다.

> 내가 절망을 체험하지 않으면 안 되었고, 모든 생각들 중에서 가장 어리석은 생각, 그러니까 자살할 생각까지 품을 정도로 나락의 구렁텅이에 떨어지지 않으면 안 되었던 것은, 자비를 체험할 수 있기 위해서였으며, 다시옴을 듣기 위해서였으며, 다시 올바로 잠을 자고 올바로 깨어날 수 있기위해서였어.(141)

그는 과거에 자신이 바라문일 때 "너무 많은 지식이, 너무 많은 성스러운 구절이, 너무 많은 제사의 규칙들이, 너무 많은 단식이, 너무 많은 행위와 노력이 자기를 방해하였"음을 깨닫는다.(145) 그리고 "강물은 흐르고 또 흐르며, 끊임없이 흐르지만, 언제나 거기에 존재하며, 언제 어느 때고 항상 동일한 것이면서도 매순간마다 새롭다!"는 것을 알게 된다.(149)

싯다르타는 강가에서 20년 만에 뱃사공 바주데바를 만난다. 싯다르타는 자신이 지내온 이야기를 진지하게 경청하는 바주데바 덕분에 행복해한다. 바주데바는 그런 태도를 강에게 배웠다고 말한다.

그 강은 모든 것을 알고 있어서, 우리는 강으로부터 모든 것을 배울 수 있지요. 보세요, 당신도 이미 강물로부터, 아래를 향하여 나아가는 것, 가라앉는 것, 깊이를 추구하는 것이 좋은 일이라는 것을 배웠어요. 부유하고 고귀한 신분의 싯다르타가 뱃사공이 되리라, 학식 높은 바라문인 싯다르타가 뱃사공이 되리라, 이러한 것도 강이 당신에게 들려준 말이지요.(155)

바주데바는 자신이 학자도, 말을 잘하지도, 사색도 못한다고 하면서 "단지 남의 말을 경청하는 법과 경건해지는 법만을 배웠을 뿐"이라고 (155) 말한다. 싯다르타도 "강으로부터 무엇보다도 경청하는 법, 그러니까 고요한 마음으로, 기다리는 마음, 활짝 열린 영혼으로, 격정도, 소원도, 판단도, 견해도 없이 귀 기울여 듣"고(156) "시간이란 존재하지 않"으며, "아무것도 없었으며, 아무것도 모를 것"이고(157) "모든 것은 현존하는 것이며, 모든 것은 본질과 현재를 지니고 있"음을 배웠다.(158)

그러나 깨달음의 뒤에도 번뇌는 아내와 아들의 모습으로 다시 싯다르타를 찾아온다. 아내가 죽자 그는 아들에 대한 사랑에 사로잡힌다. 여기서도 자신의 아들을 라울라라고 하며 밀어낸 붓다와 다른 점이 드러난다. 싯다르타는 그 사랑이 번뇌임을 알면서도 그 사랑에 집착한다.

그러한 앎보다도 자기의 자식에 대한 사랑이 더 강하였으며, 그러한 앎보다도 자기의 자식에 대한 정이, 자식을 잃게 되지나 않을까 하는 자기의 불안한 마음이 더 강하였던 것이다.(177)

그러나 아들은 아버지가 지겨워 도망친다. 싯다르타는 아들을 찾아 도시로 갔다가 포기하고 돌아온다. 다시 뱃사공 일을 하는 싯다르타는 이제 그가 날라주는 인간들의 탐욕을 이해하게 되었을 뿐 아니라 사랑스럽게 여기게 된다. "그는 그들의 모든 욕정과 행위들 하나하나에서 바로 생명, 그 생동하는 것, 그 불멸의 것, 범(梵)을 보았다."(190) 그리고 "매순간마다, 삶의 한가운데에서 그 단일성의 사상을 생각할 수 있는, 그 단일성을 느끼고 빨아들일 수 있는 영혼의 준비 상태, 그런 일을 해낼 수 있는 하나의 능력"을 깨닫는다.(191)

『싯다르타』 이후, 그리고 『요양객』

그러나 『싯다르타』에서 말한 깨달음에도 불구하고 세상과의 화해는 역시 쉽지 않았다. 헤세는 여전히 현대세계를 혐오했다. 테신을 레저센터로 만들어 그곳에 자동차를 타고 오는 획일화된 관광객, 특히 미국인들을 그는 저주했다.

1922년에 발표된 『싯다르타』에 대한 반응은 그다지 좋지 않았다. 그해 6월 헤세는 외무장관 발테나우가 소련과의 화해정책을 추구한다는 이유에서 나치 국수주의자에게 사살되자 그 "무지함과 우악스러운 총질"과 그들의 반유대주의에 격분했다. 세상의 모든 책임이 개인에게 있다는 입장을 취한 헤세에게 그들은 타인에게 책임을 미루는 사람들로 보였기 때문이다.

1923년 7월, 재판으로 이혼이 성립되었다. 이어 그는 스위스 국적을 취득한다. 그해 겨울부터 헤세는 20세 연하의 루트와 동거하다가 이듬해 1월에 결혼했지만 결혼생활은 고통스러웠다.

『싯다르타』의 각성은 1923년 가을에 바덴에서 요양한 경험을 쓴 『요양객Kurgast. Aufzeichnungen von einer Badener Kur』에서 다시 깨진다. 헤세는 이번에도 세상과의 불화 때문에 분노를 터뜨린다.

> 내가 위대한 독일작가들을 적잖이 존경하고 사랑하며, 또 필요로 하는 이유는, 현재 살아 있는 대다수의 독일인들이 그들과는 전혀 반대되는 일을 하고 있고, 또 별들보다는 로켓을 더 좋아하고 있다는 것 때문이다.(257)

요양소에 도착한 헤세는 그곳에 오는 사람들이 자신보다 더 병세가 심하다는 사실에 위로를 받는다. 그러나 곧 이성의 목소리는 그러한 위안의 근원이 "낙천적인 자기도취"임을 일깨워준다.(264) 그리고 주위의 온갖 소음에 시달리다가 그것을 운명으로 받아들임이 현명하다는 것을 깨닫지만 여전히 쉽지 않다.

> 우리의 운명이란 것은 우리 안에 깊숙이 파고든, 그래서 전혀 떨쳐버릴 수 없는 것이라는 사실을 우리는 알고 있지 않은가? 그럼에도 불구하고 우리는 우리가 하는 선택, 즉 자유의지라는 환상에 너무나도 간절히 그리고 열렬하게 매달려 있질 않은가?(269)

헤세는 미친 듯이 조용한 방을 찾아 헤매는 것이 무의미함을 알면서도 그렇게 행동하다가, 소용없음을 알고 포기한다. 의사에 대한 태도도 마찬가지다. 그는 은행원이나 변호사에게 느끼는 환멸감을 의사에게서도 느낄까 두려워한다. 그가 인문적 교양을 갖춘 사람이기를 기대한 탓이다. 헤세는 그러한 기대가 환상임을 잘 알면서도 그렇게 기대한다. 헤세는 의사에게 자신의 병이 심리적인 것이라고 말하지만 의사는 이를 부정한다.

헤세에게는 공원의 오케스트라 연주나 매점의 그림엽서나 식당의 손님들이 낯설고 불쾌하며 지겹다. "그 우아한 사람들은 빽빽하게 들어찬 값비싼 사치를" 누리지만 "정작 부처의 말씀이나 수도승들의 전설집은 아름다운 장정으로 싸서 집에다가 고이 모셔놓기 마련이다."(305) "이 우아하게 장식된 커피숍의 커다란 창틀 저쪽에는 참담한 빈곤과 절망으로 가득한 세계가, 그리고 정신착란과 자살로 가득 찬 세계가 존재하고 있질 않은가?"(306)

헤세는 요양소 옆방에 있는 현대적이고 소란스러운 네덜란드인 부부에게 분노한다. "장사에 실패한 기독교도 상인이 턱없이 유대인을 미워할 때, 내지는 공산주의자가 자본주의자들을 미워할 때 갖게 되는 그런 적나라하고도 유치하며 또 어리석기 짝이 없는 그런 증오였다."(323) "그는 말레이시아인들을 착취함으로써, 자신의 부와 넉넉하고도 호탕한 마음씨를 가질 토대를 마련할 수 있었던 뚱뚱한 향락주의자이자 금전수집가였다." 그러나 헤세는 그런 증오가 부당함을 알고 괴로워한다.

이제껏 살아오면서 나는 많은 고통을 느꼈고, 옳지 못한 일도 많이 하였으며, 어리석은 일도 많이 저질렀다. 하지만 나는 항상 그런 죄로부터 구제를 받을 수 있었고, 나의 자아를 잃어버리고 포기하는 가운데 통일성의 존재를 느끼고, 내면과 외면, 나의 자아와 세계 사이에 존재하는 분열을 환상이라 여기면서, 두 눈을 감은 채 기꺼이 그 통일체 안으로 들어갈 수 있었다. 하지만 그것은 갈수록 어려워졌다.(325)

이는 헤세가 『싯다르타』에서 추구한 통일성 내지 단일성, 즉 "자아를 기독교식으로 버리는 것 내지는 인도식으로 통일체를 체험하는 것"이었다.(325) 그러나 네덜란드인을 증오한 그는 그 "통일성에서 완전히 벗어나 있었고, 그리하여 나의 자아는 이들로부터 고립된 채 고통스러워하며 자기의 원수를 증오하는 적의에 가득 차 있었다."(325) 헤세는 그것이 자신만의 문제의식이 아니라 당시 사람들 모두 직면한 문제였다고 보았다.

세상에는 그들의 한평생을 오로지 싸움이라고 할 수 있는, 즉 자기의 주변세계에 맞서서 자아를 호전적으로 주장하는 그런 사람들이 무수히 많이 있었다. 그들은 통일성이라든가 사랑 그리고 조화에 대한 생각을 전혀 알지도 못했고, 그래서 어쩌면 낯설고 미련해 보이며 또 나약해 보일 수도 있는 그런 사람들이었다. 그렇다. 현대인들이 실제적으로 믿고 있는 일반적인 종교는, 자아와 그 자아의 싸움을 찬미하는 것에 근거를 두고 있었다.(325)

헤세는 며칠 밤을 새워 "원수를 사랑하라"는 계율에 따라 네덜란드인을 갖가지 모습으로 상상한 뒤 비로소 호감을 갖게 되지만 네덜란드인은 이틀 뒤 떠나가 헤세를 실망시킨다. 그러나 더 중요한 것은 헤세가 부르주아적 만족의 현대문명을 저주하고 혐오했으나 이제는 자신도 거기에 동참함을 인식했다는 점이다. 따라서 "내가 이 세계에서 미워하고 경멸하며 조소를 금치 않고 있는 것은, 다른 어떤 것도 아닌 바로 나 자신"임을 알게 되어 "죽고 싶을 만큼 기분이 나"빠졌다.(342) 그러면서도 헤세는 도박에 빠졌고 나아가 그것을 찬양한다. "노동과 돈이 만능인 문화와는 반대로 순간의 내기가 갖고 있는 의미, 즉 우연을 기꺼이 받아들이고 운명의 변덕을 신뢰하는 것들은 매우 바람직한 가치를 지닌 것"이라고 본다.(353) 그러다 코끼리 그림에서 인도인처럼 신을 발견하고 유일신을 믿는 기독교를 비판한다. 식당의 기계적인 행동들을 보면서 음식을 먹는 자신과 그런 광경을 보는 자신이 오버랩되어 웃음을 터뜨리며 그런 웃음을 막았던 부모와 교사의 종교적 가르침을 떠올린다. "하지만 예수는 바로 어린아이를 복자의 자리에 올려놓은 사람이었다. 그런데 그런 예수는 정말 모범적인 아이들에 대해서만 이야기했단 말인가?"(364) 그리고 어느 신사에게 말한다.

> 당신은 존재하고 있습니다. 그 사실만큼은 부정할 수 없습니다. 하지만 내가 볼 때 당신이 존재하고 있는 기반은, 시간적이고 공간적인 현실을 결여하고 있는 그런 기반입니다. 그러니까 종이나 돈, 신용, 도덕, 법률, 정신, 그리고 품위로 이루어진 기반 위에서 존재하고 있는 거라고 이야기하고 싶군요.(369)

헤세는 신사에게 말한다. "당신의 속안에는 신문과 세금고지서, 칸트와 마르크스, 플라톤과 이자계산서 말고는 아무것도 없습니다. 내가 훅하고 불면 당신은 사라질 것입니다."(373) 그리고 그가 사라지자 강변으로 가서 통일체에 대해 생각한다. 요양원을 나올 무렵 그는 다음과 같이 결론을 내린다.

> 그것에 대한 책임은 내가 가진 환상이나 꿈들 탓이 아니며, 내가 도덕성과 시민성을 결여하고 있던 탓도 아니었다. 오히려 그 반대였다. 그간 나는 너무나도 도덕적이었고, 너무나도 이성적이었으며, 너무나도 시민적이었던 것이다! 이제껏 내가 아주 여러 번 저질렀고, 또 그때마다 뼈아프게 후회하곤 했던, 내게는 이미 오래되고 끝없는 잘못을 이번에도 나는 저질렀던 것이다. 나는 규범에 적응하려 했었고, 또 정작 아무도 내게 요구한 바 없는 그런 요구들을 이루고자 애썼었다. 그리고 내가 아닌 다른 어떤 것이 되거나, 아니면 그렇게 굴고자 했었다. 그런데 이제 다시 내가 나 자신과 나의 모든 삶을 주관할 수 있는 그런 일이 내게 일어났던 것이다.(375)

따라서 헤세는 자신을 도덕적으로 훈계하는 일을 그만두고 "네 이웃을 네 몸과 같이 사랑하라"라는 교훈으로 돌아간다. 자기보다 이웃을 사랑하지 않는 사람은 이기주의자, 탐욕스런 사람, 자본가, 부르주아로서 "돈과 권력을 긁어모을 수는 있지만, 정말 즐거움으로 가득한 마음은 가질 수 없다"(380)고 깨달은 것이다.

내가 다양성이라는 상태를 뛰어넘어 존경해 마지않는 통일성은 결코 지루하고, 끔찍스러우며, 생각 속에나 존재하는 이론적인 통일성이 아니다. 그것은 유희와 고통, 그리고 웃음으로 가득한 삶 그 자체인 것이다. … 그 통일체가 당신의 것이 되는 순간은, 당신이 어떠한 시간이나 공간·지식·무지에 대해서도 깨닫지 못한 때와 기존의 관습을 벗어날 때, 그리고 모든 신들과 인간, 모든 세계, 모든 시대를 사랑하고 그것들에 헌신하는 그런 순간이다.(384)

헤세는 이를 노자와 예수의 가르침에서 찾는다. 반면 현대사회가 겪고 있는 불행은 그런 가르침을 "거리 곳곳에 다 팔려고 내놓고 있다는 사실, 그리고 국가가 지배하는 모든 교회에서는 예수가 행한 기적에 대한 신앙과 더불어 당국, 돈주머니, 그리고 민족적인 허영심에 대한 신앙이 설교되어지고 있다는 사실, 가장 소중하면서도 가장 위험한 지혜들을 담고 있는 신약성서를 어느 상점에서든지 살 수 있고, 심지어 전도사들이 공짜로 나누어주고 있다는 사실에서 기인하는 것 같다"고 본다. 따라서 예수의 말은 "감춰진 채 지켜져야 하며", 그것을 "경험하기 위해서는" "수년간을 희생하고 또 자기의 목숨을 바쳐야만 할지도 모른다"고 생각한다.(390)

「뉘른베르크 여행」

1925년 어느 날 헤세는 '헤세의 밤'을 알리는 신문광고를 보고 그곳을 찾아간다. 그곳에서는 헤세의 초기 시들이 낭독되고 있었다. 헤세는 그 시 속의 밝은 세계를 허위라고 느낀다.(프린츠, 240) 1925년 독일을 여행한 뒤 헤세는 1927년 『뉘른베르크 여행Die Nürnberger Reise』을 써서 기계문명을 비판하고, 현대적이고 유능하며 부지런한 인간에 대한 증오를 드러냈다.

> 자신의 의무에 충실한 채, 확고한 규칙성과 끈기를 가지고 일에 몰두하면 서, 아침나절의 일정한 시간에 일을 시작하여 하루의 시간을 줄곧 책상에 다 묶어두는 사람들은 주변세계의 날씨와 청각적인 방해, 그리고 자신의 게으름에는 전혀 아랑곳하지 않도록 냉담하게 길러진 사람들이다.(207)

반면 헤세는 허송세월을 하는 것이 "단순한 게으름이나 무질서라 할 수도 있지만, 그것 말고도 시간은 돈이라는, 현대 세상이 제일 터무니없 고 미친 듯이 추구하고 있는 가장 높은 신조에 맞서는 행위"라고 하며, 그 신조에서는 "오직 돈이라는 것이 무조건적이고 가장 높은 가치를 대 변하고 있다"고 한다.(209) 따라서 헤세는 현대세계와 기계문명에 대해 자 신은 너무나도 큰 반감을 갖는다고 말한다.(210) 그리고 이러한 세계에서 사는 유일한 방법이 유머에 기대는 것이라고 말한다. "유머만 있으면 모 든 것, 심지어 정거장들, 병영들, 그리고 문학강연회도 그런대로 견뎌낼 수 있었다." 그에게는 "이처럼 우스꽝스럽기만" 한 세상을 "존경하고 또 소중히 여길 필요"가 전혀 없었던 것이다.(263)

『황야의 이리』

1926년부터 헤세는 『황야의 이리』를 쓰기 시작해 1927년에 완성했다. 이 작품은 토마스 만의 『마의 산Zauberberg』(1924)과 되블린(Alfred Döblin, 1878~1957)의 『베를린 알렉산더 광장Berlin Alexanderplatz』(1929)과 함께 바이마르 공화국의 3대소설로 꼽힌다.[*]

『마의 산』은 요즘 국제회의가 자주 열리는 스위스 다보스의 요양소에서 여러 사람이 개인과 문화의 병과 죽음을 둘러싼 대화를 엮은 소설이다. 한편 『베를린 알렉산더 광장』은 타락한 대도시의 운명에 매몰된 노동자가 부르는 자기 인식과 구원의 노래를 다양한 소재로 엮은 것이다. 특히 『베를린 알렉산더 광장』은 소외의 문제를 다룬 점에서 그 주제가 『황야의 이리』와 일치하지만, 『황야의 이리』와 달리 『베를린 알렉산더 광장』[**]에서는 소외가 하층민의 체험이고 그것이 사회경제적 원인을 지닌다는 점을 보여주었다는 면에서 달랐다.

『황야의 이리』는 1960년대에 히피 열풍 속에서 인기를 모은 것으로도 유명한데, 헤세 소설 중에서 가장 자서전적인 작품이라는 점으로 더욱 유명하다. 특히 주인공 이름이 하리 할러(H. H.)라는 점부터 헤르만 헤세를 연상시킨다. 작품에 나오는 술집 이름도 헤세가 바젤과 취리히에서 실제로 다닌 술집 이름 그대로이고, 주인공이 50대에 춤을 배우고, 50세 생

---

[*] 페터 브렌너, 정인모·허영재 옮김, 『신독일문학사』, 새문사, 2008, 297쪽.
[**] 『베를린 알렉산더 광장』의 주인공 프란츠 비버코프는 탈선을 한 전직 시멘트공이자 운반공으로 출옥 후 착실하게 살겠다고 결심하지만 다시 범죄에 얽혀 정신병원에도 갇혔다가 무죄로 풀려난다. 벤야민은 『베를린 알렉산더 광장』을 시민소설의 창조적 계승발전이라 평가하면서도 시민의식의 영웅만을 묘사했을 뿐이라고 비판했다.

Soeben erscheint
die 1. bis 15. Auflage des
neuesten Romans von

Hermann Hesse
Der Steppenwolf

Die ergreifende Geschichte vom Steppen-
wolf führt uns in das kulturlose und un-
menschliche Inferno unserer prunkenden
und lärmenden Gegenwart. Harry Haller,
der Held, beherbergt in einem Blut und
in einer Seele zwei Naturen. Sie müssen
sich in ständiger Todfeindschaft befehden.
Woran Haller leidet, das ist im Grunde
der Kampf von Schein und Sein im geisti-
gen Bestande Europas. Der Dichter gibt
uns ein Buch der tiefen Herzensnot und
der Sehnsucht nach Menschenwürde und
schöner Freiheit.

S. Fischer Verlag, Berlin

『황야의 이리』 초판본

일에 자살을 계획하며, 괴테 초상화를 보고 화를 내는 것 등도 헤세의 경우와 같다. 이 소설을 쓸 당시 편지에서 헤세는 '황야의 이리'라고 서명을 하기도 했다.

『황야의 이리』는 '편집자 서문'으로 시작한다. 편집자란, '황야의 이리'라고 불린 50세 전후의 하리 할러가 방을 구한 집 아주머니의 친척으로, 할러 옆방에 산다. 편집자는 할러가 자기와는 "전혀 다른 세계에서 온 존재"라고 한다.(10) 편집자나 아주머니는 "청결과 질서, 그리고 화목하고 예의 바른 삶"(14)을 사는 시민들이고, 할러는 그런 삶을 경멸한다. 어떤 강연회 연사에게 보낸 할러의 시선을 편집자가 묘사한 다음 대목을 보자. 시민적 삶에 대한 할러의 경멸이 잘 드러난다.

> 그 눈빛은 사실 빈정댄다기보다는 차라리 슬픈 쪽이었다. … 그건 절망이 내뿜는 밝은 빛으로 허식에 가득 찬 연사의 인간상을 관통했을 뿐 아니라, 그 순간의 상황을, 청중의 기대와 기분을, 어딘가 젠 체하는 그 강연의 제목을 비꼬아버린 것이다. 그뿐만이 아니다. 황야의 이리의 눈빛은 우리 시대 전체를, 바쁘게 돌아가는 모든 부질없는 짓거리들을, 모든 허망한 노력, 모든 허영을, 망상에 가득 찬 천박한 정신의 모든 표피적인 장난질을 꿰뚫어보고 있었다. … "보아라, 이런 원숭이들이 바로 우리의 모습이다. 보아라, 인간은 이런 것이다"라고 그 시선은 말하고 있었다. 명성도, 지혜도, 모든 정신적 업적도, 숭고하고 위대하고 영원한 인간성을 향한 모든 노

■ * 박광자, 『헤르만 헤세의 소설』, 충남대학교출판부, 1998, 96쪽.

력이라는 것도 와르르 허물어져 부질없는 원숭이 놀음이 되어버리는 것이었다.(17-18)

　연사나 강연의 제목에 대한 충분한 설명도 없이, 더욱이 시대나 정신에 대한 아무 설명도 없이, 시민적 삶을 사는 편집자가 별안간 그런 시대 경멸적인 묘사를 해서 적이 당황스럽기는 하지만, 그 묘사가 할러에 대한 가장 중요한 묘사임에는 틀림없다. 편집자 스스로 변명하듯 이는 '편집자 서문' 마지막에서 다시 해명된다.

　편집자는 할러를 처음 보았을 때 "정신장애거나 정서장애거나 아니면 성격장애일 거라는 느낌"(19)을 갖고 그에게 맞섰으나 차츰 호감을 갖게 되고, 그가 "고통의 천재"이며 "그 염세주의의 토대는 세상에 대한 경멸이 아니라 자기 경멸"(20)이라는 것을 알게 되었다고 밝힌다. 그는 또한 할러가 엄격한 부모와 교사들에게 '의지의 파괴'를 원칙으로 삼는 교육을 받았을 거라고 짐작하는데, 이는 헤세가 『페터 카멘친트』 이후 줄곧 제시하는 독일부모와 교사의 교육 방식에 대한 문제제기와 맥을 같이 한다. 그 교육은 "그의 개성을 죽이지 못하고, 다만 자신을 증오하도록 가르치는 데에만 성공한 셈이었"으나 모범시민인 편집자가 보기엔 실패였다. 할러가 책을 많이 읽는 사색형 인간이고 직업도 없이 무질서하

---

* 『황야의 이리』를 중년의 정체성 위기로 파악하는 책이 있다(도복선, 『헤르만 헤세의 작품과 정체성 위기 문제』, 한국학술정보, 2005). 이 책은 "50을 앞둔 중년의 남자가 갑자기 옛날의 자신이 아님을 느낀다"(13)는 전제로 시작하나 이러한 이해가 어디에서 나오는 것인지 도저히 이해할 수 없다. 적어도 소설 속 편집자의 견해처럼 어린 시절 교육의 영향에 의해 황야의 이리가 되었다고 봄이 옳을 것이다.

게 사는 것도 모범시민에게는 싫었지만, 그는 차츰 할러를 이해하게 된
다.(20-23)

그래서 편집자는 뒤에서 자기가 소개하는 자살자 할러의 수기가 "한
시대의 기록"이고 할러의 병은 "시대 병리 그 자체"라고 지적하면서 할
러가 "오늘날 우리들의 생활양식 전체를 끔찍하고 경악스럽고 야만적인
것"이라고 한 말을 소개함으로써 앞에서 본 시대 경멸의 시선을 이어나
간다.(35)

'하리 할러의 수기'

'편집자 서문' 다음에 나오는 '하리 할러의 수기'의 부제는 '미친 사람만
볼 것'이다. 그 처음쯤 부분에서 자신이 증오하는 것은 시민적 삶, 즉 "만
족과 건강, 쾌적함, 시민들의 잘 길들여진 낙관주의, 평범하고 정상적이고
평균적인 것이 돼지처럼 살을 찌우며 번식하는 것"이라고 말한다.(40) 그
러면서도 그는 "감상벽 탓"으로 시민의 집에서 살며 괴로워한다.(41)

> 아아! 우리가 영위하는 이 삶 속에서, 이렇게 자기만족에 빠진, 이렇게 시
> 민적인, 이렇게 정신을 상실한 시대 속에서, 이런 건축물과 사업과 정치와
> 이런 인간들 속에서 신의 자취를 발견한다는 것은 어려운 일이다. 나는 이
> 세상의 목적에 공감할 수 없고, 이 세상의 어떠한 기쁨도 나와는 상관없
> 다. 이런 세상에서 어떻게 내가 한 마리 황야의 이리, 한 초라한 은둔자가
> 되지 않을 수 있겠는가! … 그리고 사실 세상이 옳다면, 다시 말해 카페의

음악이나 대중의 향락이나 값싼 만족에 길들여진 이런 미국식 인간들이 옳다면, 내가 틀렸고, 내가 미친 것이다. 그렇다면 나는 정말로 말 그대로 황야의 이리인 것이다. 나야말로 고향도, 공기도, 양식도 찾지 못하는 짐승, 낯설고 알 수 없는 세상의 길을 잘못 들어선 짐승인 것이다.(44-45)

그러다 할러는 어느 술집 앞에서 '황야의 이리론. 미친 사람만 볼 것'이라는 글을 건네받는다. 그 글에서 할러는 인간과 이리의 본성을 함께 가졌다고 묘사된다. 즉 "본래 야수인데 교육과 인성이라는 얇은 외피를 뒤집어쓰고 있을 뿐", 그는 젊어서부터 이리로 살아갔다는 것이다.(60)

젊은 시절, 가난 때문에 호구를 위해 애먹던 시절에도, 그는 한 조각 자유라도 건질 수만 있다면 차라리 다 떨어진 옷을 입고 굶더라도 그쪽을 택했다. 그는 돈이나 안락한 삶을 위해 여자나 권력자에게 몸을 판 적이 없다. 그는 자신이 자유를 지키기 위하여 세상 사람들이 이익과 행운이라고 여기는 것을 수없이 팽개치고 깨버렸다. 어떤 직책을 맡아 하루 일정과 일년 계획을 지키고, 다른 사람에게 굽실거려야 한다는 생각은 그에게 가장 진저리나고 소름끼치는 일이었다. 사무실이나 관청을 그는 죽도록 싫어했다. 그가 꾼 가장 끔찍한 악몽은 군대 병영에 갇히는 것이었다.(66)

■　* 『황야의 이리』 번역자는 위 부분을 인용하면서 마찬가지로 미국화되어 가는 한국에서도 그 물음이 절실하다고 하며 해설을 맺는다.(325) 그러나 헤세는 그 부분을 『황야의 이리』 문제제기로 쓰고 있을 뿐이고, 뒤에서는 도리어 미국식 음악을 이해한다.

그러나 부르주아를 경멸하고 자신이 부르주아가 아님을 자랑하면서도 동시에 부르주아적 생활에 젖어 있다는 모순을 보인다.

그는 여러 면에서 아주 시민적인 생활을 했다. 은행에 예금을 했고, 가난한 친척을 도와주었으며, 옷 입는 데 별 신경을 쓰지 않았지만 어쨌든 사람들 눈에 튀지 않게 단정하게 입고 다녔고, 경찰, 세무원 같은 공권력과는 가능한 한 마찰 없이 지내려고 애썼다. 그 밖에도 그는 언제나 시민의 작은 세계로—깨끗한 정원과 윤기 나는 계단, 완벽하면서도 소박한 질서와 예절의 분위기를 풍기는 조용하고 단란한 가정집으로— 끌어들인 것은 그가 은밀하게 가지고 있던 강한 동경이었다. 작은 악행과 엉뚱한 짓을 하면서 스스로를 시민 세계의 국외자, 기인, 천재로 느끼는 것이 기분 좋은 일이기는 했지만, 그렇다고 그것을 드러내기 위해 어떤 시민성도 존재하지 않는 삶의 공간에서 산 적은 한 번도 없었다.(73)

이러한 모순된 심정은 1920년대를 살았던 지식인들의 전형적인 고뇌를 보여준다. 19세기 후반 공업화의 진전에 따라 근대시민사회의 담당자였던 시민층이 해체되면서 한쪽은 부르주아로 상승하고, 다른 한쪽은 중간층과 노동자인 대중으로 분화되었다. 특히 대중은 1917년의 러시아혁명, 1918년 독일의 11월 혁명을 거치면서 역사에 강력하게 대두했다. 이러한 가운데 전통적인 시민사회 규범을 몸에 익힌 지식인은 시민적 질서가 부르주아적 공허로 변화하는 것을 초조해하면서, 대중 속에서 미래의 에너지를 느끼고 그것을 동경하거나 공포를 갖게 되었다. 하리야말로 그런 모순 속에서 방황하는 당대 지식인의 전형이었다.*

그렇게 시민과는 달리 자유롭게 살아온 탓에 그는 외톨이 자살자가 된다. 시민이란 "그 본질상 삶의 추진력이 약한 존재, 불안에 떨며 자신을 희생하기를 두려워하는, 지배하기 쉬운 존재"로서 "힘 대신에 수를, 권력 대신에 법률을, 책임 대신에 투표를 내세우는 것"이다.(75) 반면 이리는 "고도의 개성화 때문에 시민이 될 수 없는 인간"에 다름 아니었다.(77)

> 그래서 시민은 자기들이 '개성'이라고 부르는 것을 허용하고 묵인하면서
> 도, 동시에 개성을, 모든 것을 다 삼켜버리는 화신(火神)인 '국가'의 손아귀
> 에 넘겨주고, 이 둘을 반복시켜 늘 어부지리를 얻는다. 그래서 시민은 오
> 늘 이단자로 화형에 처하고 죄인으로 교수형에 처한 자를 위하여 내일은
> 기념비를 세워주는 것이다.(88)

할러가 가야 하는 길은 "상식과 민주주의와 시민적 교양이 지배하는 세계에 살아서는 안 되고,"(92) "홀로 자기 길을 가는 것"(93)이다. 이러한

■ * 이러한 헤세의 태도와 달리 토마스 만은 시민사회를 비판하면서도 시민사회와 연결된 삶을 추구했다. 그는 1915년 『비정치적 인간의 고찰』에서 자신의 형인 하인리히 만이 독일을 민주주의 국가로 세우고자 노력하는 것을 비판하고, 필사적으로 독일적인 것, 즉 독일 시민사회의 전통을 옹호하고자 했다. 뒤에 토마스 만은 그러한 자신의 반항이 기묘한 것이었다고 인정하고 『마의 산』(1924)에서는 민주주의로 나아가는 것이 역사 진보의 필연임을 심정적으로도 수용했다. 그리고 1930년 9월 국회 선거에서 나치스가 제2당(107석)이 되자 같은 해 10월, 만은 민주주의 옹호를 위해 『이성에 호소한다』는 글을 발표했다. 그는 "독일 시민층의 정신적 전통"을 받아들이면서 "정치적 장은 오늘날 사회민주주의 측에 있다"고 하면서 노동자 계층과 함께 독일의 파멸을 막자고 호소했다. 이러한 토마스 만과 달리 하인리히 만과 브레히트는 시민사회의 질곡을 민주주의와 사회주의의 입장에서 철저히 비판했다.

이리에게는 세상과 인연을 끊거나 유머의 세계로 나아가는 두 가지 방향이 있다. 유머의 세계는 "세상을 부정하면서 세상에 사는 것, 법을 존중하면서도 법을 넘어서는 것, 소유하지 않은 듯이 소유하는 것, 포기하지 않은 듯이 포기하는 것"을 가능하게 한다.(79) 유머로 인해 "그가 애증의 감정 속에서 시민세계와 맺는 관계에는 감상이 사라질 것이고, 이 세계에 얽매여 있다는 것을 더는 괴로운 치욕으로 느끼지 않을 것이다."(79) 이는 하리가 "두 개의 존재가 아니라, 수백 수천의 존재로 이루어져 있"기에 가능하다.(82) 그 수천의 존재로 인한 정신적 모험과 사랑이 그 뒤에 이어진다.

전쟁

소설은 다시 할러의 수기로 돌아간다.

> 종교, 조국, 가정, 국가는 내겐 별 가치도, 아무런 상관도 없었다. 과학이나
> 종파나 예술이 잘난 체하는 꼴도 역겨웠다. 한때 나의 재능이자 매력이었
> 던 직관, 취향, 사상이 모두 이제는 황폐하고 거칠어져서 사람들에게 수상
> 스럽게 여겨졌다.(97)

그래서 그는 자살을 결심한다. "이만하면 됐다. 이제 이 따위 짓은 끝이다!"(98) 그러다 어느 교수를 만난다. "그는 자기 일의 가치를 믿고, 자기가 봉사하는 학문을 믿고, 단순한 지식과 그것을 축적하는 일의 가

치를 믿고, 진보와 발전을 믿고" 아인슈타인을 그저 수학자로 치부하고, "자기 주변에서 다음 전쟁이 어떻게 준비되고 있는지에 관심이 없"고, "유대인과 공산주의자를 증오할 만한 존재라고 생각한다."(110)

그가 정기 구독하는 〈군국주의자와 전쟁광들이 모인 정당의 신문〉에 할러(교수는 동명이인이라고 착각한다)가 "못된 놈팡이, 조국도 뭐도 모르는 녀석"으로 "황제를 우스갯거리로 삼고, 자기 조국이 적국 못지않게 전쟁 발발에 책임이 있다"고 말해 편집장이 "그 해충 같은 놈을 단칼에 잘라 버렸다"는 기사가 나온다고 한다.(112) "그는 거의 모든 교수들이 그렇듯이 대단한 애국자이고 전쟁 중엔 국민들을 기만하는 데 훌륭하게 협조했"다.(127)

그러나 할러는 생각이 다르다. "맹목적으로 흘린 듯 새로운 전쟁을 향해 돌진하는 것이 아니라, 최소한 사고능력이 있는 몇 사람만이라도 이성과 평화사랑의 신조를 밝히는 것이 우리나라나 세계를 위해서 더 좋은 일이다." "나는 전쟁에 반대해요. 어떤 종류의 전쟁이든 말입니다."(127) 교수와의 이별은 "시민의 세계, 도덕의 세계, 지식인의 세계와의 결별이었"고(116) 그는 다시 자살을 생각한다. "회한조차 없으며, 그저 남은 것이라곤 구역질과 고통뿐"이다.(117) 그는 술집에서 만난 고급 창녀 헤르미나에게 이렇게 말한다.

나는 두세 번 내 생각을 밝힌 적이 있어. 어떤 국가든, 심지어 어떤 개인이든 허위에 찬 정치적 '책임문제'로 선잠에 빠져들어서는 안 되고, 그 자신이 실수와 태만과 못된 습성 때문에 전쟁과 다른 모든 세상의 고통에 얼마나 책임이 있는가를 곰곰이 따져보아야 한다. 아마도 이것만이 다음 전쟁을 막을 유일한 길이라고 한 거지. … 황제고, 장군이고, 대산업가고, 정치가고, 신문이고-어느 누구도 비난받을 게 털끝만치도 없고, 아무런 책임도 없다는 거지! … 내 나라 사람들의 3분의 2가 그런 종류의 신문을 읽고, 매일 아침, 매일 저녁, 그런 논조에 설득당하고, 경고당하고, 선동당한 나머지, 불만과 악의에 차 있어. 그 모든 것의 목적과 종착역은 또 전쟁이야. 이 모든 것은 분명하고 간단한 이야기야.(166)

그것을 알게 된 뒤부터, 나는 그것 때문에 심신이 마비되고, 절망에 빠졌어. 내게 '조국'은 없고, 이제 이상 따위도 없어. 그런 건 모두가 다음 살육을 준비하는 자들을 위한 장식에 불과해.(167)

그러나 그는 그런 현실에 적극적으로 저항하는 행동가는 아니었다. 도리어 현실에 타협하며 살아간다.

그는 권력과 착취에 반대하면서도, 은행에 산업회사의 유가증권을 약간 맡겨두었고, 한 점 양심의 가책도 없이 그 이자를 따먹고 살아왔던 것이다. … 그건 그가 경멸하고 비웃던 신문 독자들이 전쟁 전의 이상적 시대를 회고하고 동경하는 것과 똑같은 짓이었다.(184)

음악

그는 술집에서 잠을 자며 괴테를 만나 입씨름을 한다. "당신은 심연을 신

244

봉하는 사람들과 좌절당한 진리의 목소리를 거부하고 억압하"였고, "당신 자신에게도 그렇고 클라이스트나 베토벤에 대해서도 그렇"다고 할러는 괴테를 비난한다. 반면 모차르트는 "자신의 개인적인 삶에 영속이니 질서니 하는 점잔 빼는 위엄 따위를 요구하지 않았다"고 비교한다.(135-136) 그러자 괴테는 자신은 진지함이 아니라 즐거움을 좋아한다고 하며 "심연처럼 깊은 노인의 유머로써 속으론 맘껏 웃어댔"다.(139)

그리고 술집에서 만난 고급 창녀 헤르미네와 태어나서 처음으로 즐겁게 춤을 추면서 자신을 발견한다. 헤르미네는 헤세의 작품에 언제나 등장하는 반지성의 본능을 개발하는 여주인공이다. 할러는 평소 그런 여인을 멸시했기에 그녀에게 끌리는 자신에게 스스로 놀란다. 그러나 그녀는 할러와 같이 이상을 추구하다가 창녀가 되었다고 말한다.

> 나는 한동안은 어쩔 줄 몰랐고, 한참동안 내 자신에게 그 책임을 묻고자 했습니다. 나는 그때 생각했습니다. 결국 삶은 정당하다, 삶이 나의 아름다운 꿈을 비웃는다면 그건 내가 멍청하고 터무니없는 꿈을 꾸기 때문이라고 말이에요.(213)

술집에서 그에게 코카인을 권한 악사 파블로가 말한다. "음악에서는 옳은 판단이나, 취향, 교양 따위가 중요한 게 아닙니다." 어느 날 그는 종교음악 연주회에 갔다가 음악과 독일 정신주의의 깊은 관계에 대해 비판적으로 생각한다.

독일적인 정신 속에서는 다른 어떤 민족보다도 강하게 모권이, 즉 자연과의 유대가 음악의 헤게모니라는 형태로 지배한다. 우리들 정신적인 인간은 모두가 남성적으로 이에 저항하면서 정신, 로고스, 말에 복종하고 따르기는커녕, 말로 할 수 없는 것을 말하고 형상화할 수 없는 것을 형상화하는, 말이 없는 언어를 꿈꾸고 있다. 우리 정신주의자들은 자신의 도구를 가능한 한 충실하고 성실하게 이용하려고 하지 않고, 늘 말과 이성에 반대하면서, 음악에 추파를 던졌다. 그리고 이상하고 성스런 음의 구조물이요, 결코 구체화되지 않는 신비하고 섬세한 분위기인 음악에 빠져 독일적인 정신은 현실적인 의무를 대부분 게을리 했다. 우리들 정신적인 인간 모두는 현실을 고향으로 삼지 못하고, 현실에 낯설어하고 적대한다. 그래서 우리 독일의 현실, 우리의 역사, 우리의 정치, 우리의 여론에 있어서도 정신의 역할은 그렇게 보잘것없는 것이다.(192)

그러면서 그에게 춤을 가르친 창녀 헤르미네나 그와 사랑하는 마리아 그리고 파블로가 미국 음악에 대해 갖는 감동이 자신의 독일고전음악에 대한 사랑과 같다고 느낀다. 이는 과거에 사랑하는 여성에게 교양을 요구했던 것과 반대되는 새로운 본능의 사랑을 초래한다. 이는 『황야의 이리론』에 쓰인 천 개의 영혼에 의한 것이다.

가장무도회

마리아를 만나고부터 가장무도회까지 할러는 행복했으나 그 행복은 곧 끝나리라고 생각하고 다시 고통을 택한다. 그런 할러에게 헤르미네는 "언제나 반시민적인 가치를 추구하는 할러에게 이 세상은 맞지 않다"라고 말한다.

> 학교에서 이른바 '세계사'라고 부르고, 거기서 교양을 위해 암기해야 하는 것들, 영웅, 천재, 위대한 행적과 감정 등등, 이런 것들은 교육을 목적으로, 아이들이 규정된 학년 동안 무언가에 몰두하게 하기 위해서 학교 선생들이 꾸며낸 거짓이에요. 세상은 과거나 미래나 변화가 없어서, 시간과 세계, 돈과 권력은 하찮은 자, 평범한 자들의 것이 되고, 본래의 진정한 인간에게는 주어지는 게 없지요. 죽음 이외에는 말이에요.(216)

헤르미네는 춤 선생일 뿐 아니라 "성스러운 피안, 무시간적인 세계, 신성한 실체와 영원한 가치의 세계를 다시 선사해준" 사람으로서 할러에게 괴테의 웃음, 즉 "오직 빛과 밝음이었고, 진정한 인간이 사람들의 고통과 재앙과 오류와 열정과 오해를 뚫고 영원의 세계로 들어섰을 때 짓는 웃음"을 떠올리게 한다.(219)

마술극장의 자동차

가장무도회가 끝난 뒤 할러는 헤르미네와 파블로의 눈짓으로 마술극장에 간다. 마술극장에서 파블로는 할러에게 그곳이 '유머의 학교'라고 하며 웃음을 배우라고 한다.(251) 그곳에서 그는 전쟁에 뛰어든다. 첫째 방문에는 '즐거운 사냥을 위하여! 자동차 사냥'이라는 글귀가 있다.

길거리에서 자동차들이―일부는 무장을 하고 있었다― 질주하면서 보행자들을 몰아댔다. 그들을 깔아뭉개 떡을 만들고, 남의 집 담으로 몰아붙여 박살을 냈다. 나는 곧바로 알아챘다. 이것은 인간과 기계 사이의 전쟁이다. 오랫동안 준비돼온, 오래 전부터 예견되어온 무서운 전쟁이 마침내 터진 것이다. 도처에서 죽은 사람들과 몸이 갈기갈기 찢긴 사람들이 나뒹굴고, 부서지고 휘어지고 반쯤 불에 탄 자동차들이 사방에 널려 있었다. 이 황량한 혼돈 위에선 비행기들이 맴돌고 있었는데, 비행기를 향해서도 지붕과 창문에서 소총과 기관총이 불을 뿜었다. 벽에 붙은, 거칠지만 기막히게 선동적인 플래카드들은 횃불처럼 불타는 커다란 글자들로 국가를 향해 요구하고 있었다. 이제 기계에 맞서 인간을 위해 개입하라. 기계를 이용하여 다른 사람들의 고혈을 짜는, 저 살찌고 화려하게 차려입은, 향수냄새를 풍기는 부자들을, 악마처럼 덜거덕거리면서 기침하듯 불평하듯 달려가는 그들의 커다란 자동차와 함께 지체 없이 때려 부숴라. 공장에 불을 지르고, 더럽혀진 땅을 치우고 인구를 줄여라. 그래서 다시 풀이 자라도록 하고, 먼지가 수북이 쌓인 시멘트의 세상이 다시 숲과 초원과 목장과 개울과 늪이 되게 하라.(255)

『황야의 이리』를 쓴 시기에 쓴 다음의 시 「자동차 전쟁」에서도 같은 묘사를 볼 수 있다.

거리 위 모든 공장에서

남을 시기하여 삭막해진 담벼락 뒤편에서

수많은 기계들이 나지막하고 음험하게 그르렁거린다.

공장의 돈 버는 소리는 마치 노래 소리 같지만

오래지 않아

자동차들은 더욱더 사악하고 날카로운 눈빛이 되리라.

자동차 경적소리는 더욱더 커지면서 광폭해지고

공기는 먼지와 연기로 가득 차고

그리고 우리들의 마음은 미움으로 가득 차리라.

그리고 시작되어, 마침내 전쟁이 시작된다!

자동차들은 우리를 광분 속으로 몰아넣어,

시멘트로 된 주위에 우리를 울부짖듯 몰아세우고,

우리 주위를 달려, 우리의 머리와 손위를 지나간다,

기계들은 마치 악마와 같이 두렵구나, 그것들에게 저주 있을지어라!

그것들은 이성으로 이루어졌지만

바보스럽고 아무런 의미가 없네, 이 짐승에게 부족한 것은

어리석음과 사랑, 꿈, 음악, 환상!

기계들은 자신들의 창조자와 주인들과 마찬가지로

너무도 탐욕스럽고 너무도 빠르고 의미 없이 달려간다.

그것이 그들의 불행이 된다.

곧 인간이 기계를 압도하여

모든 기계들은 사라지니,

기계, 계산기와 공장 주인들도,

우리는 그들을 모두 찢고 부수리라.

자동차들의 현명한 발명자들이 그 바퀴 속에서 폭발하여,

죽어가는 거대한 코끼리에 의해 밟혀죽게 되리라.

우리 기계들의 자손들은

살아남아 노래 부르며

황량한 폐허 위에 나무를 심으리라.

그리고 바보 같은 기계의 무덤 위에서 오래도록 춤을 추리라.

"삶에 답답함을 느끼고 생활의 즐거움을 잃어버린 사람들 하나하나가 자신의 불만을 적절하게 표현하여, 창백해진 문명세계를 완전히 파괴시키는 길을 열어놓으려고 하는" 전쟁이었다.(256) 그러나 전쟁의 결과는 헤르미네의 살해로 나타난다. 이에 대해서는 여러 가지 해석이 있고, 그중에는 황야의 이리가 그 본성을 궁극적으로 실현한 것이라고 보는 견해도 있으나, 역시 당혹스럽다. 그보다는 도리어 웃음을 제대로 배우지 못한 탓이라고 보아야 하지 않을까? 모차르트가 다시 나타나 웃음을 가르치는 장면이 있으니 말이다. 모차르트는 라디오를 들고 나와 할러의 항의를 받는다.

■　＊ 김선형, 『헤세, 힐링을 말하다』, 경남대학교출판부, 2013, 124~125쪽 재인용.

당신이 이 혐오스러운 기계를 우리에게 틀어주다니요. 그건 우리 시대의 전리품이요, 이 시대가 예술을 절멸시키는 전투에서 사용하는 최후의 효과적인 무기가 아닌가요?(300)

그러자 모차르트가 대답한다.

그렇긴 해도 그것이 이 음악의 본래의 정신을 파괴하지는 못하지. 오히려 그 훌륭한 음악에 비춰 기술이란 것이 얼마나 하릴없고, 그 기술이 하는 짓들이라는 게 얼마나 정신을 결여한 것인지를 증명하는 셈이지. … 자네가 라디오를 들을 때 듣고 보는 것은 이상과 현상, 영원과 시간, 신성과 인간성 간의 원초적인 투쟁이라네. … 삶은 기술과 정신없는 활동, 추한 욕구와 허영심을 이념과 현실 사이에, 오케스트라와 귀 사이에 어디에고 밀어넣는 것이라네. 인생이란 그런 거라네. 우리는 그걸 있는 그대로 놓아두어야 한다네. 그러니 당나귀가 아닌 이상 우리가 웃지 않을 수 있겠나. 자네 같은 사람들에겐 라디오나 인생에 대해 비판할 권리가 없다네. 우선 듣는 법부터 배우게! … 자네는 자신의 인생을 끔찍스런 병자의 이력으로 만들어버렸고, 자신의 재능 때문에 불행해졌다네.(301-302)

소설은 "언젠가는 웃음을 배우게 되겠지"라고 끝나 아직도 할러가 유머를 제대로 터득하지 못했음을 암시하며 끝난다.

1927년부터 1929년 사이

1927년 헤세는 재판을 통해 루터 뱅거와 이혼했다. 당시 헤세는 그 전해부터 알았던 니논 돌빈과 동거 중이었다. 『황야의 이리』는 헤세의 예상과 달리 인기를 끌었다. 체제에 순응하며 살았던 자의 참회록인 『황야의 이리』가 그레저를 의식해서 쓰인 것인지 아닌지는 알 수 없지만 헤세는 그레저의 삶을 무시할 수 없었을 것이다. 그 후 그레저는 유럽 각지를 방랑하며 노자, 소로, 니체에 대한 강연을 하거나 체포되거나 추방되기를 되풀이했다. 『황야의 이리』와 함께 후고 발이 쓴 헤세의 전기도 출간되었다.

1929년 헤세는 토마스 만의 만류에도 불구하고 프로이센 예술원을 탈퇴한다. 조직에 소속하는 것에 대한 근본적인 반감만이 아니라 정치적 목적을 위해 문학을 이용하고, 유대인 작가들의 가입을 방해하며, 국수주의자들이 예술원은 전체 독일 "국민을 위해서 책임의식"을 가져야 한다고 주장한 것도 그는 마음에 들지 않았다. 당시 만은 나치를 일시적 유령이라고 보았으나 헤세는 그것이 이미 1914년에 시작되어 앞으로 파국을 초래하리라고 보았다. 이 시절에 쓴 시 중에서 내가 가장 좋아하는 시는 「예수와 가난한 사람들」이라는 제목의 다음 시다.

당신은 죽었다, 사랑하는 형제 예수여,
한데 그들을 위해 당신이 죽은, 그이들은 어디에 있는가?

당신은 모든 죄지은 자들의 고난을 대신해 죽었고,
당신의 몸은 성스러운 빵이 되었다,

1927년의 헤세

그걸 일요일에 성직자들과 정당한 사람들이 먹는다,

그 사람들 문 앞에서 우리 배고픈 사람들은 걸식을 한다.

우리는 당신의 용서의 빵을 먹지 못한다.

그 빵은 살찐 성직자들이 배부른 이들을 위해 나누는 것

그다음 그들은 가서 돈을 벌고 전쟁을 수행하고 살인을 한다,

아무도 당신을 통해 축복받지 않았다.

우리 가난한 사람들, 우리는 당신이 간 길을,

비참을, 치욕을, 십자가를 향해 간다.

다른 사람들은 성찬을 끝내고 집으로 간다

성직자를 구운 고기와 케이크에로 초대한다.

형제 예수여, 당신은 헛되이 괴로워했다

배부른 이들에게는 그들이 당신에게 청한 것을 주거라!

우리 배고픈 사람들은 당신에게서 아무것도 원하지 않는다, 그리스도여

우리는 당신을 그저 사랑할 뿐이다, 당신은 우리 중 하나이기 때문에.(시 선, 196-197)

『나르치스와 골드문트』

1930년에 출판된 『나르치스와 골드문트』는 우리나라에서 『지와 사랑』이

Hermann Hesse

Narziß
und Goldmund

Erzählung
1. bis 20. Auflage

Die Spaltung unseres Wesens, das sich
nach Hoheit und Ruhe, nach Vernunft
und Nüchternheit des Wissens sehnt und
zugleich nach gottlosem Rausch und sinnen-
freudiger Hingebung an die Welt, wird
in den beiden Hauptgestalten dieses Buches
anschaulich: Narziß, der klar und streng
um den letzten Sinn Bemühte, der geborene
Lehrer und Weise, der Mönch und Abt, —
Goldmund, der ewig umgetriebene Lebens-
schüler, der selige Abenteurer des leiblichen
Daseins, der Liebende, der Träumer und
Bildner, der Todfeind der Besitzenden und
Seßhaften. Wie die beiden Freundschaft
schließen, in langer Trennung vorbestimmte
Wege gehen und sich zum Abschied auf
immer wiederfinden, das ist hier bezaubernd
rein und im Tonfall schwermütigen Glücks
erzählt.

S. Fischer Verlag / Berlin

『나르치스와 골드문트』 초판본

라는 제목으로 소개되었고, 『데미안』과 함께 가장 많은 독자의 사랑을 받았다고 하지만 나로서는 이해하기 어렵다. 흔히 그 소설의 주제라고 말하는 창백한 지성과 분방한 사랑이라는 대립구도가 너무나도 관념적이라고 느껴지는 탓이다. 특히 니체류의 아폴론적 인간상과 디오니소스적 인간상의 대비를 소설로 쓴 듯한 느낌이 강하다. 그러나 니체의 모작이라면 헤세의 가치가 훼손될 수도 있다. 나에게 이 소설은 그런 관념적 대립보다는 정신과 자연의 불일치가 초래한 체제와 시대의 문제를 풍자하는 작품으로 여겨진다.

이 소설도 『수레바퀴 아래서』처럼 헤세의 자전적 소설이라고 한다. 그러나 29세에 쓴 『수레바퀴 아래서』를 낸 뒤 24년이 지난 53세에 쓴 『나르치스와 골드문트』에서 회고의 정도는 다를 수밖에 없다. 물론 이야기의 구조는 비슷하다. 『수레바퀴 아래서』의 한스와 하일너는 각각 나르치스와 골드문트이다. 단 『나르치스와 골드문트』는 어느 시대의 이야기인지가 불명하지만, 소설 중에 기사 등이 등장하는 것을 보면 중세라고 볼 수 있다. 또 『수레바퀴 아래서』에서와 달리 『나르치스와 골드문트』에 나오는 골드문트의 고뇌는 분명히 어머니의 부재 탓으로 설명된다. 이런 점 등으로부터 이 소설은 『수레바퀴 아래서』보다 비현실적이다.

그러나 『나르치스와 골드문트』의 주인공들은 이제 『수레바퀴 아래서』의 소년들이 아니라는 점이 가장 큰 차이다. 나르치스는 평생 수도원에 은둔하는 수도사이고, 골드문트는 평생 수도원 밖을 떠도는 방랑자다. 또한 성격도 다르다. 나르치스는 이지적이고 차분하지만 골드문트는 낭만적이고 열정적이다. 지성형과 감성형이라는 구분이 가능하다. 그러나 두 사람 모두 신을 찾는 점에서 같다. 두 사람 중에 단 한 사람의 주인공을 꼽는다면 골드문트이다. 따라서 주인공의 비중에서 보면 그 제목은 『골드문트와 나르치스』로 하는 것이 옳았을지도 모른다.

여하튼 『수레바퀴 아래서』보다 『나르치스와 골드문트』는 부피가 두 배 정도에 이르러 헤세 소설 치고는 『유리알 유희』 다음으로 두껍다. 『나르치스와 골드문트』는 7개의 장인 『수레바퀴 아래서』보다 13개 장이 더 많은 20개의 장으로 구성되어 있는데, 이는 셋으로 나눌 수 있다. 수도원을 배경으로 한 1~5장, 골드문트의 방랑을 다루는 6~16장, 그리고 두 사람이 재회하여 골드문트가 나르치스 품에서 죽는 17~20장이다.

수도원 이야기

"마리아브론 수도원의 입구에는 두 개의 작은 기둥으로 떠받쳐진 아치형 정문이 보이고"로 시작하는 제1장에서 마리아브론이란 앞에서 본 헤세가 다닌 수도원이자 『수레바퀴 아래서』에 나오는 수도원의 이름인 마울브론을 연상하게 한다. 사실 제1장 서두에 나오는 수도원 풍경 묘사는 마울브론 수도원의 정경과 흡사하다. 그러나 더 중요한 점은 "두 개의 작은 기둥"이 소설의 주제인 정신과 자연을 상징한다는 점이다. 마찬가지로 정신을 상징하는 나르치스는 신학교 학생이지만 지성의 능력이 뛰어나 수습교사로서 학생들을 가르친다. 자연을 상징하는 골드문트는 그곳에 새로 들어와 나르치스의 수업을 듣는 학생이다. 골드문트는 학교에 오자마자 아돌프와 싸움을 벌인다.

제2장에서 나르치스와 골드문트는 서로 이끌린다. 그러나 두 사람은 다르다. 나르치스는 사변가, 골드문트는 몽상가로 대비된다. 골드문트는 아돌프의 유혹에 빠져 '밤 마실'을 나가 마을 소녀들을 만난다. 골드문트는 소녀와의 키스에서 신학생으로서의 정신적 위기를 느끼지만 나르치스가 그에게 구원의 손길을 뻗친다. 그 후 두 사람은 참된 친구가 된다.

제3장에서 나르치스와 골드문트의 우정이 시작되면서 문제가 나타난다. 특히 나르치스가 당연한 것이라고 생각하는 소녀와의 키스를 골드문트가 필요 이상으로 양심의 가책을 느끼자 이를 악령 탓이라고 보고 그것을 제압하고자 한다. 그런 가운데 두 사람에 대한 나쁜 소문이 퍼지지만 수도원장은 그들을 이해한다.

제4장에서 나르치스는 골드문트와의 대화에서 서로 가까워질 수 없다고 말한다.

마치 해와 달, 바다와 육지가 가까워질 수 없듯이 말이야. 이봐, 우리 두 사람은 해와 달, 바다와 육지처럼 떨어져 있는 거야. 우리의 목표는 상대방의 세계로 넘어 들어가는 것이 아니라 서로를 인식하는 거야. 상대방을 있는 그대로 존중해야 한단 말이야. 그렇게 해서 서로가 대립하면서도 보완하는 관계가 성립되는 것이지.(70)

그리고는 골드문트에게 그가 가야할 길이 수도사의 길이 아니라고 하며 그의 삶에는 공백이 있다고 한다.

너 같은 기질의 사람들, 그러니까 강렬하고도 섬세한 감성을 지녀서 영혼으로 느낄 줄 아는 몽상가나 시인들, 혹은 사랑에 빠진 사람들은 우리 같은 정신적 인간보다는 거의 예외 없이 더 우월한 존재라고 할 수 있지. 그런 사람들은 말하자면 모성의 풍요로움을 타고난 존재들이야. 그 반면 우리 같은 정신적 인간들은 너 같은 사람들을 곧잘 이끌어가고 다스리는 것처럼 보이지만 실은 충만된 삶을 전혀 모르고 메마른 삶을 살게 마련이야. 과일의 단물처럼 넘쳐흐르는 삶의 풍요로움, 사랑의 정원과 예술의 땅은 바로 너희들의 것이지. 너희들의 고향이 대지라면 우리네의 고향은 이념이야. 너희들이 감각의 세계에 익사할 위험이 있다면 우리는 진공 상태의 대기에서 질식할 위험에 처해 있지. 너는 예술가고 나는 사상가야. 네가 어머니의 품에 잠들어 있다면 나는 황야에서 깨어 있는 셈이지. 나에겐 태양이 비치지만 너에겐 달과 별이 비치고, 네가 소녀를 그리워한다면 나는 소년을 그리워해…(74)

이에 골드문트가 충격을 받고 기절하자 나르치스는 그의 비밀이 어머니에 대한 아버지의 억압이라고 생각한다. 병석에서 골드문트는 꿈속에서 어머니를 본다.

제5장에는 어머니의 이야기가 나온다. 어머니는 이교도 출신의 무희였고 아버지와 결혼 후에 남자들을 유혹하다가 사라졌기에 아버지는 골드문트에게 어머니의 속죄를 위해 평생을 신에게 바쳐야 한다고 했다. 그러나 골드문트가 기억한 어머니는 절대적인 영혼과 사랑의 존재이고 반면 아버지는 정신과 학문의 세계로 대비된다.

나는 아버지를 너무나 사랑한다고 생각했고 또 내가 아버지와 비슷한 존재라고 생각했었지. 그래서 아버지 말씀이라면 무조건 믿고 따랐었지. 그런데 어머니가 다시 나타나시기 무섭게 비로소 사랑이란 무엇인지 새로이 깨닫게 되었어. 그와 동시에 어머니의 상에 비하면 아버지의 상은 갑자기 작아지고 유쾌하지 않게 되고 거부감마저 느껴지게 되었어. 그래서 지금 나는 정신과 관계되는 모든 것은 아버지와 결부된 것으로, 그러니까 어머니와는 무관하며 어머니한테 적대적인 것으로 보게 되었고 어느 정도는 얕잡아 보게 되었어.(103)

방랑과 창조의 이야기

제6장에서 골드문트는 식물채집을 나갔다가 숲속에 사는 리제를 만난다. 그녀에게서 어머니를 본 골드문트는 곧 사랑에 빠지고 급기야 신학교를 떠난다. 골드문트는 숲에서 다시 리제를 만나 그녀와 사랑을 나눈다. 그 후 나르치스에게 이렇게 고백한다.

어머니가 부르는 소리를 들었어. 그녀는 어머니가 보낸 전령이었다고. 내 가슴에 피어난 꿈처럼 갑자기 낯모르는 아름다운 여인이 다가온 거야. 그녀는 내 머리를 품에 안고 있었지. 나에게 꽃다운 미소를 지어 보였고, 나를 사랑해주었지. … 그녀는 여성이란 어떤 존재이며 어떤 비밀을 간직한 존재인가를 나에게 가르쳐주었어. 그녀 덕분에 나는 불과 반시간 사이에 나이를 몇 살은 더 먹은 셈이야. 이제 나는 많은 것을 알게 되었어. 이제 이

수도원에 단 하루도 더 머물 이유가 없다는 것도 불현듯 알게 되었지. 어두워지는 대로 떠날 거야.(126)

제7장에서 아침이 오자 리제는 남편에게 돌아간다. 이틀 밤을 숲에서 보낸 골드문트는 마을을 찾아간다. 그리고 그곳에서 만난 농부의 아내와 다시 사랑을 하며 놀라워한다.

그것은 죄악이었다. 간통이었다. 얼마 전까지만 해도 그는 이런 죄를 짓느니 차라리 목숨을 끊었을 것이다. 그런데 지금은 벌써 두 번째 여인을 기다리고 있지 않은가. 그런데도 그의 양심은 평온한 것이다. 어쩌면 평온하다고는 할 수 없을 것이다. 하지만 이따금 양심이 찔리고 부담이 느껴지는 것은 간통과 육욕 때문은 아니었다. 딱히 뭐라고 할 수는 없지만, 뭔가 다른 이유가 있었다. 그것은 죄를 저질러서 생기는 죄책감이 아니라 이미 세상에 태어나면서부터 생겨난 그런 죄책감이었다. 신학에서 원죄라고 일컫는 것이 어쩌면 바로 이런 것일까?(154)

제8장에서 그런 골드문트의 방랑과 사랑이 한두 해 이어지다가 어느 기사 집에 당도한다. 그는 기사의 라틴어 여행보고서 집필을 돕기 위해 그 집에 머물며 두 딸과 사랑한다. 그리고 '애틋한 사랑'과 '단순한 관능'의 분명한 차이를 알게 되지만 머물 수는 없다.

사랑하지만 희망은 없었다. 허락을 얻어 길게 지속될 행복의 가망도 없었고, 지금까지 익히 그래왔듯이 가볍게 욕망을 충족시킬 가망도 없었다. 영원히 자극만 받고 목말라하지만 결코 해소할 길이 없는 충동을 견뎌내야 하며, 그러자면 항상 위험을 감수해야만 하는 것이다. 어째서 이곳에 눌러앉아 이 모든 것을, 이 모든 갈등과 혼란스러운 감정을 감수해야 한다는 말인가? 그것은 자기 집이 있고 정상적인 생활을 하는 사람들, 잠자리가 따뜻한 사람들한테나 어울릴 체험이요, 감정이며 양심의 상태가 아닌가? 이렇게 아늑하고 복잡다단한 생활에서 벗어나 그런 생활을 비웃어주는 것이야말로 자기처럼 집도 없고 아무런 의무도 없는 사람의 권리가 아닌가?(190)

제9장에서 골드문트는 사기꾼 방랑자 빅토르와 함께 여행을 하다가 자기 물건을 훔치려는 빅토르를 죽인다. 자신을 이해할 수 없게 된 골드문트는 무작정 도망친다. 그리고 마음속으로 나르치스와 대화한다.

이봐, 세상은 죽음으로 가득 차 있어. 온통 죽음뿐이야. 울타리마다 죽음이 걸터앉아 있고, 나무마다 그 뒤엔 죽음이 도사리고 있지. 그러니 너희들이 담장을 쌓아올리고, 기숙사와 예배당과 교회를 지어도 아무 소용없다고.(219)

제10장에서 골드문트는 여전히 방랑과 사랑을 거듭하다가 살인에 대한 고해성사를 하려고 성당에 간다. 그곳에서 그는 아름다운 마리아 상을 보고 "전혀 딴 사람"이 된다.

달콤하고도 성스러운 그 목각 입상 앞에 서 있던 짧은 순간 이래로 골드문트는 여태껏 갖지 못했던 그 어떤 목표를 갖게 되었다. 이전에는 다른 사람들이 어떤 목표를 세우면 골드문트는 곧잘 비웃거나 부러워하곤 했었다. 그런데 이제 그 자신이 목표를 갖게 된 것이다. 어쩌면 그 목표를 이룰 수도 있을 것 같았다. 또 그렇게 되면 자신의 망가진 삶 전체가 숭고한 의미와 가치를 얻을 수 있을지도 모르는 일이었다.(234)

골드문트는 그 조각을 만든 니클라우스를 찾아가 그의 제자가 된다.

제11장에서 골드문트는 열심히 조각을 배우면서도 여전히 헛된 사랑에 탐닉하면서 거기서 오는 비애까지 사랑으로 느낀다. 반면 명예나 재산은 그에게 무용했다. 그리고 예술은 아버지와 어머니의 세계의 합일, 정신과 피의 합일, 남성적인 것과 여성적인 것의 합일, 충동과 순수한 정신의 합일이었다. 그는 예술을 위해 자기에게 가장 소중한 자유를 바쳤다.

자유로운 상태, 어떤 경계선도 마음대로 넘나드는 분방함, 방랑 생활의 방종함, 홀로 서서 누구에게도 의존하지 않는 삶, 이 모든 것을 그는 단념했다. … 넓은 세상을 만끽하는 자유, 위험을 즐기는 짜릿한 쾌감, 안빈낙도의 자부심을 모두 바쳤다.(267)

마침내 그는 나르치스 조각상을 완성한다.

그러나 제12장에서 골드문트는 시장에 나갔다가 생선가게에서 물고기에 대한 연민과 인간에 대한 쓸쓸한 불쾌감을 느낀다.

인간들은 아무것도 보지 못하고, 아무것도 알아차리지 못하는 것이다! …
인간들은 모두 자족감에 빠져 있거나 일로 분주했으며, 잘난 체하면서 바
쁘게 살아갔다. … 인간들은 돼지와 다름없었다. 아니 차라리 돼지만도 못
하고 돼지보다 더 조악했다.(276)

그래서 골드문트는 다시 자유를 찾아 떠난다. 조각가로 돈을 버는 대
신 생생한 삶을 맛보고 마음대로 떠돌아다니며 신비를 찾기 위해서다.
그 신비란 "위대한 산모의 모습, 태초의 어머니의 모습"이다.(286)
    제13장에서 골드문트는 방랑을 계속한다. 아래에 묘사된 방랑자는 앞
에서 말한 그레저를 다시 연상시킨다.

누구한테도 순종하지 않고 오직 날씨와 계절에만 의존하며, 앞날에 어떤
목표도 없이 하늘을 지붕 삼아 아무것도 소유하지 않고 그때그때 닥치는
온갖 우발적 상황에 자신을 내맡긴 채 정처 없이 떠도는 나그네들은 순진
하고도 용감한, 가련하고도 굳센 삶을 영위하는 것이다. … 그들에게 주어
지는 태양과 비, 안개와 눈, 따스함과 추위, 평온함과 곤경 따위는 때를 맞
추어 찾아오지 않는 법이다. 거기엔 그 어떤 역사도 인위적 노력도 없으며,
집을 가진 사람들이 너무나도 절망적으로 매달리는 발전과 진보라는 기
이한 우상도 존재하지 않는다. … 언제나 세상에 처음 태어난 날의 어린아
이처럼, 태초의 인간처럼 살아가는 것이다. … 방랑자는 뭔가를 소유하면
서 정착해 있는 사람에 맞서는 적대자이다. 뭔가를 소유하면서 정착해 살
아가는 사람들은 방랑자를 미워하고 경멸하며 두려워한다.(299-300)

다시 방랑을 하면서 골드문트는 페스트가 만연하여 사람들이 죽어가는 지역을 지난다. 여기서 페스트는 헤세가 살았던 20세기 전반을 상징하는 것이 아닐까?

제14장에서 골드문트가 사랑하는 레네가 강간을 당하자 강간범을 죽인다. 다시 길을 떠난 그가 본 지역도 "죽음의 구름으로 뒤덮여 있었고, 공포와 불안과 침통한 분위기에 휩싸여 있었다."(338)

> 그리고 이 모든 일보다 더 고약했던 것은 누구나 이 견딜 수 없는 참상의 책임을 뒤집어씌울 속죄양을 찾으려 했다는 사실이었다. … 부자들이 가난한 사람들한테 죄를 씌우거나 그 반대의 경우도 있었다. 또 유대인이나 이방인 혹은 의사들이 죄인으로 지목되기도 했다. 어느 도시에서 골드문트는 집들이 다닥다닥 붙어 있는 유대인 거리 전체가 불타는 것을 목격하고 가슴이 미어지는 것 같았다. … 사람들은 불안과 격분으로 제정신이 아니었기 때문에 곳곳에서 죄 없는 사람들이 맞아죽고, 화형에 처해지고, 고문당했다. … 세상은 파괴되고 있었고 독에 물들고 있었다.(339)

여기서 등장한 유대인 이야기는 헤세가 이 소설을 쓴 1930년 전후의 독일 분위기를 그대로 말해준다. 그래서 기독교도들은 "돼지만도 못한 족속들"이다.(347) 골드문트는 성당에서 고백한다.

> 당신은 이 세상을 악하게 만드셨고, 세상의 질서를 잘못 세우셨나이다. 집집마다 거리마다 온통 시체가 나뒹구는 것을 보았습니다. 부자들은 자기

집에 숨어 있거나 달아나고, 가난한 사람들은 형제들을 묻지도 않은 채 버려두고 서로를 의심하며 유대인들을 짐승처럼 살육하는 것을 목격했습니다. 너무나 많은 순진무구한 사람들이 고통 받고 파멸하는 것을 보았고, 너무나 많은 악한들이 복에 겹도록 잘사는 것을 보았습니다. 당신은 저희를 완전히 잊어버린 것인가요? 당신의 피조물에 더는 관심이 없으신가요? 저희 모두를 멸망케 하시려는 건가요?(351)

제15장에서 골드문트는 스승이 사는 도시에 도착하지만 스승은 이미 죽고 없다. 그는 방에 처박혀 페스트로 죽어간 사람들의 그림만 그린다.

제16장에서 골드문트는 인생에 조롱당하고 있다는 느낌에 젖으면서 "예술을 창작하면서 인생을 그 대가로 지불하지 않아야 한다"고 생각한다.(381) 그리고 마지막 연인 아그네스를 만났다가 잡혀 죽는다.

재회와 죽음의 이야기

제17장에서 골드문트는 처형 직전에 고해성사를 해주러 나타난 신부가 나르치스임을 알게 된다. 예술이 무엇을 가져다주었는가, 라는 나르치스의 질문에 골드문트는 다음과 같이 답한다.

무상감을 극복하게 해주었네. 사람들이 벌이는 바보짓과 죽음의 무도 가운데서도 뭔가 오래도록 남는 것이 있다는 것을 깨닫게 되었지. 그게 바로 예술 작품이었어. 예술 작품 역시 언젠가는 사라지겠지. 불타거나 망가지거나 파괴되겠지. 그래도 예술 작품은 인간의 일생보다는 훨씬 오래 남고, 덧없는 순간을 넘어 성스러운 형상이 충만한 조용한 왕국을 이룬단 말일 세. 그런 작업에 일조하는 것이 나에겐 다행히 위로가 되었던 것 같네. 그 것은 덧없이 사라지는 것에 영원의 생명을 부여하는 것이나 다름없으니 까.(413~414)

골드문트는 사면을 받고 나르치스와 함께 떠난다. 제18장에서 골드문 트는 신학교가 있는 수도원에 돌아가서 나르치스에게 고해성사를 하고 수도원을 꾸민다. 제19장에서도 그 작업은 이어진다.

제20장에서 골드문트는 죽는다. 죽어가는 그에게 나르치스는 자신의 삶에는 사랑이 빈곤했다고 말하고, 골드문트는 어머니에 대해 말한다. "어머니가 없이는 사랑할 수 없는 법이네. 어머니가 안 계시면 죽을 수도 없어."(478)

1930년에 출판한 『나르치스와 골드문트』는 높은 인기를 끌었다. 출간 첫 해에 4만 권이 팔렸다. 그러나 헤세 자신은 이를 실패작이라고 보았다. 다음 고백에 헤세의 심정이 잘 드러난다.

『황야의 이리』는 주제가 확실하고 소나타와도 같은 형식으로 쓰였지만 『골드문트』는 훌륭한 독일의 독자라 할지라도 담배나 피우면서 중세를 생 각하고 인생이란 아름답고도 슬픈 것이라는 정도나 생각할 수 있을까 자 신의 삶, 자신의 직업, 전쟁, '문화' 등에 대해서는 생각하게 되질 않습니다.(첼러, 124, 재인용)

6장

봉사로
반항하라

『정원에서 보낸 시간』

1931년 헤세는 니논 돌빈과 결혼하고 몬타뇰라로 이사했다. 그곳에서 헤세는 밭일과 함께 창작에 열중했다. 카사 헤세라고 불린 그 집 2층에는 서재가 있었고, 아래층에는 화실과 도서실이 있었는데 그는 거기서 손님들을 맞아 차를 마시거나 음악을 들었다. 그곳의 큰 창으로는 계곡이 내려다보였다.

1930년 7월, 헤세는 몬타뇰라 마을 남쪽 기슭에 11,000제곱미터(약 3,333평)의 대지를 마련했다. 그 중심은 포도밭이었다. 헤세는 일용직 노동자를 고용해 700킬로미터의 포도를 수확해 수입원으로 삼았다. 그 아래에 꽃과 딸기, 채소, 샐러드, 약초 등을 심은 화단을 만들었다. 그 경험에서 1935년에 쓴 장시 『정원에서 보낸 시간*Stunden im Garten. Eine*

몬타뇰라에 있는 헤세 박물관 입구

Idylle』은 수백 개의 6운각*으로 되어 있다. 그 첫 연을 읽어보자.

　아침 7시쯤 방을 나와 햇빛이 밝게 비치는 테라스로 걸어간다.

　어느덧 다시 깨어난 태양이 무화과나무 그늘 사이로 비쳐든다.

　거친 화강암으로 만든 난간에는 벌써 온기가 감돈다.

　여기 나의 연장들이 놓여 있다. 나를 기다리고 있는 것이다.

　연장들은 모두 친숙해져 나와 다정한 동무가 되었다.(129**)

　이어 헤세는 각종 연장, 각종 꽃, 각종 나무, 그리고 주변 농부들, 날씨,
외양간, 주변 경관 , 고양이, 숯 굽기 등을 친구처럼 이야기한다.

　그렇다. 마치 바라보고 생각하노라면 기분을 안정시켜주는

　모든 것들은 성스러운 것이다.

　그것은 우리들 열정과 충동의 사려 깊은 주인이 되도록 도와준다.

　그러나 다른 사람들을 계도하고 세상을 가르치고, 이념으로부터

　역사를 만들어내려는 그 열정, 저 격렬한 쾌락을

　우리는 자제해야 한다. 지금 세상은 안타깝게도

　이 고귀한 충동이 다른 모든 이들을

　피와 폭력과 전쟁으로 이끌어가기 때문이다.

■　* 한 행이 6음절의 박자로 이어지는 운율로서 고대 그리스 시문학에서 애용되었고 괴테나 토
마스 만도 즐겨 사용했다.
　** 이하 쪽수는 『정원일의 즐거움』의 쪽수.

그러니 현명하다는 것은

현자들에게는 연금술이자 유희인 것이다,

세계가 거칠고 격렬한 충동에 지배되는 동안에도.

그러니 우리는 겸허해지자. 가능하면

세계가 질주하며 흘러가는 시대 속에서도

저 영혼의 고요함을 잃지 말아야 한다.

제발 서둘러 세계를 바꾸려는 생각을 하지 말아야 한다.

그렇게 하면 모든 것이 제대로 되어갈 것이다.(159-161)

나치의 시대

그러나 세계는 제대로 되어 가지 않았다. 당시 헤세는 히틀러에 반대하고 공산주의를 지지하는 정당을 선택하라는 편지를 많이 받았다. 그는 과거부터 공산주의를 지지했으나 정당 소속이란 그에게 혐오스러운 것이었다. 1931년에 쓴 『어느 공산주의자에게 보내는 편지』에서 그는 개인을 고려하는 자신에 반해 정치와 정당은 개인들을 고려하지 않는다고 비판했다. 그는 파시즘이든 공산주의든 세계의 개선, 행동, 투쟁의 주장이 전쟁을 낳는 점에서 무의미하다고 보았다. 이미 파시즘의 광풍이 불고 있었다. 1931년부터 그는 이 같은 광풍 속에서 『유리알 유희』를 쓰기 시작한다.

내게는 두 가지가 중요했다. 하나는 숨을 쉬면서 세계의 모든 독에서 벗어나 살 수 있는 도피처나 성이 될 수 있는 정신적인 공간을 세우는 일이었고, 둘째로는 야만적인 힘에 대항하는 정신의 힘을 보여주어 독일에 있는 친구들이 대항하고 버티는 데 힘을 주도록 하는 일이었다.(첼러, 150, 재인용)

1932년 초 그는 편지에서 '어릿광대' '골빈 무대 위의 독일인'이 정권을 차지하면 독일은 군사적으로는 물론 정신적, 도덕적으로도 몰락할 것이라고 썼다.

『유리알 유희』는 1945년 이후 독일문학에서 토마스 만의 『파우스트 박사Doktor Faust』(1947)와 함께 주목을 받았다. 파시즘과 니체를 비판한 『파우스트 박사』는 문명비판과 근대비판이자 동시에 사회현실로부터의 추상화라는 점에서 『유리알 유희』와 공통점을 보인다.

『동방순례』

기기묘묘하게도 헤세 작품이 홍수처럼 쏟아진 대한민국에, 그것도 동방이라는 대한민국에 『동방순례Die Morgenlandfahrt』는 2000년에 와서야 번역되었다. 그러나 제목과 달리 순례기가 아니라 100쪽 전후의 짧은 장편소설이다.

1930년부터 쓰기 시작해 1932년에 출판한 『동방순례』는 1930년대 파시즘과 공산주의라는 집단화 이념이 세상을 지배하여 인간 정신을 적대시했을 때 헤세가 감연히 개인 인간을 중시하는 새로운 공동체를 추구한 작품이다.

『동방순례』에 나오는 순례자들의 모임에 가입하려는 사람은 누구나 "순박한 소년 소녀의 꿈"을 추구해야 한다. 그러나 그들의 여행은 시간, 공간, 현실의 경계가 없어 모든 시대를 날아다닌다. 그러다가 하인 레오가 사라지자 동맹은 해체되고 순례도 끝난다. 그 뒤 어느 날 주인공 H. H.는 전화번호부에서 하인 레오를 찾아내고, 그는 H. H.를 동맹의 간부들이 재판을 받는 곳으로 데려간다.

그곳에서 H. H.는 동맹이 사라진 게 아니라는 것, 그것은 마음이었음을 깨닫는다. 즉 동맹이란 동방순례자들의 이상, 경건성, 비폭력성, 개인의 절대적인 가치에 대한 믿음, 유희에 대한 환상이 존재하는 마음이었던 것이다. 그런 마음에서 벗어난 H. H.는 '황야의 이리'처럼 죄는 자기 자신에게 있다는 유죄선고를 받는다. 그리고 레오가 말한 봉사의 법칙을 떠올린다.

> 오래 살기를 원하는 자는 봉사해야 합니다. 그러나 지배하길 원하는 자는 오래 살지를 못합니다. … 지배하도록 타고난 사람은 몇 명 되지 않습니다. 그런 사람들은 지배하면서도 쾌활하고 건강하게 지낼 수 있습니다. 그러나 그렇지 않은 사람들, 즉 야심만으로 지배자가 된 사람들은 모두 무(無)에서 끝나게 됩니다. … 이를테면 요양소에서 말입니다.(320)

이 작품은 양심과 봉사의 문제를 다룬다. 헤세가 말하는 양심이란 법적으로 옳고 그른 것이 아니라 인간 내면의 법칙이자 인간이 나아갈 바른 길이다. 레오는 동방순례자들에게 봉사하는 일꾼으로서 순례 대열의 선두에 선다. 작품에서 H. H.가 하인으로 알고 있었던 레오는 실은 우두머리 가운데 우두머리였다. 혹자는 레오가 마지막에 그들이 상관으로 군림한 여러 피고들을 심판하지 않고 양심의 가책을 느끼게 하는 방법을 통해 충분히 교육시켰다고 보지만(홍순길, 154-155) 이는 의문이다.

헤세는 이 작품의 주제가 "우리 시대의 정신적인 인간의 고립화와 그의 개인적인 삶과 행위를 이념과 공동체의 어떤 초개인적인 전체에 순응시키는 어려움", 즉 "봉사에 대한 동경, 공동체 추구, 예술가의 황폐하고 고독한 기질로부터의 해방"이라고 한다.(홍순길, 177, 재인용). 이는 1914년 이후 헤세의 양심에 대한 성찰로서 『차라투스트라의 귀환』을 거쳐 『유리알 유희』에서 양심을 지키는 정신수호의 집단인 카스탈리엔 세계의 묘사로 완성된다는 것이다.

『동방순례』도 그레저와의 관계를 무시하고는 읽을 수 없다. 소설에 나오는 레오가 바로 그레저였고, 동맹은 제1차 세계대전 이후의 뮌헨에 성립된 레테 아나키즘 정부가 아스코나의 사상에서 비롯된 것이었음을 보여준다. 그러나 그 동맹은 쇠퇴한다. 헤세가 쓴 그 부분은 그레저에 대한 풍자로 읽힐 수도 있다. 소설의 주인공은 동맹에 대해 쓸 결심을 하지만 이는 동맹에 대한 배신 행위여서 결국 재판을 받게 된다. 이때 판사의 모습이 그레저처럼 보인다.* 재판을 받은 뒤 주인공은 긴 변명의 편지를 쓴다. 이것이 만일 그레저에게 보낸 편지였다면 헤세가 그와 헤어진 지 10년 만에 쓴 것인 셈이다.

■   *   Hesse, 『*Journey to East*』, 1956, p.66.

나치와 헤세

1933년 1월, 독일에서는 히틀러가 권력을 잡는다. 헤세가 예언한 몰락이 시작된 것이다. 1933년 이후 그레저는 지하로 잠입했고, 많은 사람들이 독일을 떠났다. 그들 중에는 토마스 만 부부나 브레히트처럼 스위스의 헤세 집에 피난한 사람들도 많았다.

헤세는 1914년처럼 일시적인 애국주의에 젖지 않았다. 그렇다고 해서 나치에 직접 투쟁하지도 않았다. 폭력적인 적에게 반항하는 것은 적과 결탁하는 것이므로 무의미하고, 적과 같은 방법을 사용하지 않아야 문화와 종교가 시작된다고 생각한 탓이다. 헤세는 자신이 옳다고 믿는 것을 고수하여 나치와 관련되지 않는 방식을 통해 저항했다. 그 일환으로 당시 독일에서 무시된 유대인들, 천주교 신자들, 독일어로 작품을 쓰는 외국 작가들이나 망명자들의 책을 평하는 서평을 여러 잡지에 발표했다.

그러나 1935년 이후 그의 서평은 비판을 받았다. 나치주의자들은 헤세가 카프카나 브로흐 같은 유대인 작가들을 옹호하고 유대인인 프로이트에 젖은 반면 독일현대문학을 폄하하여 독일의 적들과 유대인에게 팔아넘겼다고 비판했다. 또 반나치주의 망명자들은 나치 치하에서 헤세 작품이 토마스 만의 작품과 같이 팔리는 것에 의문을 제기하거나 그들이 나치의 얼굴마담이라고 비난했다.

이에 토마스 만은 자신은 무조건 망명자들을 지지하고 나치 독일에 반대한다는 입장을 밝힌다. 그러자 헤세는 이제 만이 독일에서 낙인 찍혀 자신만이 남게 되었다며 두려워했다. 당시 나치 당국은 하인리히 만, 쿠르트 투홀스키, 칼 폰 오시에츠키 등과 달리 헤세 작품은 모두 소각하지 않았으나 『수레바퀴 아래서』나 『황야의 이리』가 절판되면 중판을 허용하지 않음으로써 저절로 시장에서 사라지게 만들었다.

그러나 스위스는 헤세를 찬양했다. 1935년 그는 고트프리드 켈러 상을 받았고, 그해 헤세의 생일에 만은 헤세가 가장 독일적인 작가라고 찬양했다. 독일에서 온 찬양자들도 많았다. 한스 카로사(Hans Carossa, 1878~1956)나 젊은 시절의 피터 바이스(Peter Ulrich Weiss, 1916~1982)가 헤세의 집을 찾았다. 그런 가운데 헤세는 밭일을 하면서 『유리알 유희』를 계속 써나갔고, 각 장을 잡지에 발표했다.

1936년 헤세는 아름다운 목가 『정원에서의 시간』을 친구인 화가 군터 뵈머의 그림과 함께 낸다. 그가 농촌에서 가장 좋아한 일은 들판에 불을 지르고 그 불꽃 앞에서 꿈꾸고 생각에 잠기는 것이었다. 그는 불을 '복합에서 단일로의 귀환,' 순화, 정화의 상징으로 보았다.

1938년 3월, 독일군이 오스트리아로 진격하자 오스트리아에 살던 사람들이 헤세 집으로 왔다. 헤세 부부는 그들을 돕기 위해 헌신했다. 가령 로베르트 무질(Robert Musil, 1880~1942)의 체류 연장을 위해 보증을 섰다. 제1차 세계대전에서 포로를 도왔듯이 망명자를 도운 것이다.

■　　* 이탈리아 태생의 독일 소설가·시인·의사. 자서전적이고 종교적인 작품을 발표하여 괴테의 휴머니즘을 계승한 작가로 평가된다. 작품에 「의사 뷔르거의 운명」, 「유년 시절」, 「지도와 신종(信從)」 등이 있다.
　　** 독일의 극작가·소설가. 1964년 「마라의 박해와 암살」로 희곡에 성공하면서 유대인 박해자의 재판을 다룬 「추구」와 제국주의를 통박한 「베트남 토론」 등을 썼다. 소설에 「소멸점」, 「저항의 미학」 등이 있다.
　　*** 오스트리아의 소설가. 분석적이고 섬세한 필치로써 인간의 정신과 행위의 분열, 현실과 비현실의 이중성을 내포한 세계를 그렸다. 대표작인 미완성 장편 「특성이 없는 남자」에서 오스트리아의 시대정신을 해부하였다.

1939년 9월, 독일군이 폴란드를 침공하고 이어 영국과 프랑스가 전쟁을 선포함으로써 제2차 세계대전이 시작되었다. 헤세는 이미 4년 전에 히틀러가 전쟁을 일으키고, 그 전쟁은 패배하리라고 예언했다. 그러나 독일군은 계속 승리했다. 1940년 프랑스 북부지방이 점령되고 비시정부가 망명자 수용소를 세우자 헤세는 그곳에 갇힌 포로들에게 생필품과 책을 보내고 그들의 석방을 위해 노력했다.

『유리알 유희』

쓰기 시작한 지 11년째인 1942년 헤세는 『유리알 유희』를 완성했다. 그러나 독일에서는 출판이 불가능했기에 1943년 스위스에서 출판한다. 『유리알 유희』는 헤세 소설 중 가장 방대하다. 우리말 번역본으로 약 800쪽에 이르는데 크게 세 부분으로 나누어진다. 첫째, '서문'으로 소설의 무대인 이상사회 카스탈리엔의 역사를 설명한다. 둘째, '유희 명인 요제프 크네히트의 전기'로 이 부분은 주인공 크네히트의 12세부터 48세까지의 삶을 말하는데 약 500쪽으로 소설의 반 이상을 차지하는 12개의 장으로 구성된다. 셋째, '요제프 크네히트의 유고'로 13편의 시와 3편의 이력서로 되어 있다.

『유리알 유희』는 구성면에서 헤세의 기존 소설과 크게 다르다. 일종의 미래소설이기 때문이다. 즉 2400년경 어느 전기 작가가 자기보다 200년 전, 즉 2200년경에 살았던 전설적인 유리알 유희 명인인 요제프 크네히트의 전기를 쓰는 것으로 되어 있다. 헤세가 그런 특이한 구성을 하게 된 이유로 그 소설이 히틀러 치하에서 쓰였다는 점을 들 수 있다. 정신적으로 억압받는 시대에 정신적으로 해방된 가상의 미래를 빌려 그런 정신의 세계가 존재한다는 것을 증명하여 현실을 극복하고 싶었던 것이다.

『유리알 유희』가 나치의 대두 이후 황폐해진 현실에 반항하는 유토피아의 추구로 쓰였음은 분명하다. 헤세는 파시즘이나 공산주의가 별로 다르지 않다고 여겼다. 폭력과 테러로 이상사회를 건설하려고 하는 점에서 같다고 여긴 것이다. 헤세는 어떤 목적도 추구하지 않고, 심지어 그런 것 자체를 의식하지도 않고, 인간의 기본욕구이자 생명의 표출인 순수한 유희에 불과한 입장을 대변해야겠다는 믿음 아래 그 소설을 썼다.

처음에 헤세는 유토피아 소설을 쓸 생각이었다. 그러나 1938년부터 사회참여적인 태도로 바뀜에 따라 정신과 삶의 변증법적인 종합을 추구하는 소설에 집중했다. 『유리알 유희』의 집필 시기는 1931년부터 1943년까지로 이는 나치의 집권시기와 거의 일치한다.

『유리알 유희』의 전기 형식은 그 소설이 '성장 소설'(Entwicklungsroman)* 임을 보여준다. 그러나 헤세가 그 전에 보여준 청춘의 고뇌를 회상하는 감상주의는 배제되었고, 도리어 냉정한 객관성을 보여준다. 이를 위해 헤세는 전기 작가와 편집자를 내세우는데, 이러한 방식은 이미 『데미안』이나 『황야의 이리』에서 사용한 수법이었다. 그러나 무엇보다도 이 소설에서 주목해야 할 특징은 헤세가 평생 추구한 개인화나 개성화가 그가 속한 집단과 조화를 이루는 이상사회의 묘사에 있다. 헤세는 주인공 크네

■　＊ 이를 발전소설이라고도 번역하지만 적절하지 못하다.

히트의 전기를 쓰는 것이 시대와 맞지 않을 수 있다는 말로 시작하면서 그 이유를 다음과 같이 설명한다.

개인적인 것은 완전히 접어버리고, 개개의 인격을 교육청과 학문의 성직에 가능한 한 완전히 흡수시키는 것이야말로 우리 정신생활의 최고 원칙 중 하나가 아니던가.(1-13)

이는 헤세가 평생 추구한 개인화, 개성화가 2400년에는 완전히 없어져버릴 것이라는 섣부른 전망을 낳게도 하지만, 이는 오해다. 헤세는 "독자성이나 특이함을 넘어서 자신을 가능한 한 완전히 보편적인 것에 용해시키고, 초개인적인 것에 기여할 수 있었던 사람을 만나는 경우라야 비로소 중요한 인격을 논하게 된다"(1;14-15)라고 말한다. 즉 "개인의 향기와 가치를 만들어내는 강하고 신선하고 경탄할 만한 충동을 잃지 않으면서도 천성과 교육에 의해 자기 개성을 성직의 직분에 거의 완전히 용해시킬 수 있는 단계에 이른 사람"(1;15-16)이다.

따라서 『유리알 유희』는 주인공의 이름을 딴 소설이 아니게 된다. 그 전에 헤세의 소설 제목은 주로 주인공의 이름을 딴 것이었다. 『페터 카멘친트』, 『데미안』, 『싯다르타』, 『나르치스와 골드문트』처럼 말이다. 이는 주인공 크네히트의 생애가 카스탈리엔이라는 하나의 사회에 용해됨을 뜻한다. 즉 개인만이 아니라 개인과 집단의 조화를 추구하게 된 것이다.

유리알 유희란 무엇인가?

소설의 주인공은 유리알 유희의 명인이다. 그 유희는 고대 그리스의 피타고라스, 헬레니즘 시대의 그노시스파, 고대 중국, 아라비아, 중세 스콜라 철학에까지 그 역사가 거슬러 올라간다. 여기서 헤세가 고대 그리스 철학의 정통이나 기독교의 정통이 아니라 이단을 중시한다는 점을 알 수 있다. 나아가 그 계승을 고대 게르만 문자인 루네 문자와 독일 낭만주의 시인인 노발리스로 연결시키는 점도 주목된다. 그러나 더 중요한 본질은 종합화이다. 즉 "모든 정신적 엘리트들의 교류, 정밀과학과 보다 자유로운 학문을 근접시키려는 모든 시도, 학문과 예술 혹은 학문과 종교를 화해시키려는 모든 시도"(1-19)에 유리알 유희의 사고가 있다.

> 사람들은 철학을 동경했고, 종합을 동경했으며, 자신의 분과에만 틀어박히는 종래의 행복을 불충분한 것으로 여겼다. 여기저기에 전문분과의 한계를 깨고 보편적인 것으로 나아가려고 애쓰는 학자들이 있었다.(1:45-46)

그러다가 헤세가 잡문시대라고 부르는 19~20세기에는 그런 사고가 없어졌다. 하지만 바로 그때 그것은 본격적으로 시작되었다. 즉 헤세의 고향인 칼프에서 태어난 바스티안 페로트*가 기억력과 조합을 연습하기 위해 1900년경에 발명했다. 단순한 유희에 음악과 수학이 더해지면서 고차

■ * 그는 헤세가 20대에 견습공으로 일한 적이 있는 탑시계공장의 주인 이름이다. 이런 이름의 유희는 뒤에서 야코부스 신부(야콥 부르크하르트)나 토마스 폰 데어 트라베(토마스 만) 등으로 이어진다.

원의 정신 유희로 바뀐 그것은 다시 동방 순례자, 베네딕트회 등이 관심을 갖게 되면서 명상이 추가되었다. 이처럼 종교적으로 변하고 공적인 것이 된 유리알 유희는 24세기에 와 며칠이나 몇 주일 그 공연의 축제에서 행해졌다. 그 명인은 "왕이나 고승, 거의 신과 같은 존재"로 인정을 받기 때문에 모든 학생들의 꿈은 유희 명인이 되는 것이었다.

그러나 우리는 유리알 유희가 실재하는 유희라고 생각할 수 없다. 그것은 하나의 상징이기 때문이다. 바로 잡문시대를 비판하고 극복하기 위한 하나의 상징이다. 따라서 그 유희가 무슨 실재의 유희인 양 오해해서 그 방법을 찾으려고 애쓸 필요는 없다.

타락한 잡문 시대

헤세는 모든 예술과 문화가 포함된 유희를 유리알 유희라고 부른다. 따라서 그것은 현대세계와 반대되는 유토피아다. 따라서 소설의 시점은 2400년이란 미래로 설정되었고, 19~20세기는 타락한 '잡문 시대', 시민적 개인주의, 전쟁, 도덕적인 파멸의 시대로 규정된다. 따라서 이 소설은 정신 일반의 잡문화를 막아보려는 시도, 즉 정신의 정치화와 군사화에 대한 비판이라 할 수 있다. '잡문 시대'의 작품은 다음과 같은 것이다.

이러한 글들은 일간지의 소재들 중에서도 특히 애호되는 부분으로 수백만 부씩 찍혀 교양에 목말라하는 독자들의 중요한 자양분이 되었고, 온갖 종류의 지식에 대해 보고를 했다기보다는 오히려 '잡담'을 늘어놓았던 것

같다.(1-24)

　자조적인 경향까지 보여주는 그런 경박한 글을 쓰는 자들은 언론인, 시인, 작가, 교수 등이었고, 특히 인기 있는 것은 "유명 인사의 생활이나 편지 왕래에서 나온 일화들"(1-25)이었는데, "수많은 사람들에 의해 이 모든 괴상한 것들은 아무런 의심 없이 선의와 진성으로 받아들여"(1-26)졌다.

　　그들은 정치, 경제, 도덕의 혼란과 동요의 한 복판에서 불안해하고 있었고, 몸서리나는 전쟁과 내전을 몇 번이나 치르고 있었다. 그들의 보잘것없는 교양유희는 즐겁기만 하고 의미 없는 어린애 장난이 아니라, 풀 길 없는 문제들과 두렵기 그지없는 몰락의 예감으로부터 두 눈을 감고 가능한 한 천진난만한 환상의 세계로 도피하고 싶은 심각한 욕구에 따른 것이었다. 그들은 끈질기게 자동차 운전이나 어려운 카드놀이를 배우며 꿈꾸듯이 크로스워드 퍼즐에 빠져 있었다. 이미 교회에서 더는 위안을 얻지 못하고 정신으로부터는 조언을 듣지 못한 채 거의 무방비상태로 죽음과 공포, 고통과 굶주림에 직면해 있었기 때문이다. 그토록 많은 글을 읽고 강연을 들으면서도 그들은 무서움에 대하여 스스로를 강하게 만들고, 자신의 내면에서 죽음의 공포와 맞서 싸우는 데는 시간과 노력을 들이지 않았다. 그저 떨며 하루하루를 살아갔고 내일이라는 것을 믿지 않았다. … 교양이란 개념이 한때 지녔던 의미를 상실한 뒤에도 여전히 교양에 매달려 있던 그 시대의 시민들에게 당시 전문가나 정신의 도둑들은 너나 할 것 없이 논문을 쓰는 것 말고도 엄청난 수의 강연을 했다. … 신문 오락 난에서와 마찬가지로 조각나고 의미를 상실해버린 교양 가치나 단편적 지식의 홍수 속에서 허우적거렸다.(1:26-27)

헤세가 비판하는 시대는 1930년대다. 만일 그가 지금 우리 시대를 목격한다면 무엇이라고 할까? 그가 비판한 것은 잡문 정도였지만 오늘의 TV나 인터넷이나 게임 같은 것을 본다면 뭐라고 할까? 그가 말한 '정신의 도둑들'은 우리 시대에도 더욱 맹위를 떨치고 있지 않은가?

헤세는 당시를 "삶의 메마른 기계화, 도덕의 깊은 타락, 국민들의 믿음 상실, 예술의 진실하지 못함"으로 요약한다.(1-30) 그리고 그 결과 "선량한 사람들 사이에서는 조용하고 어두운 비관론이, 사악한 사람들 사이에서는 심술궂은 비관론이 성행했다."(1-31) 이러한 타락한 시대에 저항한 사람들은 그 극복을 위해 고전음악연구와 동방순례자의 유리알 유희를 추구한다.

이제 정신적인 연구에 헌신하려는 젊은이들은 자신들이 하려는 일을 잡문 시대의 유명하고 말 잘하는 교수들이 한때 고급이었던 교양의 찌꺼기들을 권위 없이 차려 놓는 대학을 이리저리 기웃거리며 돌아다니는 것이라고는 생각하지 않았다.(1-42)

그들은 철저히 공부하면서 "그 이전 몇 세대에 걸쳐 학자들이 추구할 가치가 있다고 여겨왔던 모든 것을 완전히 포기하는 것도 배워야 했다.

즉, 쉽고 빠르게 돈 버는 일, 세상에서 명성을 얻고 존경받는 일, 신문에서 칭찬받는 일, 은행가나 사장의 딸과 결혼하는 일, 물질적인 생활에서 호사와 사치를 누리는 일 따위를 완전히 단념해야 했다."(1:42-43)

그리고 "저서의 판을 거듭하고 노벨상을 받고 아름다운 별장을 가진 작가"나 "훈장을 타고 제복 입은 하인을 거느린 위대한 의사, 부유한 아내와 번쩍거리는 살롱을 가진 대학교수, 회사의 감사위원 자리를 차지한 화학자, 잡문공장을 가지고 있고 청중 가득한 홀에서 매혹적안 강연을 해 박수갈채와 꽃다발에 묻히는 철학자"들은 "모두 사라져버렸고, 오늘까지도 다시 나타나지 않았다."(1-43) 그래서 학문은 더는 "사회적인 존경과 부와 명성과 사치"와 무관했다.

카스탈리엔은 어떤 곳인가?

유리알 유희를 관장하는 카스탈리엔은 원래 세속 국가로부터 경제적 지원을 받는 교육 주(州)다. 그곳은 직업에 대한 걱정이나 노동 없이 오로지 연구하고 금욕적인 정신훈련을 하는 곳이다. 음악과 철학, 수학과 과학, 명상 등을 통해 모든 학문이 종합적으로 완성되는 곳이다. 따라서 그곳은 다른 학교와 다르다. 다른 학교인 대학에서 전공과목들이 '자유롭다'고 불리는 것에 대해 카스탈리엔의 명인은 다음과 같이 말한다.

■ * 괴테의 『빌헬름 마이스터의 편력시대』에도 나온다. 헤세는 괴테를 언급한다.(1-79) 카스탈리엔은 카스탈리아에서 비롯되었는데 이는 고대 그리스의 아폴로 신전에 들어가기 전에 몸을 씻는 신성한 샘이었다.

그것은 외관상의 자유일 뿐이고 실은 대개의 경우 선택은 학생 자신에 의한 것이라기보다는 그 가족들에 의한 것이고, 많은 아버지들이 자식에게 정말로 그 자유로운 선택이라는 것을 하도록 내버려두느니 차라리 자기 혀를 깨무는 편이 낫다는 입장이거든. … 대학에서 공부할 때는 이미 의사나 법률가나 기술자가 되기 위해 꼼짝 못할 교과과정으로 떠밀려 들어가고, 여러 시험을 치러야 간신히 그 과정을 끝내게 되네. 시험에 합격하면 면허장을 받고, 그러면 이제 다시 자기 전공대로 나아갈 자유가 있는 것처럼 보이지. 그러나 그럼으로써 그는 저속한 힘의 노예가 되어 성공이니 돈이니 명예니 공명심이니 하는 것 따위에 매달리고, 남의 마음에 드는 일 따위에 좌우되게 된다네.(1-94)

반면 카스탈리엔에는 "독자적으로 연구를 시작하자마자 곧 폭넓은 자유가 주어"지고 "저 무서운 예속을 의미하는 직업의 '자유'에서 평생 동안 해방"된다. "돈이나 명성이나 지위를 좇아서 애태울 필요도 없고, 당파를 몰라도 되며, 개인과 직책 사이의 갈등, 사적인 일과 공적인 일 간의 알력 같은 것 역시 몰라도 좋고, 성공에 연연해 할 필요도 없"다.(1-95) 카스탈리엔은 세속으로부터 경제적 지원을 받는 대가로 유능한 교사를 양성하여 세속으로 보냈다. 그러나 세월이 지나면서 그런 상호보완의 관계는 깨어졌다. 그리고 카스탈리엔은 세상에서 고립되었고, 명상과 학문에만 치우쳐 역사와 현실에 대해 무능해졌다.

『유리알 유희』는 플라톤의 이상국가를 모델로 하는 카스탈리엔이라는 이상세계를 그려 궁극적인 해결의 전망을 모색했다(홍순길, 23, 재인용)는 견해가 있으나 의문이다. 헤세 자신 다음과 같이 말한다.

학자가, 아니 그보다는 현자가 국가를 다스려야 한다는 플라톤의 요구를 주장하고 싶지는 않습니다. 당시의 세계는 더 젊었습니다. 플라톤은 일종의 카스탈리엔을 창설하기는 했지만, 결코 카스탈리엔 사람은 아니었고 타고난 귀족이자 왕족의 혈통을 이어받은 사람입니다. 우리 역시 귀족이고 귀족을 만들고 있긴 하지만, 그것은 정신적인 귀족이지 혈통적 귀족은 아닙니다. … 설사 우리가 통치를 한다 해도, 진정한 통치자에게 요구되는 힘과 단순함으로 통치하지는 못할 것입니다. 그럴 경우 우리 고유의 영역과 우리가 최우선으로 돌보아야 할 것, 모범적인 정신생활의 육성은 곧 등한시하게 되고 말 것입니다 … 그러니 우리는 통치해서도, 정치에 관여해서도 안 되는 것입니다.(2-59)

진리에 대한 지조, 지적 성실성, 정신의 법칙과 방법에 대한 충실성을 다른 이익을 위해 희생시키는 일은, 설혹 그것이 조국의 이익을 위한 것이라고 해도 배신입니다. 이익과 표어의 싸움에서 만일 진리가 개개의 인간이나 언어, 예술, 온갖 조직과 예술적으로 높이 배양된 것들처럼 무가치하고 왜곡되고 폭력의 위험에 처하게 된다면, 그에 대항하여 진리를, 다시 말해 진리를 향한 노력을 우리의 지상의 신조로 알고 구하는 것만이 우리의 유일한 의무가 될 것입니다.(2-61)

카스탈리엔은 괴테의 『빌헬름 마이스터의 방랑시절』에 나오는 이상향이었다. 카스탈리엔을 배경으로 한 크네히트의 전기는 그의 수업기인 수동적 활동기(제1~6장)와 능동적 활동기(제7~12장)로 나눌 수 있다. 수동적 활동기는 다시 학창시절(제1~3장)과 연구시절(제3~6)로 나누어지고, 능동적 활동기는 다시 공직기(제7~9장)과 이탈기(제10~12장)로 나누어진다.

크네히트

'종'이라는 뜻의 이름을 가진 주인공 크네히트는 어려서부터 음악의 천분을 타고나 열두 살이나 열세 살 때 카스탈리엔의 영재학교에 들어간다. 카스탈리엔 사람들은 엄격한 정신적 규칙 속에 살면서 세속적인 성공을 거부하고 모든 창조적인 예술 활동에 몸 바쳐 음악과 수학과 철학을 비롯해 모든 학문과 문화를 연구한다. 그곳 중심에 유리알 유희가 있는데 이는 독특한 법칙과 문법을 가진 고도의 비밀스런 언어이자 정신세계의 단일성과 이념이나 문화와 예술에 의해 창조된 모든 가치의 공통성을 보여주는 상징이다. 그것을 익히는 데는 수년의 연습이 필요하고 극소수 사람만이 그 완성단계에 이를 수 있다. 그곳 학교를 마쳐도 다른 학교 졸업생처럼 세속적인 직업선택의 자유는 주어지지 않는다.

> 그러나 그 선택은 대개 학생이 아니라 가정에서 하는 것이야. … 그런데 자유가 있다고 하자. 그러나 그것은 직업을 선택한다는 단 한 가지 사실에 국한되어 있어. 그것으로 자유는 끝나는 것이야. … 그 사람은 저속한 힘의 노예가 되는 것이야. … 그는 여러 가지로 선택을 해야 하고, 돈을 벌어야 하고, 계급이나 가족이나 당파나 신문의 무모한 경쟁에 뛰어들어야 하

는 거야.(1:64-65)

반면 영재학교를 졸업하면 어떤 직업도 선택하지 않는다. 속세에서 "까다로운 시험을 치르고 편협되고 융통성 없는 과정을 거쳐야 하는 것"에 반해 영재학교에서는 "자립적으로 연구를 시작하자마자 매우 광범위한 자유를 누리게" 된다. "그야말로 각각 자동적으로 자기가 봉사하며, 봉사하는 가운데 자유스러울 수 있는 자리를 발견한다." "그는 돈이나 명예나 자유를 탐내지 않고, 당파를 모르고, 개인과 관직 사이의 분열이나 공사 간의 분열을 모르며, 성공에 좌우될 줄 모"른다.(1-65)

크네히트는 숲속의 방(발트첼)으로 가고자 한다. 그의 스승은 "우리의 사명은 대립을 옳게 인식"하고 일, "우선은 대립으로서, 그러나 그다음에는 단일의 양극으로서" 인식하는 것이고, 유리알 유희도 마찬가지다.(1-104) 진리를 묻는 크네히트에게 스승은 "자신의 완성"을 위해 노력하라고 말한다.(1-106) "신성은 개념이나 책 속에 있는 것이 아니라 자네 안에 있어. 진리는 체험되는 것이지 가르쳐지는 것이 아니야. 싸울 각오를 하게."(1;106-107)

이상이 전기의 제1장 '소명'의 내용이다. 제2장 '발트첼'에서 크네히트는 숲속의 방에서 음악과 유리알 유희의 연마에 매진하면서 '정신의 사도'인 그와 대조되는 청강생인 플리니오 데시뇨리의 '자연의 소리'에 매료되지만 그와 갈등한다. 데시뇨리에 의하면 "유리알 유희는 잡문 시대로의 전락이며, 여러 가지 예술과 학문의 언어들을 용해시켜 만든 문자들을 가지고 하는 무책임한 유희에 불과하고, 순전히 연상들로만 이루어져 있으니 단지 유추들을 가지고 노는 것"이고(1;125-126), "카스탈리엔 사람들은 인공적으로 사육되는 노래하는 새의 삶을 살고 있으며, 스스로 먹을 빵을 벌지도 않고, 삶의 고난과 투쟁을 알지도 못하며, 그 노동과 가난이 우리의 사치스러운 존재의 밑거름이 되고 있는 인류의 일부에 대해선 아무것도 모르고 알려고도 하지 않는다"(1-126)라고 비판한다. 사실 데시뇨리가 말한 현실에 인류의 대부분이 살고 있었다. 이러한 갈등은 이미 『데미안』 등에서 나타났고, 『유리알 유희』의 뒤에서도 다시 야코부스 신부에 의해 되풀이된다.

이상이 제2장의 내용이고 제3장 '연구 시절'에서 스물넷이 된 크네히트는 승방의 공부를 마친 뒤 혼자서 자유롭게 연구한다. 과거에는 파탄을 면치 못한 파우스트적인 인물이 우글거렸으나, 이제는 평등하게 자유로운 연구를 할 수 있게 되었다. 그러나 그것은 신앙이나 학설이 아니라, "원하는 과거의 어느 시대로 자신을 옮겨놓는 가상의 자서전"(1-148) "자신을 다른 조건과 환경에다 놓고 떠올려 보게 하는 상상력의 훈련이요 유희"인 이력서 쓰기다.(1-149) 크네히트가 쓴 '세 가지 이력서'는 『유리알 유희』의 마지막 부분에 실려 있다. 크네히트는 『역경』과 『장자』를 비롯한 동양고전과 중국음악에 대해서도 연구한다.

제4장 '두 수도회'에서 34세의 크네히트는 카스탈리엔과 우호적 관계에 있는 베네딕트파의 마리아펠스 수도원으로 간다. 그곳에서 만난 야코부스 신부를 통해 그는 역사와 현실의 본질을 알게 되어 인적인 삶의 변환과 발전이 역사와 일치함을 깨닫는다. 야코부스는 크네히트에게 다음과 같이 말한다.

당신네 수학자들과 유리알 유희자들은 말이요, 스스로 세계사를 완전히 증류시켜버리고 말았어요. 거기엔 이제 정신사와 예술사만 남아 있을 뿐이지. 당신네 역사에는 피도 현실도 없어요. 당신들은 2, 3세기경에 일어난 라틴어 문장 구조의 붕괴에 대해서는 자세히 알고 있을지 모르나, 알렉산드로스나 카이사르, 예수 그리스도가 어떤 사람이었는지에 대해서는 짐작조차 못하지. 당신들은 수학자가 수학을 하듯 세계사를 취급하고 있어요. 거기엔 그저 법칙과 공식이 있을 뿐, 현실도 선악도 시간도 어제도 내일도 없지. 있는 것이라곤 오로지 영원한, 피상적이고 수학적인 현재가 있을 뿐.(1-220)

앞에서도 말했듯이 야코부스는 바젤의 역사가 야콥 부르크하르트였다. 제5장 '사명'에서 크네히트는 야코부스 신부를 통해 지식인들이 정치가가 되는 것이 아니라 그 정치적 책임을 져야 한다고 주장한다. 그리고 제6장 '유희 명인'에서 크네히트는 마리아펠스 수도원에서 돌아와 유희 명인으로 뽑힌다.

유희 명인

제7장 '재직 시대'에서 유희 명인 크네히트는 카스탈리엔에서 헌신적으로 일한다. "모든 학문과 예술을 통합하는 보편성의 사상과 그 최고 표현인 고귀한 유희를 지키며, 개개의 분야가 자기만족에 기울어지지 않도록 보호하는 것이 우리의 임무"(1-307)라고 하고, "학문에 헌신한다고 해

서 반드시 이기심과 악덕과 어리석은 행동을 저지르지 말라는 법이 없다"고 하면서 그 "위험을 문학적으로 대중화한"(1-311) 보기로 파우스트를 든다.

제8장 '양극'에는 크네히트가 카스탈리엔의 핵심인 기록보관소를 맡긴 데굴라리우스가 다루어진다. 니체를 모델로 한 데굴라리우스는 고전문헌학의 대가로 우울증과 불면증, 고독감, 의무와 책임에 대한 공포, 육체적 나약함과 정서장애를 갖는 자로서 과도한 추상화와 정신화를 경고하는 존재다.

> 사람들이 지적한 그의 병은 결국 나쁜 습관이요 반항심이요 성격적 결함이었는데, 이를테면 근본적으로 성직에 맞지 않는 철저히 개인주의적인 사고방식과 생활양식이 있었다. 그는 오로지 수도회에서 버텨내기 위해 필요한 만큼만 기존의 질서에 복종했다. … 그의 가장 나쁜 버릇은 개인을 바로잡아주는 데 그 의의가 있는 명상을 계속 경시하고 게을리 하는 것이었다. 명상을 충실하게 해나갔더라면 그의 신경증도 능히 치료될 수 있었으리라.(1:355-356)

이처럼 만년의 헤세는 그가 젊은 시절 사숙했던 니체를 비판한다. 데굴라리우스는 역사를 "순전히 인간의 이기주의이고, 언제나 똑같은, 늘 뽐내고 자화자찬하는 권력투쟁이며, 물질적이고 잔인하고 짐승 같은 힘을 위한 투쟁이어서"(1-365) 무가치한 것이라고 비난한다. 반면 크네히트는 카스탈리엔을 "삶으로부터 너무 멀리 떨어져 희박한 공기 속에 있다는 느낌"(1-364)을 받는다.

　제9장 '대화'는 성인이 되어 속세로부터 되돌아온 데시뇨리와의 대화를 통해 세속과의 화해라는 합일성을 추구하는 내용이다. 그리고 카스탈리엔 역시 절대적인 가치를 가진 곳이 아님을 깨닫는다.

이탈

제10장 '준비'는 "크네히트는 얼음을 깨뜨리는 데 성공했다"(2-7)는 문장으로 시작한다. 데시뇨리와의 화해가 시작되었다는 뜻이다. 데시뇨리는 보수정객의 아들로 진보정당에 가입하여 아버지와 대립했다. 그러나 나이가 들면서 보수와 진보 중 어느 것이 옳은지 회의했다. 크네히트는 데시뇨리의 집을 방문하여 그의 아들인 티토를 만난다. 그리고 데시뇨리의 부탁으로 그의 가정교사가 되겠다고 결심한다.

　제11장 '회람'에는 크네히트가 교육청에 보내는 글이 실려 있다. 그 글에서 크네히트는 카스탈리엔이 성립된 시기를 다음과 같이 말한다.

> 그때는 민족과 당파, 노인과 청년, 적과 백이 더는 서로를 이해하지 못한 격렬하고 거친 시대, 혼란에 찬 바빌론적 시대였습니다. … 진리와 정의, 이성, 그리고 혼돈의 극복에 대한 엄청난 욕구도 생겨났습니다. 폭력적이며 바깥으로만 향했던 이 시대 말에 나타난 이러한 진공상태와, 새로운 시작과 질서에 대한 이처럼 형언할 수 없을 정도로 절실하고 간절한 열망이 바로 카스탈리엔과 우리 존재를 가능하게 했던 것입니다.(2:54-55)

제12장 '전설'에서 크네히트는 카스탈리엔을 떠난다. 그러나 그는 배신자나 변절자가 아니라, "배우는 자이자 가르치는 자"로서 세상 속으로 뛰어든다. 그래서 자신의 옛 친구이자 적인 플리니오의 아들인 티토의 스승이 되었다. 그러나 제자의 수영시합에 응했다가 익사한다. 그의 죽음은 헛되지 않았다. 왜냐하면 티토에게 새로운 삶이 열리는 장면으로 『유리알 유희』가 끝나기 때문이다. 마지막 장면은 티토에 대한 다음의 묘사다.

아, 이를 어쩌나, 하고 티토는 몸서리쳤다. 나는 그분의 죽음에 책임이 있다! 그는 더는 자존심을 세우거나 저항할 필요가 없어진 지금에야 비로소 놀란 마음의 슬픔 속에서 자기가 그 사람을 얼마나 사랑하고 있었는지를 느꼈다. 어떤 핑계를 대더라도 명인의 죽음에는 자기도 책임이 있다는 것을 느끼면서 티토는 신성한 전율에 몸을 떨었다. 이 빚이 자신과 자신의 삶을 변화시키고, 그가 이제껏 자신에게 요구했던 것보다 훨씬 더 위대한 것을 요구하게 되리라는 예감이 밀려왔던 것이다.(2-152)

유작시

크네히트의 유고는 앞에서 말했듯이 11편의 유작시와 3편의 이력서로 되어 있다. 유작시들은 「학생 시절과 연구생 시절의 시」로 되어 있지만 실제로는 헤세의 만년 시들로 1961년에 나온 그의 『시선집』에 그중 6편이 실려 있다. 그중 「단계」라는 제목의 다음 시를 읽어보자.

꽃이 모두 시들듯이,

젊음이 나이에 굴복하듯이

지혜도, 덕도, 인생의 모든 단계도

제철에 꽃피울 뿐, 영원하지 않네.

생의 부름을 받을 때마다 마음은

슬퍼하지 않고 용감하게

새로이 다른 인연으로 나아가도록

이별과 새 출발을 각오해야 하지

그리고 모든 시작에는 이상한 힘이 깃들어 있어

우리를 지켜주고 살아가도록 도와준다.

공간에서 공간으로 명랑하게 나아가야지

어디에도 고향인 양 매달려선 안 되네

우주정신은 우리를 구속하고 좁히는 대신

한 단계씩 올려주고 넓혀주려 한다.

생의 한 영역에 뿌리내리고

친밀하게 길드는 바로 그 순간, 나태의 위협 밀려오나니

떠나고 여행할 각오된 자만이

습관의 마비에서 벗어날 수 있으리.

죽음의 순간에조차 아마 우리는

젊게 새로운 공간으로 넘어가는지도 모른다.

생의 부름은 결코 그치지 않으리니 …

그러면 좋아, 마음이여, 작별을 고하고 건강하여라!(2;176-177)

세 편의 이력서

세 편의 이력서는 고대 모계부족사회를 배경으로 한 '기우사', 초기 기독
교 사회를 배경으로 한 '고해사', 그리고 고대 인도를 배경으로 한 '인도
의 이력서'다. 세 가지 이야기의 주인공은 모두 봉사라는 뜻의 이름을 가
진다는 점에서 공통된다.

'기우사'는 크네히트와 그의 스승 투루, 그리고 그의 아들 투루로 이어
지는 기우사들의 이야기가 중심이다. 크네히트는 부락을 위해 스스로 목
숨을 바친다는 점에서 『유리알 유희』와 유사하다.

'고해사'는 명성이 높은 고해사들인 파물루스와 푸길이 각각 명상과
행동을 중심으로 하는 데 한계를 느껴 상대에게서 도움을 받으려고 길
을 떠난다. 그러고는 서로 알아보지 못한 채 함께 살다가 푸길이 죽게 되
자 파물루스는 비로소 상대가 누군지를 알게 된다. 그리고 절망이 구원
의 전 단계이고 절망 없이는 구원이 없음을 깨닫는다. 푸길이 죽은 뒤 그
의 유언에 따라 무덤가에 야자나무를 심은 파물루스는 그 곁에서 평온
하게 살아간다.

'인도의 이력서'는 마치 개별 작품인 양 소개되어 혼란을 주기도 하지
만 『유리알 유희』에 나오는 두 번째 이력서다. 주인공은 왕자 다사인데 계
모가 그를 제거하려 하여 은밀히 시골로 보내어지고 목동으로 성장한다.

다사는 요가 수도자를 만나 시중을 들다가 청년이 되어 프라바티를 사랑하지만 그녀는 다사의 이복동생인 왕의 애인이 되어 다사는 왕을 살해한다. 도피하던 다사는 수도자의 오두막에서 수도자로부터 인간의 삶이란 환영에 불과하다는 가르침을 받는다. 그 뒤 다사는 프라바티의 도움으로 왕이 되지만 계모와의 전쟁에 패배하여 감옥에 갇혀 다시 삶이란 무라는 것을 깨닫는다. 그러고는 "복종하고 봉사하는 것이 지배하고 책임지는 것보다 훨씬 더 쉽고 편했으며, 훨씬 더 순수하고 건강에도 좋았다"(2:334-335)는 것을 알게 된다. 이 결론도 『유리알 유희』의 결론과 같다.

『유리알 유희』에 대한 평가와 전후의 헤세

『유리알 유희』는 후기 시민사회의 의식, 즉 부르주아 역사철학의 해체와 함께 레싱부터 헤겔까지 관념적으로 인식된 합법칙적 진화라는 사상이 사라지고, 랑케가 그 전형을 보여주듯이 역사가 모든 시대에 똑같이 멀고 똑같이 가까운 주체의 미학적 유희의 소재로까지 축소된 것을 보여주었다. 헤세는 유리알 유희를 그 상징으로 보여주면서도 플리니오를 통하여 그것을 비판하는 시각을 제시한다. 그러나 같은 비판적 시각인 야코부스에 의해 크네히트는 박물관 문화사업이 예술과 학문과 철학의 역사적 본질을 인식하는 것이라고 배운다.

이러한 헤세의 카스탈리엔에 대한 비판은 파시즘과 제2차 세계대전의 발발의 원인에 독일 지식인의 자기고립화도 있다고 인정했음을 보여주는 대목이다. 나아가 크네히트가 마지막에 실천적 봉사를 위해 자신을 희생한다는 것은 헤세가 그 생애 마지막에, 정신은 사실 자신에 속하는 것이 아니라 의미를 모색하고 자기비판과 동시에 봉사하면서 사회에 참여하는 실천적인 응용의 연관 속에서 비로소 스스로의 정통성을 획득하는 것으로 이해했음을 보여준다.

1945년 2월 정전이 되자 헤세는 방송국 축하방송에 내보내는 시 「평화를 향하여」를 썼다.

증오의 꿈과 피의 도취에서
깨어나며, 아직 전쟁의 번개와 치명적인 소음으로
눈멀고 귀먹고
모든 끔찍함에 익숙해져
그들의 무기로부터
그들의 무서운 일과로부터
지친 전사가 떠난다.

'평화!'라는 소리는
동화에서처럼, 아이들의 꿈에서처럼 들려온다.
'평화' 그런데 마음은
감히 기뻐하지조차 못한다. 눈물이 앞선다.

우리 가엾은 인간들
이렇게 선도 악도 행할 능력이 있구나

짐승이고 신이로구나! 고통이 얼마나 짓누르는가

오늘 부끄러움이 얼마나 우리를 짓눌러 바닥으로 기어들게 하는가!

그러나 우리는 희망한다. 그리고 우리의 가슴속에는

뜨거운 예감이 살아 있다.

사랑의 기적에 대한.

형제여! 우리에게는 정신으로의,

사랑으로의 귀향이 열려 있고

모든 잃어버린

낙원으로의 문이 열려 있다.

원하자! 희망하라! 사랑하자!

그러면 대지가 다시 너의 것이다.(시선, 260-261)

　전후 헤세는 다시 매국노라는 소리를 들었다. 그러나 그는 국수주의는 민족의 문제가 아니라 개인의 문제, 즉 개인적 책임을 지는 대신 초개인적인 연관성 속으로 도피하는 것이 국수주의라고 비판했다.(312) 그는 국수주의란 사람을 어떤 나라 사람으로 보는 것이라고 생각하고, 독일에 대한 비판을 개인적인 모욕으로 느끼는 것을 '독일병'이라고 불렀다. 특히 독일인들이 과거에 나치였음을 부정하는 것에 분노하고, 과거 신념을 부정하기보다도 자기 견해를 부정하는 구제 불능의 나치가 더 낫다고 했다.

제2차 세계대전 이후

1945년 헤세는 동화와 단편, 짧은 자전적 이야기를 엮은 『꿈의 여행』을 냈다. 그 내용의 일부를 앞에서 보았는데, 전체 주제는 서로 대립되는 세계의 분열과 투쟁 그리고 그것들을 조화시키려는 노력이다. 헤세 전 작품의 주제와 일치한다.

1946년 8월, 헤세는 생애 최초로 독일에서 주는 상을 받았다. 프랑크푸르트 시가 주는 '괴테 상'이었다. 그는 상금을 고향의 가난한 사람들에게 주었다. 그는 상을 받으러 가지 못할 만큼 건강이 나빠졌고 특히 눈의 통증으로 더는 글을 쓰거나 그림을 그릴 수 없게 되었다. 12월에 노벨상 시상식에도 불참했다. 건강만이 이유는 아니었다. 자기를 좇는 풍조에 대해 신뢰하지 않았고 이듬해 베른대학이 그에게 명예박사학위를 수여하는 등에 대해서 그는 자신이 "장군으로 치장된 원숭이" 같다고 생각했다.(프린츠, 321, 재인용)

1947년 독일에서 『유리알 유희』 초판이 매진되었다. 그러나 그 작품이 현실을 도피한 상아탑처럼 오해되는 것에 분노했다. 사실 『유리알 유희』에도 그런 문제가 이미 묘사되어 있다. 즉 플리니오가 카스탈리엔을 방문해 그곳 사람들을 "인위적으로 길들여진 노래하는 새들", 게으름뱅이, 식객, 삶의 고통과 투쟁을 전혀 모르는 자들이라고 비판한 부분이다. 그에게 목적이 없는 지식, 유용하거나 변화시킬 수 없는 지식은 무가치했다.

이에 반해 유리알 유희 사람들은 어떤 목적도, 변화에 대한 어떤 욕구도 존재하지 않는 생활양식을 선택했다. 그러나 헤세는 유리알 유희의 세계에는 엄격한 원칙이 있다는 점, 특히 그 장엄한 유희는 얼음의 결정처럼 아름답고 조화로운 것임을 강조했다.

그렇게 살고자 하는 헤세에게 사람들은 플리니오처럼 그를 비판했다. 그러나 헤세는 단지 유명하다는 이유만으로 "라디오 방송을 타는 윤리학자"가 되고, 모든 문제에 영향력을 행사하려는 예술가들을 혐오했다. 그래서 그는 1948년 신생의 이스라엘을 도와달라는 브로트의 요구도 거부했다. 다른 국가주의처럼 유대인 민족주의도 그에게는 위험하게 보여 도리어 유대인 테러단체를 비난했다. "나는 모든 '정신적인' 위장행위, 모든 경고, 부탁, 훈계, 또는 세상의 지배자들에 대한 지성인들의 위협조차도 잘못되었다고 여깁니다."(프린츠, 325, 재인용)

반면 개인과 관련된 차원에서 헤세는 자신이 할 수 있는 봉사를 아끼지 않았다. 그는 생필품이 든 소포를 계속 독일로 보냈고, 어려운 처지에 있는 수많은 예술가를 도왔다. 그의 집은 여전히 쫓겨난 사람들과 실향민의 보금자리였다.

냉전과 만년

한국에서 6·25전쟁이 터진 뒤 냉전이 격화되어 서독일의 재무장이 제기되자 헤세는 이에 항의하는 『독일에서 온 편지의 답장』을 썼다. 그는 제2차 세계대전 때처럼 선동주의자들이 공산주의자들에 대한 엄청난 공포심을 조장하고 있다면서 이러한 히스테리와 자학적인 몰락의 분위기에 굴복하지 말라고 경고했다.

이러한 헤세에 대해 서독에서는 그를 공산주의자라고 비난했으나, 동독에서는 그를 공산주의자로 치켜세웠다. 그러나 앞에서도 보았듯이 그는 공산주의에 반대했다. 동독에서 그를 예술원의 명예회원으로 추대하려는 것도 그는 거부했다. 이처럼 만년의 헤세는 찬양과 함께 비난도 받았다. 많은 사람들이 그에게 길을 물었지만, 그는 늘 자기책임을 강조했다.

나는 삶의 의미와 무의미에 대해서는 책임질 필요가 없다고 생각합니다. 그렇지만 나는 나 자신의 고유하고, 유일한 삶을 어떻게 꾸려가야 할 것인지에 대해서는 책임이 있다고 생각합니다.(프린츠, 342, 재인용)

헤세는 자신을 숭배하는 것을 혐오하고 자기 책을 통해 '고집쟁이'가 되기를 희망했다. 그가 세상일에 무관심하고 주관에 사로잡혀 독일 밖에서는 받아들여질 수 없는 '사춘기의 정신적 고뇌'만을 반복한다는 지적도 신선하다고 느꼈다. 그러나 독일 밖에서도 헤세는 널리 읽혔고 지금도 널리 읽히고 있다. 헤세는 독서에 대해 다음과 같이 말했다.

우리는 대가들의 선집을 마음대로 선택해 읽음으로써 인간들이 사고했고 추구했던 것의 넓이와 풍성함을 그저 예감할 수 있을 뿐이다. 사랑이 없는 독서, 경외감 없는 지식, 따스한 마음이 없는 교육, 이런 것이야말로 정신세계에 있어서는 최악의 적이다.(첼러, 128-129, 재인용)

한편 그레저는 주로 공립도서관에서 독서를 하며 혼자 살다가 1958년에 죽었다. 그가 남긴 것은 50권 정도의 유머 책뿐이었다. 그러나 그는

헤르만 헤세와 니논 헤세의 무덤. 잔디밭 오른편에 놓인 편편한 무덤이 아내 니논의 것이다.

아스코나 이후 그 정신을 40년이나 지키다가 죽었다. 그의 정신은 그 뒤 녹색당과 평화운동과 생태운동 등으로 부활했다. 지금 또 다른 뿌리라고 할 수 있는 루돌프 슈타이너의 인지학(人智學)에 대해 그레저는 호의를 갖지 않았으나 서로에게 상당한 유사성이 있는 것은 사실이다. 녹색당은 그레저의 상징인 나무, 꽃, 도보여행, 샌들을 다시 상징으로 삼았다.

헤세는 그레저보다 4년을 더 살고 1962년 8월 9일, 85세로 죽었다. 그의 묘는 몬타뇰라 공원묘지의 남쪽 담장 근처에 있다. 묘비는 펼쳐진 책 모양의 화강암이다. 헤세가 죽고 4년 뒤 니논도 죽어 남편 곁에 묻혔다.

헤세의 삶과 문학은 개인의 독립선언이다

최근 중고등학생들의 독서에 대한 이야기를 나누면서 어느 선생님이 "아직도 헤세 따위를 읽고 있어서 문제다"라고 하는 말을 들었다. 나 자신 한때 헤세에 대한 부정적인 생각을 한 적이 있어서 그 말이 그다지 놀랍게 들리지는 않았다. 그러나 최근에는 헤세를 상당히 다르게, 즉 긍정적으로 읽게 되었다. 솔직히, 무엇보다도 먼저, 나는 "헤세 따위라도 읽게 하자"라고 말하고 싶다. "헤세 정도도 안 읽어서 문제다"라고 생각하기 때문이다. 내가 만나는 대학생들 중에 헤세를 아는 자가 거의 없다. 헤세만이 아니라 도대체 읽는 책이 없다. 그런 학생들일수록 더욱더 열심히 대화해야 한다고 늘 다짐하고 노력하지만, 도대체 무슨 이야기를 어떻게 해야 할지 종잡을 수 없어 늘 절망에 빠지면서 이젠 선생 짓도 그만두어야 한다는 생각을 자주 한다.

물론 지금도 열심히 책을 읽는 소수의 학생들이 있겠지만, 전반적으로 독서 수준이 형편없이 떨어지고 있음을 해가 갈수록 더욱더 뼈저리게 느낀다. 오랜 숙원이었던 전교조가 생긴 지도 벌써 오래인데 왜 교육은 더욱 나빠지는지 이해할 수 없다(독서가 교육의 전부가 아니고, 전교조가 독서회도 아니겠지만!), 기아선상에서 허덕이기는커녕 모두들 잘산다고들 하고 교육열도 세계적이라고 하는데 도대체 왜 이 모양인가? 도리어 너무나도 가난했던 40여 년 전 옛날, 한 달 버스비를 아껴 『데미안』 한 권을 샀다고 그렇게 감격했던 중학시절을 지금도 빛바랜 사진처럼 기억하는 나의 세대가 더 행복하지 않았던가?

앞에서도 말했듯이 『데미안』은 우리말로 70회 이상 번역된 점으로도 유명하다. 그것을 세계 최대라 하며 대단한 자랑처럼 소개하는 독문학자의 논문이란 걸 본 적이 있지만, 사실은 대한민국에서만 볼 수 있는 창피한 미개 또는 야만의 상징이다. 우리가 일찍이 저작권협약에 들었거나 설령 들지 않았다고 해도 저작권을 제대로 보장했다면 1회만 번역되었어야 했기 때문이다. 따라서 그 70회 이상의 번역자나 출판사는 모두 아이들 버스비나 노리는 한심한 사람들이었다. 반면 제대로 된 헤세 전집커녕 선집조차 없다. 허기야 그런 경우가 어디 헤세뿐인가!

게다가 그렇게 많은 번역이나 해설이 있음에도 한국인이 쓴 헤세 평전이나 체계적인 연구서도 없다. 이 책은 그러한 지적 공백을 메우고자 쓰는 한국인 최초의 헤세 평전이자 전 작품 읽기의 시도이다. 누구나 알듯이 나는 헤세 전문가도 연구자도 아니다. 그저 평범한 독자로서 이 책을 썼다. 내가 강조하고자 하는 나만의 관점은 사회적인 시각에서 헤세를 바라보고 그의 작품을 읽어보자는 것이다.

며칠 전 어떤 대학생이 멀리서 찾아와, 교육자인 부모의 강요로 어릴 적부터 꿈이었던 작곡을 포기하고 영문학과를 다니고 있는데 어떻게 하면 좋은가, 라고 물었다. 나는 당장 영문학을 집어치우고 작곡을 시작하라고 권하면서 많은 이야기를 했다. 그중에 헤세도 있었다. 요즘 이런 젊은이들이 가끔 찾아온다. 물론 그 정도의 이야기를 듣기도 어렵다. 대부분 부모의 강요를 철저히 따르기 때문이다. 그래서 대학 수업에서 나는 보이지 않는 부모와 싸우듯이 강의한다. 모든 가치를 자기 가족(나아가 연줄집단)의 물질적 성취에 두는 속물적 가족(집단)이기주의 속에서 자녀를 끝없이 지배하려는 부모의 욕망과 싸운다. 그 부모의 정치 성향이 좌우 무엇이든 마찬가지다. 교사도 마찬가지다.

부모든, 교사든, 언론인이든, 예술가든, 지식인이든, 그 누구든 아이들에게 할 수 있는 일은 개성을 키워주는 일이라고 헤세는 말한다. 그 어떤 정치 슬로건이 아니라, 홀로 바르게 당당하게 살 수 있는 방법을 가르치는 것이다. 말하자면 자발적 왕따를 키우는 일이다. 물론 개성은 결국 개인에 의해 찾아지는 것이지 누구도 그것을 대신할 수는 없지만 말이다. 따라서 그 누구도 누구의 모델이 될 수 없다. 그래서 헤세는 자신을, 또는 다른 그 누구도 모범으로 살지 말라고 끝없이 경고한다. 사실 내가 제일 좋아하는 헤세의 모습이 바로 이 점이다. 위인이란 없다. 자기 자신이 있을 뿐이다.

나는 체 게바라 대학 시절 여행을 묘사한 『모터사이클 다이어리』를 보고 헤세를 생각했다. 자본주의에 철저히 저항하며 평화와 자연을 사랑한 헤세의 모습이 바로 체 게바라로 보였다. 긴 방랑 속에서 스스로 진실을 인식하고 책임을 자각하며 독립한 개인으로 굳게 서는 모습이 바로 헤세였다. 헤세의 삶과 문학은 바로 그런 개인의 독립선언이다. 그런 개인의 독립선언 없이는 다른 어떤 집단의 독립선언도 불가능하다. 집단적 광기가 여전히 애국심으로 찬양되는 이 황무지에서 헤세를 다시 읽어야 하는 이유다.

최근 번역된 『색다른 문학사』에서 독일 작가 페터 브라운은 책머리에 다음과 같이 썼다.

> 학창시절에 읽은 책 중에서 기억에 남는 책이 무엇일까 곰곰이 생각해 본다. 안타깝게도 한 권도 없다. 단 한 권도! 기억나는 것이라고는 졸업 후 뭔가 깨달은 바가 있어 처음으로 책을 샀다는 것뿐. 바로 헤르만 헤세의 『수레바퀴 아래서』였다. 학교 공부에 좌절한 한스는 괴로워하다가 물에 빠져 죽는다. 달리 자세한 설명이 없으니 아마도 자살이 아닐까 싶다. 그 후로는 자주 책을 읽었다. 헤세의 『유리알 유희』와 『황야의 이리』를 읽었고 베르톨트 브레히트의 작품을 읽었다.*

우리보다 교육환경이 좋다는 독일의 이야기다. 그러니 우리의 학창시절에 헤세를 읽지 않았다고 타박하기 어렵다. 그렇다고 작가의 길을 간 브라운 같은 사람이 아니라면 졸업 후에 취직을 하거나 그 준비를 하지 않고 책을 읽기란 우리 형편에 더욱 어렵다. 나에게는 학창시절에 읽은 책들이 기억에 남아 있지만 그것은 반세기 전의 옛날이야기인지 모른다. 그동안 물질적으로는 훨씬 풍요해졌지만 정신적으로는 너무나 빈곤해졌다. 이미 한 세기 전에 헤세는 독일에서 그것을 알았다. 어쩌면 우리가

■　* 페터 브라운, 홍이정 옮김, 『색다른 문학사』, 좋은책만들기, 2008, 8쪽.

그 독일, 그 서양을 모방하여 지금 이런 상황에 처했는지도 모른다.

독일이나 한국이나 물질만이 아니라 정신을 회복해야 할 때다. 헤세는 우리에게 그것을 말한다. 그러기 위해 잘못 돌아가고 있는 세상에 반항하라고 헤세는 말한다. 안이하고 달콤한 힐링의 속삭임에 굴복하지 말라고 경고한다. 반항하라. 반항하기에 인간이다.

헤세 연보

- 1877년 7월 2일   독일 남부 뷔르템베르크 주(당시에는 왕국)의 소도시 칼프에서 개신교 선교사인 아버지 요하네스 헤세와 어머니 마리 헤세(본래 성은 군데르트)의 장남으로 태어남.

- 1881년~1886년   부모와 함께 스위스 바젤로 이사.

- 1883년 (6세)   아버지가 스위스 국적을 얻음(그 전에는 러시아 국적이었음).

- 1886년 (9세)   7월 다시 칼프로 돌아감.

- 1888년 (11세)   칼프의 김나지움 입학.

- 1890년 (13세)   신학교 시험 준비를 위해 괴핑겐의 라틴어학교에 다님.

- 1891년 (14세)   뷔르템베르크 주 정부장학생 시험에 합격하여 목사가 되기 위한 첫 관문 통과. 이를 위해 아버지는 뷔르템베르크 국적을 얻음. 9월 개신교 신학교이자 수도원인 마울브론 기숙신학교에 입학.

- 1892년 (15세)   오로지 시인이 되겠다는 이유로 입학 6개월 만에 신학교를 도망쳐 나옴. 부적응과 신경쇠약증 발병. 6월에 짝사랑으로 인한 자살 기도. 8월까지 정신요양원 생활. 11월에 칸슈타트 김나지움 입학.

- 1893년 (16세)   10월 학업 중단. 서점원을 사흘 만에 그만둠. 할아버지 서재에서 독서.

- 1894년 (17세)   6월 칼프의 시계공장 견습공으로 일함.

- 1895년 (18세)   7월 브라질 이주 계획을 세움. 9월 시계공장 사임. 10월 튀빙겐
의 헤켄하우어 서점 점원으로 일함.

- 1896년 (19세)   5월 처녀시 「마돈나」를 잡지에 발표.

- 1898년 (21세)   10월 처녀시집 『낭만적 노래』 출간.

- 1899년 (22세)   산문집 『한밤중의 한 시간』 발간. 가을에 바젤의 서점으로 옮김.

- 1901년 (24세)   최초의 이탈리아 여행. 「헤르만 라우셔의 유작과 시」 발표.

- 1902년 (25세)   어머니에게 헌정한 『시집』 발간. 발표 직전에 어머니 사망.

- 1903년 (26세)   서점을 그만두고 두 번째 이탈리아 여행.

- 1904년 (27세)   『페터 카멘친트』 발표. 베엔나농민상 수상. 평전 『보카치오』와
『아시시의 성 프란체스코』 발표. 9년 연상인 마리아 베르누이
(1868~1963)와 결혼. 보덴 호수 근교의 가이엔호펜으로 이사. 여러
신문과 잡지에 기고.

- 1905년 (28세)   10월 『수레바퀴 아래서』 출간. 12월 장남 브루노(1905~?) 태어남.

- 1907년 (30세)   1월 잡지 『3월』 창간하여 1912년까지 발간. 5월 중단편집 『이
세상에』 발간.

- 1908년 (31세)   중단편집 『이웃들』 발간.

- 1909년 (32세)   3월 차남 하이너(1909~?) 태어남. 취리히, 독일, 오스트리아로 강
연 여행.

- 1910년 (33세)   장편소설 『게르트루트-사랑과 죽음과 고독의 서』 발간.

- 1911년 (34세)   7월 삼남 마르틴 (1911년~1968년) 태어남. 시집 『도중에』 발간. 9~12
월 화가 한스 슈트르체네거와 함께 인도 여행.

- 1912년 (35세)   단편집 『우회로』 발간. 가족과 함께 독일을 떠나 스위스 수도
베른으로 이사.

- 1913년 (36세) 『인도에서. 인도여행의 기록』 발간.

- 1914년 (37세) 장편『로스할데』 발간. 제1차 세계대전 발발 후 자원입대했으나 부적격 판정을 받고 베른의 독일군 포로 후생사업에 참여하여 전쟁 포로들과 억류자들을 위한 잡지 발간. 극단적 애국주의를 비판하는 글로 매국노 비난을 받음. 자신의 출판사를 만들어 1919년까지 22권의 소책자 발간.

- 1915년 (38세) 소설『크눌프. 크눌프 삶의 세 가지 이야기』, 시집『고독한 자의 음악』, 단편집『길가에서』, 『청춘은 아름다워라』 발간.

- 1916년 (39세) 아버지의 죽음, 막내아들 마르틴 중병, 아내의 정신병 악화와 입원, 자신의 신병 등이 겹쳐 정신적 위기에 빠짐. 정신분석학자 C. G. 융의 제자인 J. B. 랑의 치료를 다음 해까지 받음. 그림을 그리기 시작.

- 1919년 (42세) 1월 정치평론집『차라투스트라의 귀환』을 익명으로 발간. 5월 가족과 헤어져 홀로 남아 스위스의 몬타뇰라로 이주 후 집필에 전념. 6월 싱클레어라는 필명으로『데미안-에밀 싱클레어의 이야기』 발표. 폰타네 문학상을 받았으나 이는 신인작가에게 수여하는 것이기에 다음 해 반려. 단편집『작은 정원』 발간. 월간지《비보스 보코》공동 편집(1926년까지).

- 1920년 (43세) 1월 최초의 전시회 개최. 5월 단편집『클링조어의 마지막 여름』 발표.『방랑』 및 『화가의 시』 발간.

- 1921년 (44세) 『시선집 』, 『테신에서 그린 수채화 11점』 발간.

- 1922년 (45세) 10월『싯다르타. 인도의 시』 발간

- 1923년 (46세) 『싱클레어의 비망록』 발간. 부인 마리아와 이혼.

- 1924년 (47세) 1월 20살 연하의 루트 벵거(1897-?)와 재혼. 베른 시민권 획득.

- 1925년 (48세) 소설『요양객』 발간. 작가 토마스 만을 방문.

- 1926년 (49세) 스케치집『그림책』발간. 프로이센 예술원 회원에 피선되었으나 1930년 탈퇴.
- 1927년 (50세) 루트 벵거와 이혼. 5월『뉘른베르크 여행』, 6월『황야의 이리』발간.
- 1928년 (51세) 수상록『관찰』, 시집『위기-일기 한 토막』발간.
- 1929년 (52세) 시집『밤의 위안』과 산문집『세계 문학 문고』발간.
- 1930년 (53세) 장편『나르치스와 골트문트』발간.
- 1931년 (54세) 18세 연하의 니돈 돌빈(1895년~1966)과 결혼. 몬타뇰라의 카사 로사로 이사.『클라인과 바그너』,『클링조어의 마지막 여름』,『싯다르타』발간.
- 1932년 (55세) 3월『동방순례』발간.
- 1933년 (56세) 단편집『작은 세계』발간.
- 1934년 (57세) 시선집『생명의 나무에서』발간.
- 1935년 (58세) 『우화집』발간.
- 1936년 (59세) 시집『전원에서 보낸 시간』발간. 고트프리트 켈러 상 수상.
- 1937년 (60세) 『기념첩』,『신 시집』,『마비된 소년』발간.
- 1939년 (62세) 제2차 세계대전이 본격화되면서 1945년 종전까지 헤세의『수레바퀴 아래서』,『황야의 이리』,『관찰』,『나르치스와 골드문트』가 독일에서 출판 금지당함.
- 1942년 (65세) 수르캄프 사와 합의하여 취리히에서『헤세전집』이 단행본으로 발간.
- 1943년 (66세) 장편『유리알 유희』발간.
- 1946년 (69세) 『유리알 유희』로 노벨 문학상을 수상. 괴테상 수상. 평론집『전쟁과 평화』발간.
- 1947년 (70세) 고향 칼프 시의 명예시민이 됨.
- 1950년 (73세) 브라운슈바이크 시가 수여하는 빌헬름 라베상 수상.

- 1951년 (74세)   『후기 산문』과 『서간선집』 발간.

- 1952년 (75세)   75회 탄생일에 6권으로 된 『헤세선집』 발간.

- 1954년 (77세)   동화 『빅토르의 변신』 발간. 『헤세-롤랑 서간집』 발간.

- 1955년 (78세)   산문집 『마법』 발간. 서독 출판협회로부터 평화상 수상.

- 1956년 (79세)   바덴뷔르템베르크의 독일 예술 후원회가 헤르만 헤세 상을 위
  한 재단 설립.

- 1962년 (85세)   몬타뇰라의 명예시민이 됨. 8월 9일 뇌출혈로 몬타뇰라에서 사
  망. 이틀 후 아본디오 묘지에 안치됨.